GETTING GAMER

THE PSYCHOLOGY OF VIDEO GAMES AND THEIR IMPACT ON THE PEOPLE WHO PLAY THEM

再玩個一關就好了

關不掉遊戲不是你的錯，那些潛藏在電玩之中的心理學效應

JAMIE MADIGAN

傑米・麥迪根 著　唐澄暐 譯

致謝	005
前言	007

PART 1
THOSE WHO PLAY
遊玩遊戲的人

Ch1 原本好端端的一個人,為何一登入遊戲就成了瘋子?	023
Ch2 為什麼人會去作弊、破解遊戲或是偷查攻略?	047
Ch3 為何遊戲的鐵粉們總是如此玻璃心,一言不合就出征?	073
Ch4 我們為什麼總是在懷念經典老遊戲?	103

PART 2
THOSE WHO MAKE
製作遊戲的人

Ch5 遊戲是如何計分,並激勵我們一較高下?	127
Ch6 遊戲何以讓我們刷個不停、解支線任務,並追逐成就?	153
Ch7 遊戲開發者如何用新的扭蛋虛寶讓玩家魂牽夢縈?	179

目錄

PART 3
THOSE WHO SELL
銷售遊戲的人

Ch8 遊戲如何讓我們沉浸在想像世界裡？　　203

Ch9 為什麼數位遊戲特賣會總是讓人失心瘋地花錢消費？　　231

Ch10 遊戲和應用軟體如何用內購商城讓你無處可躲？　　259

Ch11 遊戲是用什麼方法讓你不斷從口袋中掏出錢來？　　293

Ch12 遊戲如何令玩家自發性地彼此互相推銷？　　313

PART 4
THE GAMES THEMSELVES
關於遊戲本身

Ch13 是我們創造了遊的虛擬化身，還是虛擬化身形塑了我們？　　341

Ch14 人為什麼會喜歡暴力電玩？我們是否該為此感到憂心？　　365

Ch15 玩遊戲會讓你變得更聰明嗎？　　393

結語　心理學和電子遊戲未來將何去何從？　　415

謝詞

獻給我在 GameSpy 的朋友們。

感謝他們讓我見識到是如何熱愛著電子遊戲。

致謝

我要感謝著書期間鼓勵且協助我的眾多人士。感謝我太太潔洛琳一路為我打氣。雖然她不完全了解我對電子遊戲的痴迷，但她知道電子遊戲對我有多重要。也要感謝我的女兒珊米和曼蒂跟我一起玩遊戲，也跟我聊遊戲。感謝我的經紀人柯特妮・米勒－卡拉漢，還有我的編輯蘇珊娜・史塔札克－希爾瓦，當我還在想辦法說服別人說這本書的點子不錯時，她們就已經相信我了。我也要大大感謝那些花時間跟我講電話或以電子郵件聯絡來幫忙的人，包括了林侑霆（Jeffrey Lin）、大衛・麥克雷尼（David McRaney）、安德魯・普茲比爾斯基（Andrew Przybylski）、史考特・里格比（Scott Rigby）、余健倫（Nick Yee）、朗・法伯（Ron Faber）、迪米崔・威廉斯（Dmitri Williams）、尼爾・艾歐（Nir Eyal）、尼可拉斯・大衛森（Nicholas Davidson）、傑瑞米・布萊克本（Jeremy Blackburn）、墨里斯・霍布魯克（Morris Hollbrook）、羅伯特・辛德勒（Robert Schindler）、尼可拉斯・鮑曼（Nicholas Bowman）、麥克・安賓德（Mike Ambinder）、麥斯・洛（Max Loh）、湯惠仁（Wai Yen Tang）、戴夫・馬克（Dave Mark），以及史蒂夫・蓋諾（Steve Gaynor）。我要謝謝莎曼珊・瑙曼（Samantha

Naumann）幫我省了好幾趟去圖書館的行程。而我最要感謝的是每位造訪 www.psychologyofgames.com 的網友，尤其是寫信給我或在會議上介紹自己給我認識的人們。說到底，你們才是說服我動筆寫這本書的人。幹得好啊。

前言

　　電子遊戲的歷史始於 1680 年代挪威的一個小村落,當時一名天賦異稟的年輕漁夫比利·「SadPanda42」·傑克森靠著幾根木棍和一份勇氣創造出《決勝時刻 3》(Call of Duty 3)。嚴格來說,上面那段話有一大半是亂掰的,但曾經有人跟我說,每本談論電子遊戲的書開場都要來一段該媒介的歷史。要講一下什麼麻省理工學院(MIT)某位匠心獨具的阿宅於 1962 年做出了《太空戰爭!》(Spacewar!),或者《乓》(Pong)當初只有在酒吧才玩得到之類的歷史。所以我想說,咱們就別浪費時間,趕快把這段過場跑完,好進入大家在等的重點好料:今天的電子遊戲。

　　那還真是不少!來看點嚇死人的數字:娛樂軟體協會(Entertainment Software Association)2015 年提出的報告顯示,美國 51% 的家戶擁有至少 1 台以上遊戲專用主機(好比說 Nintendo Wii U、PlayStation,或者 Xbox)。不僅如此,娛樂軟體協會還表示,共 1.55 億的美國人有玩遊戲的習慣,並在這項嗜好上消費了 224 億美元。如果你把手機、平板和個人電腦等其他遊戲設備算進去,那些數字還會大上許多。Google Play 和蘋果 App Store 各有超過 80 萬個應用程式,而蘋果在 2015 年 1 月的新聞

稿中表示，2014年間，消費者光是在蘋果的應用程式商店中就花上了100億美元下載（其中多數是遊戲）。大廠備受期待的遊戲本身就自成一大事件，會讓玩家蜂擁至店面參與新上市的興奮氣氛。舉例來說，開放世界遊戲《俠盜獵車手V》（Grand Theft Auto V）光是第1天上市的銷售就達到8億美元。接著，就好像還沒嚇夠人似地，在接下來的48小時裡，它又比第1天多撈了2億美元。在我們生活的當今世界裡，一款電子遊戲賺進10億美元的時間，可以比我們多數人忙著洗衣服的時間還短。

玩遊戲也越來越有社交意義，也越來越像是種共同經驗。有超過7萬名玩家前往西雅圖參加2013PAX街機遊戲博覽會（Penny Arcade Expo），他們連續3天在當地分享對遊戲的熱情，看有什麼新遊戲，並聽偶像談遊戲製作過程。根據參與天數而要價40至95美元不等的活動門票，在6小時內銷售一空。人們夢寐以求的4天通行票在23分鐘內就賣完了。因應越來越高的熱度，PAX街機遊戲博覽會也在美國波士頓、聖安東尼奧（San Antonio）追加了規模相當的博覽會，甚至連澳洲雪梨都有。結果票還是在幾小時內就被日後從世界各地前來參加的人搶購一空。其他消費者導向的年度活動，好比說暴雪嘉年華（Blizzcon）和Quakecon，也各自吸引了幾萬人參與，而在聖地牙哥國際漫畫展（San Diego Comic-Con）和名為「西南偏南」（South by Southwest）

的影視、互動多媒體、音樂與藝術博覽會這些規模更大的活動中，電子遊戲的存在感也是逐年增強。這些活動個個都能吸引數十萬人參加。

就算你沒玩這些主機平台遊戲大作，就算你不會為了參加博覽會而一路開到西雅圖還在車上睡 3 天，你身邊仍是處處有電玩。智慧型手機、臉書和網路都充斥著各式各樣的電子遊戲。根據一些市場分析師以及每位百無聊賴的通勤者所言，過去幾年間，手機和平板是電子遊戲成長最快的兩個領域。只要你曾經因為排隊或是枯坐在無聊的通訊會議上，而得消磨掉一些時間的話，你應該都有玩過《戰爭遊戲》（Game of War）、《龍城》（Dragon City）、《部落衝突》（Clash of Clans）；再不然，那麼多跟它們類似的遊戲你總有玩過一款吧。通訊會議另一頭的人應該也玩過。King，也就是五彩繽紛的益智遊戲《糖果傳奇》（Candy Crush Saga）的開發商，於 2013 年的新聞稿宣布，光是在發行的第 1 年裡，下載遊戲並安裝於臉書和手機的次數就超過了 5 億次。那聽起來有點扯，但就在 King 靠這款遊戲遙遙領先的同時，其他遊戲也正緊追在後。行動裝置遊戲和社群遊戲正擴展著「電子遊戲」的定義，使其充斥大眾文化的每一處。

舉例來說，應該沒有什麼會比美國童子軍和軟性飲料更歷史悠久了吧？如今，童軍們除了能靠野外生火和在林中定位方向

獲頒優秀童軍獎章之外,也可以藉由仔細分析4款玩過的電子遊戲,並以批判角度思考其設計和主題,來獲得「遊戲設計」獎章。他們探討遊戲的時候,可能還在喝和第一人稱射擊遊戲《最後一戰》(Halo)聯名合作的「斯巴達能量」(Spartan Fuel)特殊造型瓶,主打的還是遊戲主角「士官長」(Master Chief)的激浪汽水。2013年,史密森尼美國藝術博物館甚至開始把That Game Company遊戲公司的《花》等遊戲納入永久館藏,以加強保存當代藝術文化遺產。當然,影視節目有多容易找到玩遊戲的角色或者是遊戲置入行銷,其實也不用我多說;前者的例子就有《宅男行不行》(Big Bang Theory),後者就好比《絕命毒師》(Breaking Bad)某一集裡小沃特(Walt Jr.)玩的那款遊戲,名稱就很切題地叫做《狂怒煉獄》(Rage)。

而且值得稱許的是,這些電視節目越來越常展現玩家在現實生活中的實際面貌:就是很普通。值得注意的一點是,我在整本書中使用「玩家」(gamer)這個詞的時候,談的都是很普遍的群體。有些人不喜歡這個標籤,認為它範圍太侷限、帶有貶意,或者讓人想起太多不愉快的刻板印象。這我都知道,但就實話實說吧:每當能以「玩家」這個詞彙便能更簡潔描述的相同意義之處,我都不打算用「電子遊戲遊玩者」。人們認為怎樣才合乎「玩家」,這看法就如電子遊戲的定義一樣,仍不斷在演變。

舉個例來說，遊戲不只是小孩在玩；許多玩著有瑪利歐、林克或毀滅戰士[1]（Doom Space Marine）的遊戲長大的人，現在仍持續著當初的喜好。我前面提到的娛樂軟體協會報告還發現，玩電子遊戲的人有74%都大於18歲，平均年齡為35歲。全體玩家中有50%是女性，成年或未成年都有。舉例來說，我的兩個女兒都很愛打電動，她們有不少朋友也是。就玩家如何玩遊戲來說，玩家也不是一塊鐵板。行銷者很愛探討不同區塊的玩家：核心玩家、認真玩家、休閒玩家、流動玩家。真正的重點不是你落在哪一區塊，就跟你沒必要特別花力氣搞清楚薯片零食廠商——菲多利公司（Frito Lay）認為你算哪一類「零食消費者」的意思一樣。重點在於，你多半就是其中某一類玩家，而你認識的大部分人多半也是。小孩、社會邊緣人或者繭居者這些古早刻板玩家印象，已經是站不住腳。2014年，瑞秋・科沃特（Rachel Kowert）、魯斯・費斯特（Ruth Festl）和托斯特・匡特（Thorsten Quandt）發表了一篇標題聳動的文章——《不受歡迎、體重過重、不適社會：重新思考線上玩家的刻板印象》（Unpopular, Overweight, and Socially Inept: Reconsidering the Stereotype of Online Gamers），文中他們使用了

---

1. 《毀滅戰士》的主角，遊戲中沒有正式姓名。

一種名為「家用電話」的古老科技，隨機訪查了 4,500 位玩電子遊戲的人。研究者針對那些倒楣受訪者的人氣、吸引力、無所事事情況和社會適應力進行了一番拷問之後，發現玩遊戲的人和不玩遊戲的人並沒有什麼差別。這世上能玩遊戲的機會實在太多，讓這種嗜好根本無法侷限於單一團體。

就算你還是能拍胸脯保證自己一輩子沒玩過電子遊戲、手遊或者網頁遊戲，這些遊戲還是以你恐怕還察覺不到的方式影響著你。電子遊戲令一項活動受人喜愛、讓人有滿足感、有趣好玩又能在社群中發揮效果的經驗法則，正往生活的所有面向蔓延。這都要感謝一場把遊戲設計運用於非娛樂目的運動，通常稱作「嚴肅遊戲」（serious gaming）。舉例來說，購物者或網站使用者的會員制和獎勵方案，就採用了跟遊戲同一套的設計原理。LinkedIn 這類網站顯示你填寫個人資料和建立社群網路的進度條，就是在學遊戲運作。像「一塊接一塊」（Block by Block）慈善計畫這種更嚴肅的事業，也使用了《當個創世神》（Minecraft）這款構築式遊戲，來打造年輕玩家與聯合國人類住區規劃署之間的夥伴關係，來替那些受到自然災害和貧困所影響的公共空間打造新計畫的原型。海地的濱海城市萊凱（Les Cayes）的孩子們，可以使用《當個創世神》的沙盒模式，來規劃設計公園和足球場。他們做出來的成果，比我小時候用林肯積木（Lincoln Logs）和木塊做的

東西不知道好上多少倍。

　　課堂上也會透過電子遊戲作為媒介，以新的形式教導孩子和大人。而且我講的不光是「跟著可愛小兔兔學打字」還是教什麼的其他東西的那種乏味教學遊戲。有些學校正在使用《傳送門》（Portal）和《文明帝國》（Civilization）等原本定位是娛樂產品的遊戲，來教導程式碼編寫、物理學、建築學、政治科學以及歷史，並獲得極佳成果。為了讓員工更滿意、更有生產力、更快樂而運用「遊戲化」的方式把工作活動當作遊戲來應對，使遊戲甚至得以進入工作場合。這些嚴肅遊戲方法運用起來都能收獲成效，靠的就是在娛樂電子遊戲中運作的同一套人性本質底下的心理機制和癖好。我們要了解到，心理學不只會在你玩遊戲時幫助你，也會在你購物、學習、工作以及參與政治活動時幫助你。它也會幫助你理解，你為何會投入那些仰賴同一套心理技倆的產品和服務，好比說推特（現已更名為「X」）、繽趣（Pinterest）、電子郵件、網路留言板、臉書以及其他隨便哪種社群媒體平台。把遊戲的心理學運用到其他軟體產品上，比較像是預料之內的向前躍進，而非出乎意料的大幅飛躍。

　　這是學術界對於電子遊戲的興趣隨銷售紀錄同時增長的其中一項理由。今日最聰明的一群學者中，有許多人就跟那些純粹為了趣味而玩遊戲的人一樣，從小玩遊戲長大，就想研究這

種令他們感興趣且認為是自己這時代最重要的媒介。因此，這批學者中有許多人穿著研究袍、抓著寫字夾板，以電子遊戲和虛擬世界的相關研究，推展著社會學、經濟學和傳播學的研究領域。在了解電子遊戲以及遊玩電玩遊戲的人這兩塊，研究精神過程和行為的心理學一直都是產能極高的領域。不過幾年前，人們要是看到有同儕審查的科學期刊叫做《虛擬世界研究期刊》（Journal for Virtual Worlds Research）、《遊戲與文化》（Games and Culture）、《人類行為中的電腦》（Computers in Human Behavior）、《人類——電腦心理學國際期刊》（International Journal of Human-Computer Psychology）、《賽博心理學、行為與社會網路聯結》（Cyberpsychology, Behavior, and Social Networking），可能還會覺得莫名其妙。但如今它們的確真實存在：是你真的可以拿起來研讀、敲人還會痛的實體刊物。就連《應用心理學期刊》（Journal of Applied Psychology）、《人格與社會心理學期刊》（Journal of Personality and Social Psychology）或者《心理學公報》（Psychological Bulletin）這些地位崇高的期刊，也頻繁刊出虛擬世界和電子遊戲的研究。而且，雖然這些科學家之中有不少都是在大學裡幸福地進行這些研究，但也有不少人被電子遊戲開發公司挖到產業內進行研究，並利用他們在電子遊戲心理學方面的洞見。我們接下來會在本書看到，如果你玩過維爾福（Valve）、育碧（UbiSoft）、

藝電（Electronic Arts）、拳頭遊戲（Riot Games）、微軟（Microsoft）或其它眾多公司開發的遊戲，那麼你就已經獲益於這類研究過，也已經享受過某些由心理學家協助改善的東西。

每個人都能從本書中有所收穫。如果你有玩遊戲，這本書能讓你獲益良多。你會不會好奇人們為什麼玩遊戲，為何人們有時玩遊戲會作弊，以及是什麼原因讓其中一些人怒氣爆表，還在網路上講出那麼難聽的垃圾話？我們這些玩遊戲的人，可以用本書內容來更加了解自己的行為並加以控制——來當一個更好的隊友、更能享受自己的勝利、節制調節我們的遊玩行為、從購買行動中得到更多愉悅，並替自己和孩子選擇更適合的遊戲。此外，有鑑於我們的行為會影響其他玩家的感受和想法，我們也可以使用本書內容，為了其他玩家而在這些事情上努力。

電子遊戲開發者和那些正在學習成為開發者的人，也能在本書中獲益良多。在我以電子遊戲心理學為主題寫作時，我注意到的一件事是，那些設計遊戲並管理遊戲外圍團體的人都很聰明。他們致力於找出「哪種方法最有效」，並精益求精。即便沒有明說，但他們的成功大部分是奠基於對心理學的了解。但要是能有一組共通詞彙來談玩家心裡發生了什麼事，對每個試著討論這件事的人來說都是好事。徹底了解玩家的心智、思考程序、決策以及情感，能幫遊戲開發者打造出在任何重要的評量標準上

都更好的遊戲。要做出更有趣、讓人在把遊戲下架或降價販售前玩更久、讓人們更熱烈討論的遊戲，關鍵就在心理學。那些優點不會憑空出現，而我在本書中將清楚標出許多開發者只要按下去就能讓玩家得意洋洋、興高采烈、積極主動、歡欣喜悅的按鈕，並加以描述。對於那些管理玩家社群和消費者社群的人來說，這種按鈕也是存在的，就算他們從沒寫過一行程式碼、沒試玩過一款遊戲的內測版也一樣。社會心理學充滿了各種研究成果，可以幫助一群又一群的玩家更能好好相處，並協助他們互相分享合作──或者說，你的目標如果就是要他們競爭、敵對或者狂熱沉迷，這些研究結果也幫得上忙。我沒有要對此做對錯評判。

當然，我們不應忽略那些銷售產品的人。玩家帶著什麼動機會去玩遊戲，以及他們花錢的當下有什麼樣的感覺，其背後都有心理因素存在；了解這些心理因素，有助於賣出更多實體或數位版的產品。現在的遊戲已經不光是以 50 至 60 美元在店家銷售了。手遊試圖以一次 99 分錢的方式從玩家身上榨取收益，數位發行和遊戲內購商城若能抓準了時機便能創造出新的衝動消費商機，而且，讓遊戲者在社群網路服務上分享遊玩活動，有時候跟熱銷大賣同等重要。心理學能幫助那些銷售者和行銷者了解到，為什麼有些戰術比其他戰術更有效，而在什麼情況下那些戰術還會更加有效。（反過來說，要是玩家要是具備了這些知識之

後，就更能夠保護自己不受那些掠奪成性的行銷戰術所危害。）

　　本書分為四個部分：一，玩家為何會那麼做；二，遊戲開發者為何會那麼做；三，那些負責行銷販售的人為何會那樣做，以及四，電子遊戲怎麼影響我們。我當然會回顧以電子遊戲和虛擬世界為脈絡進行的專門研究，但也不會侷限於這個正在擴展的領域。如果心理學的某項經典研究，能透過其對人類心智普世真相的檢驗而為今日的玩家提供一些想法，我也會把它運用於眼前主題。本書和其他眾多書籍不同的地方，在於本書著眼在大處，並遍談電子遊戲心理學的眾多不同面向，而不是只專注於一面。在閱覽大眾媒體，甚至是閱讀學術期刊，都很容易困在類似的爭議議題中，好比說電子遊戲暴力與成癮；或是一些關注範圍狹隘的主題，好比說遊戲化和教育用途遊戲。我當然會聊這些主題，但心理學能為玩家和電子遊戲製作者帶來的意義，遠比新聞頭條所講的還要多上太多。

　　在第一部〈遊玩遊戲的人〉裡，我會探討心理學所能回答的、關於玩家普遍行為和態度的一些最重要的問題。其中一些主題將會觀察遊戲文化中令人煩惱的面向，好比說，人們打電動為何要作弊、我們為何會那麼好鬥好勝，以及垃圾話和言語汙衊為何會失控。但我也會探索心理學對於「如何抑制自己和他人的這些行為」有什麼看法。你將會得知，正確的內容或正確的精神引

導可以讓人們更樂於合作、更包容，且對自己的成就更滿意。這部分也會探討人們懷念老遊戲的心理根源，以及我們為何喜愛回顧經典。

第二部〈製作遊戲的人〉，探討了玩家和遊戲開發者都會感興趣的問題，也就是為什麼某些設計套路那麼普遍風行。多半是因為那些套路行得通，而它們行得通的理由，往往都和心理學有關。我們將探索遊戲任務和遊戲成就的激勵本質，以及它們如何在設計改良後以超乎想像的方式，滿足健康人類的對於電子遊戲的期待。我們也會觀察電子遊戲中的「虛寶」（loot）（可想成是「珍貴的寶物」）和獎勵制度要怎樣設計才最能契合人心，以及如何創造出身臨其境而讓玩家一玩就好幾個小時的遊戲世界。

到了第三部〈銷售遊戲的人〉，我會解釋公司用來從玩家身上獲取收益和關注的其中一些行銷販售伎倆，以及為什麼其中有些伎倆是電子遊戲獨有的。這部分會引用決策和消費者心理學的研究來觀察，數位發行如何影響人們在特賣會中的心理狀態、玩家何時有可能會簽署加入訂閱服務，以及玩家何時比較有可能會花一點點錢（甚至砸一大筆錢）進行遊戲內購消費。我們也會探索遊戲如何讓玩家自願扛下向朋友推銷遊戲的工作，以及為什麼有那麼多人固守訂閱制而從不取消。

最後，我會在第四部〈關於遊戲本身〉觀察電子遊戲對我們

玩家產生了什麼效應,來補完最後一塊拼圖。我們不只會觀察,我們如何因為選擇一款遊戲內的虛擬化身而洩漏了我們自身,也會觀察虛擬化身其實會怎麼影響我們遊戲內外的行為。本書也會探討電子遊戲的暴力是否影響我們,以及虛擬暴力為何總是這麼吸引人。不過我會警告你們——答案也許跟你們預期的不一樣。最後,我會來談一些指出「適當的遊戲其實可以增進你的心理能力」的研究,來翻轉「遊戲讓我們變笨、並縮短我們的專注時間」的這種假設。

我知道這樣講下來主題是包山包海,也會是一趟歡樂有趣的旅程。我可能會不時丟出一些遊戲行話,但我會盡力解釋,且不假設讀者具有電子遊戲的專精或深入知識。但如果你對電子遊戲一清二楚,那也很酷。我們應該找時間出來同樂一下。電子遊戲心理學很棒的一點就是,它實在太能普遍運用於各處。我接下來會討論的原理、理論和研究結果,都能運用於各式各樣的電子遊戲。如果你不熟《遺蹟保衛戰2》(Dota 2)或者「三消類[2]」益智遊戲(Match Three)的話,不要緊張;接下來討論的東西既可以應用於你知道的遊戲,也能應用於你未來才會遇到的遊戲。

---

2. 指的是湊齊三個同色元素將其消除的遊戲,例如《泡泡龍》等。

另外也值得一提的是，我架設了一個名為 www.psychologyofgames.com 的網站，來當作本書的互補。你可以去那取得更多沒能放進本書的追加資訊、進行過更新的研究，以及有趣的故事或研究結果。但既然你已經都看到這裡了，我們就開始進入正題吧。

PART 1

遊玩遊戲的人

THOSE WHO PLAY

CHAPTER 1

原本好端端的一個人，為何一登入遊戲就成了瘋子？

「玩家並非生來就如此惡劣。問題都出在環境，遊戲內和遊戲外的環境，以及環境扭曲行為的方式。在於就連原本的好好先生都有辦法令其犯下惡劣行徑。」

——林侑霆（Jeffrey Lin）
《英雄聯盟》（League of Legends）首席社交系統設計師

線上遊戲《英雄聯盟》有著驚人的受歡迎程度。這款在「多人線上戰鬥競技場遊戲」（MOBA）（Multiplayer Online Battle Arena）類型中堪稱超重量級選手的遊戲，會讓兩支隊伍的各 5 名玩家爭奪地圖控制權。這款遊戲若要玩到出神入化，就需要合作、迅速決策，以及對可令玩家挑選的 100 多種角色職業瞭若指掌。這些被玩家稱為「英雄」（champion）的角色職業，每位都有自己的優劣勢，以及擅長或不擅對付的其他英雄名單。到了 2013 年時，已經有大約 7,000 萬人在玩《英雄聯盟》，其中大約 3,200 萬人會固定遊玩。這款遊戲的電競冠軍賽有多受矚目呢？熱門到 2013 年 10 月的總冠軍賽居然是在 NBA 洛杉磯快艇隊的主場史坦波中心（Staples Center）舉行。世界各地的人們前來坐在觀眾席上，看職業比賽在現場大銀幕上開打。到了隔年，2014 年冠軍賽的規模甚至已經擴張到連該球場都塞不下，得要搬到亞洲的多個大場地舉行。最終決賽實在太熱烈，而得在韓國的首爾世界盃競技場（Sangam Stadium）舉行。首爾也曾在同個大型運動場舉辦過 2002 年世足賽，此外還有 2,700 萬人在網路跟電視上觀看總決賽。這個觀眾人數超越了 2014 年美國職棒世界大賽的最終戰（2,350 萬）以及同年 NBA 總冠軍系列賽（平均每場 1,550 萬）的人數。

　　雖然現在如此受歡迎，但當初該遊戲於 2009 年發行後沒多

久,拳頭遊戲的創辦人布蘭登・貝克(Brandon Beck)(前企業顧問),以及馬克・梅里爾(Mark Merrill)(前行銷專家)就知道《英雄聯盟》成功後會出現形象問題。該遊戲的發想起源,是另一款遊戲——《魔獸爭霸 III》(Warcraft III)的一位玩家在社群自製改版,而《魔獸爭霸 III》的同一批玩家正陸續跳槽到《英雄聯盟》。這裡面有些人可能會非常惡質,我說的是惡質到極點的那種。你要是曾涉足過某些《英雄聯盟》社群的經驗,可能就會沾上網際網路能承受到的所有羞辱、性別歧視、恐同、種族歧視以及常見惡劣行徑。先講清楚:也有十分友善的大好人在玩這款遊戲;我自己就認識一些。但光憑《英雄聯盟》的玩家數量,再結合競爭性、匿名性以及後果無須自負等條件,產生的有害行為就多到足以形成巨大問題。而貝克和梅里爾想要解決這難題。

他們聘請了一位名叫林侑霆的年輕心理學博士來幫忙。從小到大都在玩遊戲的林侑霆,逐漸被認知神經科學所深深吸引。他對環境如何影響我們的視覺系統,又如何能欺騙視覺系統做出超乎我們預料但又能讓我們充分了解心智運作方式這件事又特別地感興趣。林侑霆在華盛頓大學攻讀這類別的博士學位,拿到了好幾個獎項和獎學金。他最終結合了那分對科學研究的熱愛以及對電子遊戲的熱情,而在西雅圖一帶的維爾福公司獲得一份工作——該公司發行過《戰慄時空》(Half-Life)、《傳送門》以及

《惡靈勢力》（Left 4 Dead）等優秀的遊戲系列。也有其他地方請林侑霆去做更傳統的科學研究工作，但他清楚知道自己想在遊戲產業開展生涯。林侑霆在維爾福工作時，偶而還是會沉迷於《無盡的任務》（Everquest）這類大型多人線上遊戲，這類遊戲的眾多玩家會登入同個線上世界遊玩並交流往來。在 2011 年的一次遊戲聚會上，林侑霆和《無盡的任務》裡認識的一些朋友決定把握機會當面相認。令他意外的是，其中有些很少在線上聊個人私事的人，也同在遊戲業工作。其中有一位克莉絲汀娜·諾曼（Christina Norman），曾經是 Bioware 的知名遊戲系列《質量效應》（Mass Effect）的主設計。當時，她跟另一位《無盡的任務》裡的朋友都在拳頭遊戲內負責《英雄聯盟》，便邀請林侑霆前來一趟。

在參訪過程中，仍不時有人出面相會。「而有那麼個共通主題當天不斷地被人提起，」在一次以電子郵件進行的對話中，林侑霆這麼跟我說。「大部分的遊戲開發者，都把玩家的行徑當作無法解決的難題。」但林侑霆不這麼認為。最後當他見到拳頭遊戲的創辦人貝克和梅里爾時，兩人迫不及待想要找人談談線上遊戲惡劣行徑背後的心理狀態。更重要的是，他們想知道像林侑霆這樣有資歷和本事的人，會如何解決這難題。林侑霆是有答案的。「那時我想要一邊揣測著玩家的心理狀態一邊開發遊戲，」他如此回憶道。「我想透過遊戲的特性來形塑玩家的行為。」這

會是個艱鉅任務,甚至有可能到頭來才發現徒勞無功。但這個機會實在不可多得啊!

不久之後,林侑霆就進入了拳頭遊戲,和一群跨學科的「玩家行為團隊」(Player Behavior Team)共事,隊伍中包括了社會科學家、統計學家、人因工程師、社會學家[1]、人類學家,還有一個人其實沒人知道他在幹麼但(我猜)他看來也沒啥問題。至於團隊的目標是什麼?讓人們不要再成為那種機車渾蛋,並讓他們多展現一點運動家精神。於是他們立刻就上工了。

拳頭遊戲玩家行為團隊所面對的挑戰,實在不能說絕無僅有。所有線上遊戲或多或少都受玩家惡劣行徑所害,而人們往往都歸咎於玩家匿名性,以及在線上行為後果無須自負的自由。《魔獸爭霸》和《星戰前夜》(Eve Online)這種大型多人線上遊戲都充滿著朋友和客套話,但也有許多人會用真實世界難以想像的言語來攻擊或騷擾其他玩家。像 Xbox Live(目前已更名為 Xbox network)這類團體的文化長久以來就惡名昭彰,已經到了成為笑話哏來取笑「哥兒們」(dudebros)和社會適應不良青少年的程度。例如「偏執玩家[2]」(The Bigot Gamer)這類的網站,光

---

1. 專指社會學研究者,前面的社會科學泛指各種與人類社會相關的學門。
2. 網址:www.thebigotgamer.com(現已無法開啟網頁)。

再玩個一關就好了　27

是記錄這些惡劣人士的可笑遊戲行徑並貼在網際網路上羞辱，就吸引了大批讀者。另外有一個類似的網站「胖醜淫[3]」（Fat, Ugly or Slutty），編列了針對女性玩家的辱罵；造訪該網站的人會發覺，如果攻擊目標是女性的話，情況還會更糟。《新媒體與社會》（New Media and Society）期刊於 2013 年刊登的一項研究支持這個看法，發現在遊戲內使用女聲的交流言語遭 Xbox Live 玩家言語辱罵的次數，是使用男聲言語的 3 倍。

　　惡劣行徑為什麼會在線上發生？是什麼讓「會計系的泰德」或「社會研究課的那位同學」一戴上耳機坐在電視前玩個兩下《最後一戰》就性格大變了？為什麼拳頭遊戲的創辦人得要雇用像林侑霆這樣的一大票專家，來改造那群會重傷遊戲的辱罵型玩家？說穿了就是一個詞：「去個人化」（deindividuation）。

　　在去個人化這種精神狀態中，人的個體認同過度消融在想法的背景中，讓環境和周遭人群中暗示他們該如何舉止的信號太容易影響他們。造成這情況的因素，同時有社會問責度的降低（「你看不見我」），以及人們對自身衝動的自我控制力下滑（「我看不見我」）。心理學家花了幾十年時間發展去個人化理論，並藉以解釋，當你讓人們覺得自己可以匿名、行動不必負責、有如群眾中一個無臉小零件的時候，腦中會發生什麼事。去個人化就研究計畫來說實在很驚人。它包含痛苦的電擊、讓孩子

們反目成仇，以及痛斥 3K 黨——但我們先別急著往那邊過去。要徹底了解人在獲得一點點機會之後可以變得有多惡劣，我們先來探討一個由數十億美元等級的公司和可愛的孩子們針對萬聖節要糖果所進行的一套失敗的社群管理政策。

社會問責度減低：「沒人看得見我」

2010 年 7 月初，打造前述線上遊戲《魔獸爭霸》的暴雪娛樂（Blizzard Entertainment）宣布，玩家得要公開真實姓名而不是螢幕上捏造出來的奇怪暱稱，才能玩遊戲以及使用留言板。該公司試圖用這一大步來把匿名面紗從幾百萬玩家臉上硬扯下來，就像一位業餘魔術師從一套看起來就很不順眼的瓷器底下把桌巾抽掉一樣。不幸的是，結果並不那麼像是讓觀眾眼睛一亮，而比較像是「天啊，怎麼會搞成這樣，對不起！對不起啦！」

暴雪娛樂就跟拳頭遊戲一樣，想要讓自己的多人遊戲和留言板變得友善一點，不要那麼惡毒駭人。網軍出征、失控爭論以及各種尖酸批評，都是暴雪虛擬集散地的大問題，而遊戲開發者認

---

3. 網址：fatuglyorslutty.com（現只剩結束營運公告）

為，讓人使用真名可以帶走群眾的一些狂熱。「官方論壇始終都是討論遊戲最新資訊、提供想法和意見、與其他玩家分享經驗的好地方，」暴雪執行長麥克・莫海米（Mike Morhaime）於 2006 年 7 月 7 日貼在官方論壇上的文章，便是以這段話開場（然後接到又調高了某項數值 +5 正義鞋子，後來又把它調回去）。「然而，論壇也得到了謾罵、引戰、其他惡劣行徑肆虐之處的惡名。把線上對話的匿名面紗去除，將促成一個更正面的論壇環境、促進建設性對話，並以前所未有的方式將暴雪社群聯繫起來。」所以，儘管某位暱稱是「xxXZombiePope420Xxx」樂於躲在匿名後面毫無來由地對別人噴出可怕的話語，但暴雪認為一位本名叫「尤金・米勒」的人就不會這麼做。在公司的推論中，一切都是因為匿名的關係。把玩家的這一層扒掉，他們就會更有禮貌守規矩。

不幸的是，我們永遠無從得知計畫能否如預期生效。消息宣布沒多久，就有幾萬名玩家瞬間暴走並集體失去理智，將留言板灌滿無數長文和訴願文，要求撤回新政策。僅僅 3 天後暴雪就撤回前言，並說出自己可能錯了、匿名其實好棒棒之類的話。

但事情就那麼簡單嗎？暴雪原本是走在正確的路上嗎？消滅匿名會不會改變人們的行為？以上皆非。至少，答案並非光一個匿名性那麼簡單，因為去個人化的心理還有其他面向。時間回到 1976 年，當時愛德華・迪安納（Edward Diener）和同事發

表了一篇研究論文,談到了其中一項因素。它的標題很吸引人《去個人化變項之於萬聖節不給糖就搗蛋者的效應》(Effects of Deindividuation Variables on Stealing among Halloween Trick-or-Treaters)。這些心理學家當時不知道的是,他們其實奠定了一項基礎,讓後人得以了解幾十年後暴雪和拳頭遊戲在虛擬遊樂世界中面對的難題。而他們居然是靠著發送好吃的 1970 年代糖果給戴著蜘蛛人或《生化女戰士》(Bionic Woman)面具的小孩,而完成了這項成就。

迪安納和團隊夥伴興致勃勃地想知道,是什麼樣的情境因素讓孩子們犯下偷竊和破壞規矩等反社會行為。所以,在這個聰明但不完全算實驗的小研究中,他們讓西雅圖、華盛頓的研究人員把 1,352 名萬聖節不給糖就搗蛋的人變成不知情的研究參與者。研究人員在幾間房屋的入口處設置了兩個碗——其中一個裝著小粒糖果,另一個裝著錢。當小孩上門時,實驗執行者會問候他們,然後跟他們說,每個人只能從碗中拿一顆糖果。實驗執行者接著會說,他得去這邊看不到的另個房間處理一些事情,但他其實會躲到一面假牆後頭,從窺孔暗中窺視小孩。

整體布置就是這樣,但因為待在不同人家的實驗執行者對於關注的其中一項因素有所操作或改變,他們也就採用了《一本讀懂研究方法》教科書中所謂「操作」的方式。在匿名性的操作方

面,他們會要孩子們提供姓名和地址,就像暴雪要人揭露螢幕上怪異暱稱背後的真名那樣。研究人員也會記錄哪個孩子是自己一個人走上門,而那個是成群結隊中的一人。

　　研究結果顯而易見。偷拿的最少的是那些單獨上門的小孩（不是群體中的一員）,以及那些因為被詢問了姓名地址而被奪去匿名性的小孩。他們之中只有 7.5% 從事了反社會行為。與其相比,光是處在團體中（甚至是在團體中每個人都提供了辨識資訊的情況下）,就讓違規率增加到幾乎 3 倍,高達 20.8%。但那些認為研究人員不知道自己真實身分的扮裝小孩,行為比上述的還糟糕。那些匿名小孩就算是獨自前來,也都有 21.4% 的人多撈了幾顆糖果到自己的不給糖就搗蛋袋子裡；如果是成群結隊而來的話,數字還會變成兩倍之多,來到 57.7%。有好多糖果被偷走啊。

　　這項研究概括了許多線上遊戲發生的狀況──以及在許多討論區、線上客服,以及網站意見區所發生的這類狀況。因為我們處在團體中、因為我們匿名,也因為我們的違規行為不太可能有後果要擔,所以我們從周圍人們中感受到減低了的問責度。就跟成群結隊往家家戶戶前進的不給糖就搗蛋者一樣,我們看著我們辱罵毀謗的文字及有聲話語混入群眾的一片含混中。人群提供了我們身分的安全保障,而群體越大,我們的行為就更不可能被

揪出來或記下。就跟萬聖節的服裝一樣，螢幕上的暱稱也掩飾了我們的現實生活身分。遊戲中的人和打鍵盤的人也可能是完全不一樣的個體。而就像那些沒大人盯著的糖果小偷一樣，即便不善待其他玩家，之後也不會有什麼真正的壞事降臨在我們身上。就算你行為舉止像個爛到底的人，也不會有人跑來家門口堵你，或是跑去跟你朋友、家人或同事抱怨。呃，應該是不會啦。

而且雖然迪安納的萬聖節實驗很能說明社會問責度降低可以導致去個人化，但在電子遊戲和其他線上互動的脈絡中，這連全貌都稱不上。舉例來說，與其他玩家短暫有過連結，也能引發這樣的效應。大部分玩家和其他玩家衍生的關係，只存在於競賽、任務或集會的那段期間內。雖然我們會和朋友或固定的團體玩遊戲，但我們還是對團體外的人保持匿名。針對去個人化的研究，證明了這是最重要的區別。其他研究證明，光是讓我們的行為透過電腦、主機或其他設備的管道，就足以讓我們覺得自己不那麼像是一個個體，而更像是一群群眾的一部分，或者一個系統的一部分。實體並不存在於現場這點很重要。

所以，儘管一個正在玩《英雄聯盟》或《決勝時刻》這類競技線上遊戲的玩家跟對手噴垃圾話時絕非毫無自覺，但他同時也很清楚，自己的社會身分並不在線上。這個身分甚至根本沒在運作，因為他們覺得，「你又看不見我」。然而，把我們的身分藏

起來不讓別人知道,並非讓我們進入去個人化狀態的唯一方式。我們也可以藏起來不讓自己知道,而達到這種狀態。

被削弱的自身監控:「我看不見我自己」

我們來探討另一個知名的去個人化心理實驗。極為出名的心理學家兼業餘電工菲利普‧金巴多(Phillip Zimbardo)在其著作《路西法效應》(The Lucifer Effect)中描述了一場實驗,他讓女大學生用頭罩、大件的實驗袍和上面只有號碼的識別證掛牌來隱藏自己的身分。然後菲利普讓她們坐在一個大按鈕前面,該按鈕據稱會對參與者看得到的某人施予痛苦的電擊,但對方看不見她。在一個說是測試(藉由電擊造成的)壓力對創造力有何效果的研究中,這些匿名女士按下電擊的時間,比起身分沒有經過掩飾的人來得長。受電擊對象表現得開不開心都沒差——參與者不管見到那種情緒,電擊的時間都一樣長。當然,理當遭到 75 伏特電擊的人其實是假裝被電的演員。就心理學用語來說,這稱為「說謊」,是設計實驗時一個非常重要的工具。

這項研究提供了幾個額外的例證,證實了幾個存在於前述「不給糖就搗蛋」情境中、會觸發「你看不到我」心態的機制。

參與者身著掩蓋身分的衣物。她們不使用真名。實驗執行者對她們全體一起告知事項，沒有一對一的互動。不論在實驗前還是實驗後，她們跟她們的受害者／夥伴互動有限。她們施予電擊後不用為後果負責。這些都代表說，憑藉著社會問責度的降低，她們早就穩穩當當地往去個人化的方向邁進。但金巴多的實驗還包含了少許因素，是會削弱研究參與者對自身動機的監控程度，會減少他們對自身衝動行為的抑制程度，進而幫助參與者達成去個人化。

削弱自我監控的一個最佳方式，就是把別人對你行為的指責轉嫁給其他人。在金巴多的實驗中，許多參與者後來表示，她們當時那麼做，是因為實驗執行者跟她們說，那是她們的職責所在。因為組裡每個人都在同個時候對同個目標下手，所以如果有哪位作實驗的同學在「把他給我電下去」的按鈕上猶豫不決，她們也都能注意到。這種對權威者的指示、對同儕的行動，以及對整個超現實處境的外向關注，都減少了參與者去思考「等一下，我這是在幹麼？」的自然傾向。群體的同一性越高、權威者越強勢、情況越不明確，這種泯滅自我監控的情況就會越嚴重。

事實上，迪安納和同事也在前面「不給糖就搗蛋」的研究中，發現了這種自我監控的代罪羔羊效應。該實驗還有一項我沒提到的操作就是，在某幾個組裡面，如果有誰拿了太多糖果，或

者有誰偷走任何一毛錢，研究人員就會揪出一個孩子，並要那小鬼負責。當然，被點名的小孩往往都會困惑不已，而且相當焦慮不安。但他的同伴似乎都覺得這樣搞實在太棒了，因為實驗中違規情況最嚴重的，就是那些整群匿名、而且實驗執行者還從中揪出一個說「只要再少一顆糖就唯你是問」的小孩們。在那種組別裡，有小孩偷糖果或者偷錢的情況占了80%。80%耶！所以，當我們決定要花多大工夫來抑制我們自身行為的時候，有沒有一個代罪羔羊、一個權威者，或者許多行徑惡劣的同儕，都是相當重要的因素。

我們常常在電子遊戲中看見同樣的因素妨礙我們做出最佳判斷。競爭激烈的遊戲促進更強烈的歸屬感，以及對不是自己人的反感，而那又會在我們拿隊友的不良行為來標顯自身的行為舉止時，讓我們陷入滾雪球效應。從「要是開發者不想要我們使用這項功能，那它就不會被設計出來。」的這種說法來看，具有語音或文字聊天功能的競技遊戲，也可能被我們視為自身行為的代罪羔羊。遊戲的機制或規則不禁止隊友自相殘殺、不禁止搜刮光他人在遊戲中所需的資源，或者不阻止玩家在情況不順時中離而使隊友陷入人數劣勢，也會像這樣被當成代罪羔羊。

在「我看不見我自己」的效應中，情緒和身體的激發也有其作用。我們在遊戲的苦戰中越激動，我們的情緒就越是占用心理

資源。這就代表說,「監控自己的意圖」和「控制突發衝動」這類行動能取得的心理能量就更少了。我還記得,幾年前的一場區網派對[4](LAN party)裡,我和同個房間裡的一票人在玩二戰主題的第一人稱組隊射擊遊戲《戰地風雲 1942》(Battlefield 1942)。在某場特別吃力的賽事中,我的隊伍把對手趕回他們的掩體裡,同時攻打占領下才算勝利的最後一個據點。另一隻隊伍會像蟻群一樣從他們的生成點湧出,但我們占據了位置和火力的優勢,所以我們勉強能壓制住對方。那一場實在太情緒激昂,以至於某個當下我開始喊出一些我不打算在此複述的詞彙,當比賽一結束我拿下耳機才尷尬地發現,我是唯一一位讓這種粗鄙辱罵脫口而出的人。但諷刺的是,並非只有我做過這種事。金巴多在他自己的研究中提到,他的受試者在越來越激昂地給予痛苦電流的同時,出現了一種漸進式的情緒激勵,那使他們更不受抑制,也使他們施予更長時間的電擊。那些受試者實在該慶幸電擊按鈕沒被接通上我的滑鼠和鍵盤。

於是,交互作用使我們進入去個人化狀態的,往往就是這兩種東西:社會問責度的削弱,以及自我監控的減少。我們的個體

---

4. 指同好們自帶電腦到某處連上區域網路,進行遊戲活動聚會。台灣也有舉辦名為「WirForce」的電競區網派對活動。

身分一旦消失於背景中，就有可能從嘴巴和打字中產出糟糕的字句。但難道說，一旦我們覺得自己匿了名、行動不用負責、無法抑制個人衝動，「反社會瘋子」就是我們的預設行為模式嗎？

不。到頭來發現並非如此。

去個人化和社會暗示

新的研究確認，經歷過去個人化的人們能夠擁有多種不同的行為舉止——其中有些甚至高尚而有所助益。當人們去個人化時，他們的確可能會覺得無拘無束且較無自覺。但人們真正會做的，並不是自動陷進某種內心惡毒深淵中，而是望向他們所在的環境和群體，尋找行為的指引。如果有個強大的外部指令引導人該怎麼做才正確或怎樣才叫正常，那麼，正在經歷著去個人化狀態的人們就會比較容易受影響。

我們回頭來看看各種受試者以為自己正以科學之名把人電到皮皮挫的實驗，因為實在太好玩了。羅伯特・強森（Robert Johnson）和雷斯莉・當寧（Leslie Downing）這兩名研究者後來重複進行了金巴多的實驗，這次讓受試者穿得像 3K 黨成員一樣。沒錯，我可沒在開玩笑！然後他們要另一組人穿得像護士。一旦去

個人化起作用後，那些穿得像仇恨團體的人試圖對目標施加的電流，就足以把目標對象像規格不符的保險絲一樣燒得焦黑；但那些同樣匿名卻打扮成護士——以同情心著稱的職業——的人，施加的電量就小很多。為何會這樣？儘管這些人被裝扮後，還讓他們覺得自己歸屬於一群匿名群眾，且儘管他們監控自身行為動機的心理控制力也已重新有了方向，他們卻不太知道要怎麼行事。就跟大部分線上遊戲裡的情況一樣，既然做事不用承擔後果，且真實身分又不在線上，他們什麼事都可能做得出來。然而，因為人類的心智討厭不確定感，所以處在那些情況下的人們在決定行為時，往往會更看重環境提示。他們往往會觀察自己應該扮演什麼角色、周圍的其他人在做什麼，以及團體中的其他人可能會對他們有什麼期待。當你覺得自己像是群眾中一個匿名小零件時，環境和社會的線索就會顯得非常重要。

想想這對各種電子遊戲來說有什麼意義。那些帶有強烈軍事戰爭主題的遊戲，還有那些極力強調征服統治的遊戲，會讓人們做出更符合那些期望的行為。其他經驗，好比說《惡靈勢力》的合作遊戲模式，就強調互助、協調和團隊合作。即便你匿名、行動沒有後果要擔，且整個投入於情境中，只要有了不同的社會提示、不同的角色、不同的期望，就會促成更利於社會的行為。欠缺的就只是有個誰來替團體定下基調，所以去個人化其實可以是

一股好的力量。

去個人化的遊玩以及遊戲設計

　　了解這一切關於「去個人化是如何造成、以及它對行為會產生什麼潛在的好壞效應」的資訊後，我們回來談林侑霆和玩家行為團隊的其他人在拳頭遊戲要解決的任務。他們知道《英雄聯盟》的玩家以惡劣行徑而惡名昭彰，但他們也知道，拳頭遊戲這種小而靈活的公司能提供給他們的數據資料和實驗機會，是傳統學術機構裡的心理學家所求之不得的。而且他們幾乎能即時就看見自己的實驗結果，並對此採取行動。林侑霆在 2013 及 2014 年遊戲開發者大會（Game Developer Conference）於舊金山舉行的一連串會議的簡報中，發表了他們在《英雄聯盟》裡進行的一些實驗，以及那些實驗對惡劣玩家行為所產生的效應。在演說中，林侑霆從來沒有把匿名性或者去個人化特地提出來當主題，但拳頭遊戲所安排的干預方式，確實使用了前面討論到的眾多心理機制。「玩家本性是善良的，」林侑霆在 2014 年的簡報前言中說到，「但不良的環境會創造不良行為。」

　　玩家行為團隊嘗試的頭幾件事情裡，有一件就只是讓玩家有

選項可以把別隊的討厭玩家靜音。要是團隊成員沒有從別隊收到語音或文字訊息的垃圾話，他們就不會遭到煽動而去還以顏色，而不讓環境出現那種內容，就比較不會對已經去個人化的玩家放出一個「該展現這種行為」的信號。自己隊伍的人比較可能會用友善的態度聊天，並談及團隊合作。研究人員利用軟體和受過訓練的評分員，來替有使用這個要件的比賽做語言分析，結果發現，他們所謂的「負面聊天」減少了 32.7%，而「正面對話」則增加了 35.5%。以一個如此簡單的要件來看，這項變動相當顯著。他們後來又在其他「禁言」的實驗看到了類似的結果，「禁言」會讓玩家知道，他們因為其他玩家提出抱怨，而有幾天的時間不能聊天。值得注意的是，其他遊戲開發者也正在實驗類似的聊天功能削減法。在實名制的嘗試失敗後，似乎正在尋找以更巧妙的手段來影響玩家的暴雪公司，在自己的線上卡牌遊戲《爐石戰記：魔獸英雄傳》（Hearthstone: Heroes of Warcraft）裡，只運作了非常簡單的訊息巨集指令。使用某種聊天指令選單，來從用語清單中選擇「這樣不對！」，會比人們在獲得完全自由時能想到的一大堆東西來得好。

玩家行為團隊用來在一個競爭已經很激烈的環境內搶先蓋掉去個人化效應的另一個方法，就是藉由簡單的促發（priming）操作。心理學上，「促發」指的是讓某人接觸一種刺激——甚至

可能是在潛意識層面上——來在不讓人察覺的情況下影響他們的行為。它背後的想法是，若要讓一個概念在某人心中更顯著且更容易喚起，就要讓他想著相關的概念、啟動這些概念，或者促發這些概念，會讓想法傾瀉而出，而那甚至可能影響行為。舉例來說，讓螢幕保護程式某場景的背景中出現美鈔，可以讓人們想著要存錢，並表現得更為自私。拳頭遊戲這邊，研究人員試著在遊戲的載入畫面上用不同的訊息促發玩家。其中一則說，「如果你在隊友犯錯後抱怨他，他們會表現得更差。」另一則大致上是說，「跟隊友合作的玩家比較容易獲勝。」在一個實驗情境中，前面這條訊息導致口語辱罵減少 8.34%、冒犯言語減少 6.22%，其他玩家提報不良行為的情況整個少了 11%。有趣的是，拳頭遊戲的某條訊息似乎起了反效果。它們貼出一段文字問「誰會是本場最有運動精神的玩家？」，卻得到人們對其他玩家的一大票抱怨。林侑霆事後說，這可能是所謂的「聚光燈效應」所造成的。要是有人要玩家去想誰最有運動精神，玩家也會留意沒運動精神的行為，也就更有可能去執行這種行為。但要了解的關鍵事情是，這裡增加的是缺乏運動精神的提報，該行為的實際數量不一定有增加。

那些數字乍看之下沒多大，但在一款有幾千萬名月訂戶的遊戲中，這改變堪稱天文數字——而那全都只是將簡單一小段話放

在等待遊戲開始的玩家面前所造成的。這種引導行得通是因為，當許多玩家處在去個人化效應下、試圖弄清楚當下狀態和周遭隊友期望自己怎麼做的時候，它促使這些玩家思考團隊合作以及運動精神。用先前描述的實驗來打比方，拳頭遊戲提供給玩家的是護士制服，而非 3K 黨的袍子。

但是，就算把其他隊伍靜音，也只是把去個人化玩家所收到的惡劣行徑提示的源頭處理掉一半而已。促發值得進行，而且進行起來也不難，但它並沒有處理其他玩家可能對彼此的影響。於是拳頭遊戲把目光投向玩家團隊的組成，對這種無禮舉止的要害發動終極必殺技。只跟朋友玩線上遊戲，是這整個惡劣行徑難題的終極解方。我們對朋友會比較友善，或者說，就算對他們口出惡言，大家也懂得那只是開玩笑。此外，朋友也比較可能會去溝通、互助，並展現在《英雄聯盟》求勝時不可或缺的團隊合作。在林侑霆稱作「社會化學實驗」的過程裡，玩家行為團隊觀察《英雄聯盟》5 人小隊中朋友和陌生人的各種不同組合方式，會如何影響惡劣行徑。2 個朋友跟 3 個陌生人組隊，會不會比 5 個陌生人產生更好的結果？那兩對朋友加一個陌生人呢？他們發現，雖然 5 個朋友顯然是最佳情況，但就算只把一對朋友丟進去跟 3 個各自無關的陌生人組隊，對於惡劣行徑的提報量也有巨大影響。那些隊伍對玩家的抱怨少了 26%，因為良好行為獲得的

讚揚多了18%。為什麼呢？「讓一組核心朋友構成一支隊伍的核心認同之後，」林侑霆跟我說，「單獨玩家追隨團體領導的可能性，會比原來高上太多。」去個人化的玩家不時就會回歸這種核心認同並接納那種態度，而不會去採取更惡劣的態度。

拳頭遊戲也替判定有罪的玩家創造了具真實意義的後果，藉以打擊惡劣行徑。倒也不是真的有哪個玩家或受害者跑來你家門前搧你一巴掌，或者把你在講的垃圾話秀給你媽看，但他們確實施行一種制度，玩家可以提名彼此取得「榮譽分數」，拿到那樣的分數不光是空有聲望而已，更可以用來在遊戲裡解鎖獎勵。另一方面，拳頭遊戲制定了它們所謂的「法庭制度」（Tribunal system），該系統可以提報被控行徑惡劣的玩家，會選出玩家組成陪審團審理案件，然後這些惡劣玩家的遊戲帳號有可能會被封鎖，從一天到永久都有可能。前面提到的受限聊天系統，也是以同樣的方式運作：辱罵者可以發的聊天訊息量會嚴重受限，迫使他們得謹慎選擇開口。他們每局開場只能發 3 則訊息，如果行為保持在可接受範圍，就會以訊息額度逐漸提高作為獎勵。林侑霆在 2013 年遊戲開發者大會上的簡報中表示，結果立即且亮眼：吃過這種禁言苦頭的玩家，有 71% 從此沒有再犯，而且整體來說，團隊從其他玩家收到的抱怨少了 20%。

拳頭遊戲的團隊甚至試過把賽前大廳弄得不要那麼讓人備

感壓迫，以淡化遊戲壓力、去個人化和惡劣行徑之間的連結。一組5人小隊原本只有90秒的時間，得從100多位英雄中選擇角色、每個人要在地圖上站哪個位子，以及隊伍整體要走什麼戰術。只有5位玩家的隊伍，沒有讓角色重複或閒置的餘地。因此，這些迫在眉睫的賽前協調可能會充滿壓力，尤其當人們為了誰該做什麼而發生衝突時更是如此。為了對抗這種情況，拳頭遊戲實驗了一種制度，玩家在這種制度中會在與其他人組隊前就展現這些方面的偏好。接著遊戲會根據他們想要的角色來配對他們。這就讓互動中以衝突開始的可能性降低許多，並讓場面不那麼緊繃。玩家行為團隊再度發現，抱怨的次數大幅減少，而針對聊天紀錄進行的語言分析，也顯示了更樂觀的結果。

所以，是有一些辦法，做了就會改變匿名和去個人化所造成的惡劣行徑數量。但還有別種惡劣行徑要考慮進去。如果不只是沒禮貌要怎麼辦？如果有人擺明了在作弊要怎麼辦？同樣的經驗還能運用嗎？我們下一章就要來談談。

本章攻略要點

- 匿名會導致遊戲中出現惡劣行徑，但那並不是根本成因。
- 「去個人化」是人的個體身分消失於環境的現象，通常都是融入群眾而消失。
- 削弱社會問責度，有助於創造去個人化——所謂「沒人看得見我」的效應。
- 自我監控的減少也會增進——所謂「我看不見我自己」的效應。
- 當身處去個人化的狀態時，我們會格外注意周遭的環境和人，尋找自己該如何行動的提點。這都有可能導致利社會或反社會的行為，需端看情況而定。
- 遊戲、制度，以及社群管理工具可以去控制玩家的社會問責度、自我監控度以及他們對群體規範的假設，而有助於避免去個人化效應，或者塑造去個人化效應。

CHAPTER 2

為什麼人會去作弊、破解遊戲或是偷查攻略？

「不用藥的體育賽事只會出現在烏托邦……全球有4億人從事運動；而地球上可沒有4億個聖人。作弊就嵌在人性之中。」

——賈克・羅格（Jacques Rogge）

國際奧委會（International Olympic Committee）主席

麥斯・洛（Max Loh）目前正以電影和電子遊戲配樂維生，但當他還是加州大學柏克萊分校的大學生時，他身上沒什麼錢。洛並沒有接校內工讀或去打工送披薩，而是決定用跟程式語言 AutoIt 和自己的《魔獸世界》帳號來做個小實驗。那陣子他有位朋友在吹噓說，他光是用電腦程式在這款大型多人線上遊戲裡產生黃金，然後在公開市場上賣，就能一天賺 40 美元。那種作法的確違反遊戲服務條款，而且人們普遍認為這對該遊戲及其他遊戲的經濟收益都造成損害，可是齁，電腦開著讓它自己跑一天就有 40 美元進帳，實在是很好賺。洛起初只是簡單做做，寫了一個程式，讓他的遊戲內虛擬化身幾乎真的就是在「撈錢」[1]。他可以把那角色放在遊戲眾多釣魚洞的其中一個旁邊，然後讓程式自己跑，角色就會重複甩釣線、捲釣線，然後丟掉所有不要的廢物。這讓他的道具庫裡全都是玩家垂涎不已的、各種遊戲內製作強化道具的原料「魚」。那些魚可以在遊戲（合法）的拍賣場換成虛擬黃金，然後虛擬黃金又賣給俗稱「金農」的（非法）中國中間人，而換成美元真鈔。

洛最初在艾澤拉斯（Azeroth）大陸各釣魚洞的異常行動粗糙到被遊戲開發者抓到，在帳號被鎖之前，他賺的錢已遠遠超過了 100 美元。但這只是一時挫敗而已。洛從朋友那取得了第二個可用帳號，然後記取初次經驗的教訓，寫了更精細的程式。這個

程式會讓他的虛擬化身跑遍遊戲世界,尋找能開採貴重金屬的地區。後來洛發現這個網路機器人[2](Bot)總是會被凹溝或地表巨石卡住,於是他開始讓機器人產生活動紀錄,好讓他分析問題並修改。沒多久,網路機器人就聰明到會暫停自己的違規行為,以免自己卡在某處,甚至會在遭受攻擊時保護自己。這就讓洛可以放任它長時間跑個不停,自己還可以去上課、辦事,甚至去睡覺。不過,他這次可是小心翼翼地在遊戲開發商暴雪的雷達底下交易他的非法黃金。他並沒有發財,但把每天將一大堆礦石手動上架到拍賣場的 30 分鐘扣除後,基本上就是不勞而獲。

然而,對洛來說不幸的是,等他真的算起步時,他卻砸了自己的腳。他之前接觸的某個購買黃金的網站回了他的信,但它回信時假裝自己是暴雪。這群詐騙者接著說,他們在洛的帳號偵測到不法活動,而他必須點選他們提供的連結來獲得更多詳細資訊。這看起來就像那種明顯到不能再明顯、只有嫩到極點的人才會上當的網路釣魚,但並非犯罪老手、也一直覺得自己總有天會被逮到的洛,居然就上鉤了。「我中招是因為笨又怕被抓。」他在那封把整件事與我分享的電子郵件裡這麼說。詐騙者盜了洛的

....

1. 原文為 fish for money。fish 可指捕魚,也可指翻找,詳細作法見後文。
2. 網路機器人是指由電腦程式運作而非由人控制的虛擬化身。

再玩個一關就好了 49

帳號，然後把它清空。他覺得這是個收手的好時機，於是他便收手了。

　　統計上來看，麥斯‧洛做的這種不當行為其實是很罕見的。但還有許多種作弊跟跑程式、跑機器人或者破解軟體都無關。2009 年那時，遊玩《決勝時刻：現代戰爭 2》（Call of Duty: Modern Warfare 2）這款新遊戲的玩家，面臨了一個比網路機器人蹲在最佳釣魚點還要糟糕許多的問題。《現代戰爭 2》發行沒多久，玩家開始被後來稱作「標槍飛彈故障」（the javelin glitch）的情況所痛擊。有人不知怎麼就發現，以某種怪異的順序按按鍵再加上獻祭山羊之後，你就可以讓遊戲出現故障，所以當你在多人對戰中死掉時，你就會自爆並把方圓 30 呎內的所有人殺掉。這樣做的話分數結算下來還是加分，所以重現這種故障的技巧開始透過 YouTube 影片和留言板瘋狂流傳，直到各地的伺服器都充斥著在麥克風裡喊著「LOL！」（Laugh Out Loud，笑死）並同時爆炸的傻蛋。狀況一發不可收拾，讓開發商 Infinity Ward 得連忙生出修補程式來把它修好。

　　不過，開發者做得再多再快，也只是道高一尺魔高一丈。有些投合作弊者需求的網站，好比說 FPScheats.com 和 Project-7.net，會販售讓人在線上遊戲獲得不公平優勢的軟體。而這些網站看起來還不像那種沒打完網址就在你電腦裝病毒的髒髒網

站。它們看起來就一副幹練專業貌。FPScheats.com 甚至聲稱，他們曾送給某 VIP 用戶一份免費的「霹靂無敵大禮包」（Big Ass Cruise）。你只要有張信用卡，再加上想把線上遊戲規則一路掰彎到斷掉的慾望就夠了。你想透視牆壁嗎？好啊，行。你想要瞬間瞄準嗎？很多人也都要這個功能喔。哈囉，你想不想按個按鈕就把伺服器上每個人都幹掉？大哥你很有品味喔，想必你會需要「大屠殺」禮包。來我們辦公室談談費用吧。

而付費其實相當簡單。這類網站有不少都徹底採用了「軟體即服務」（software as a service）模式，以月訂閱制販售持續更新的駭客軟體，就像網飛賣的是可以觀看串流電影和電視節目的權利一樣。在我動筆的此時，最新的《決勝時刻》駭客包在某個這類型的網站上賣單月 25 美元，或者，你也可以只花 65 美元就包 6 個月，讓你省下 50%。這整件事有點好笑的地方是，有些遊戲開發者偶爾會認定說，與其打敗他們不如加入他們。在《戰地風雲 3》（Battlefield 3）風光的時候，開發公司「數位幻象創意娛樂」（Digital Illusions Creative Entertainment，DICE）就可以讓你買「捷徑」，讓你瞬間解鎖本來要玩好幾個鐘頭才能取得的裝備和強效技能，也就是賣了摻水版的外掛給你。《極限競速 地平線 5》（Forza 5）在競速類遊戲中做了類似的事情，讓你扮演我高中時期的那種小開同學，有個汽車代理商老爸，家裡車都隨便他開，不像其他人

再玩個一關就好了　51

都得自己賺錢買車。當然，這跟穿牆作弊[3]（wall hack）或者麥斯‧洛的魔獸自動採金駭客程式不能算同一種作弊方式，但它還是一種用金錢換取優勢的交易。

而電子遊戲作弊這個主題，就是從此刻開始變得含糊不清。許多玩家——希望包括你在內，因為我喜歡你這個人——從來都不會買作弊或利用 bug 密技，但我們之中有許多人都會從事一些比較微小的、看似幾乎無害但不完全無害的作弊。我承認：我以前在玩《拼字遊戲》（Scrabble）的廉價線上版——《填字朋友》（Words with Friends）的時候，曾經按 tab 鍵跳到 Dictionary.com 查找來取得分數。我有位朋友會付現金去找人——就他所知是中國某間血汗工廠的工人——幫他的《無盡的任務》角色升等，還要讓角色的包包裡裝滿貴重道具。我還有位朋友承認他會透過刻意觸發遊戲故障鑽漏洞以在線上遊戲《邊緣禁地 2》（Borderlands 2）裡面複製稀有武器和其他罕見道具，而許多《星海爭霸》（Starcraft）的玩家都曾無奈抱怨過對手為了維持勝率而在快輸掉時中離。

為什麼人們會用這些方法作弊？人們會去購買大幅破壞公平性的破解程式，其理由跟某人偷看線上辭典以及某人花錢買高檔裝備是否一樣？幸運的是，作弊的心理學始終是其他領域中一項很熱門的主題，所以有很多理論可以援引。結果發現，我們在

遊戲中作弊的理由,就跟我們在學界、生意上,以及私人生活中作弊的理由都一樣,而且也是受到同一種影響而做出這些行為。但壞消息是,我們往往會在自認沒作弊的情況下盡可能多作弊。好消息則是,只要知道方法,我們就有辦法減緩自己的這種行為,也常能緩和別人的這種行為。

作弊是種社會疾病

　　作弊者是會繁衍的。呃,我不是指那個繁衍,但我猜有些人應該真的搞上了吧。我的意思是說,人們看到周圍其他人先作弊的話,就比較可能試著作弊。有些研究者認為,當我們認為被抓到的機率低,且行動的道德處於灰色地帶,在這種模糊曖昧的場合中,更有可能出現上述那種現象。不管你喜不喜歡,那個灰色地帶可能把作弊包藏在某個整體來說有如電子遊戲一般無關緊要的東西底下。

　　為了驗證這個想法,行為經濟學家丹・艾瑞利(Dan Ariely)

---

3. 通常指射擊遊戲中讓子彈能夠穿透牆壁或物件的阻隔,或者讓玩家可以透視牆壁後面的畫面。

和同事在卡內基美隆大學（Carnegie Mellon University）設計了一項實驗，讓參與者有機會破解益智題目來換錢。研究參與者整群坐在一起，拿到幾張紙，每張紙都有 20 組由 9 個數字構成的矩陣。那 9 個數字可不是像 2 或 8 那樣整齊漂亮，而是不工整又精確的 1.57 和 8.43。受試者的工作是找出每個矩陣中加起來為 10 的兩個數字然後圈起來。不難，但人們要是能在 5 分鐘時限內找出 20 對數字，就沒那麼尋常了。除了紙張之外，每名受試者也拿到一個裝了現金的信封，有人跟他們說，實驗結束時可以從中取走報酬。每正確解決一個矩陣，就能拿到 50 分錢。解出越多矩陣，拿到的錢就越多——最多可以把信封裡的 10 美元全拿走。

艾瑞利和同事另外又進行了好幾次條件不同的改版實驗，但在其中一個版本中，他們想知道一件事，那就是，如果給人們絕對不會被逮到的作弊機會，人們會不會作弊。為了製造這種機會，研究者不只讓受試者在時間到之後自行報告解決的問題數，他們還叫受試者不用把紙張拿給任何人看，就直接塞進碎紙機。理當要掌管整個實驗的人，對這整份工作公然表現出一種「你們看看我有多不在乎」的態度，一直埋首在書本中。所以人們既有「每答對一題能獲得報酬」的作弊的誘因，又有「要求他們把記載實際表現的證據銷毀，並能自行提報結果」的作弊的自由。

許多人都把握了機會。但既然大家都把成績裁碎了，我們從

何得知這件事？艾瑞利提前把這套益智問題交給其他人然後實際去計算表現分數，找出了一個人們能在 5 分鐘內解出多少題的平均值。獲得作弊誘因和作弊機會的受試者，自稱解開的矩陣數平均下來為 12 個，而控制組平均為 7 個。有鑑於該實驗執行者控制了這部分以外的一切變項，作弊因此成了唯一的解釋。

　　所以有些人作了弊。但如果參與者清楚知道自己不是唯一作弊的人，情況會變成怎樣呢？如果有人登高一呼帶頭撈錢的話會怎樣呢？研究者為了回答這問題，又重新做了一次實驗，但這次有暗樁──一位演員假裝自己不過是另一名參與研究的受試者──來帶頭起事。就在計時 5 分鐘開始後沒多久，這個人就會站起來，意思就像是說「好了！然後要幹麼？」實際情況下顯然不可能有這種事，因為矩陣難題的耗時本質，代表著不應該有人有辦法那麼快就全部答完。然而，那個進行著實驗但其實也在演戲的人，就只是朝碎紙機那邊比了比，叫暗樁把紙張碎掉然後自己從桌上信封拿錢。暗樁照著做，接著就很故意引人注目地把所有錢倒進他貪婪的掌心，然後朝門口走去，還用一種我得想像成是「掰啦，傻子們！」的表情，回頭瞥了其他受試者一眼。戲就演到這邊，受試者們心中留下了一個明確的印象：那個人根本就在作弊，然後還全身而退。

　　這會讓他們更有可能不照實陳述自己的成績嗎？會喔。整體

來說，這組人作弊的情況更嚴重，自稱解開了 15 題。這個數字是研究者實際給控制組測卷計分後得出的基底成績的兩倍多，而且明顯高過「給受試者會作弊機會、但不提供行為典範人物」時的分數。

在其他實驗團體中也發現了這樣的結果。舉例來說，阿佳塔・布拉奇尼歐（Agata Blachnio）和瑪歌薩塔・維倫科（Malgorzata Weremko）給波蘭學生類似的機會，讓他們作弊並脫身。進行拼音測驗的學生以為沒人盯著，而在房間中央有一堆非常醒目的書。然而，實驗執行者這時正用著老把戲，在單面鏡後頭暗中觀察。房間裡那堆書包括了字典，而有一個告示大致是寫著，「注意喔，不要拿這些書在那場拼音考試作弊，好嗎？」跟艾瑞利的研究類似的地方，在於這些實驗執行者會安插一名暗樁，假裝自己只是又一個在考試中走向書堆用了一本字典的學生，而操縱了現場情況。和那些試程中沒有作弊暗樁的人相比，這批裡頭有暗樁的人更常作弊。

同樣的事也可能在電子遊戲這邊發生。光是看到其他玩家在作弊或者承認作弊，就足以打破平衡，有利於人們認為那是可接受的行為，尤其環境脈絡曖昧不清時更會如此。當情況不確定時，好比在新發行的遊戲裡，或者和一票陌生人一起在線上玩的時候，我們往往會環顧四周人群，尋找行為的指引。嘿，我們在

第 1 章談過匿名性和去個人化，還記得吧？我們的線上和遊戲內行為，也同樣特別會取決於群體中有誰，以及誰在我們的朋友名單裡。

　　南佛羅里達大學（University of South Florida）的傑瑞米・布萊克本（Jeremy Blackburn）和同事為了更仔細觀察作弊者的社交網路，決定在維爾福的 Steam 平台上，從這種壞人和他們的朋友那邊一點一滴地取得大量資料。Steam 這個電腦程式不只是數位店面，也有許多鼓勵互動和人際交流的特點。其中最主要的就是好友名單，讓你追蹤你的朋友、傳送訊息給他們，並邀請他們跟你一起玩遊戲。維爾福也執行著它所謂的「維爾福反作弊系統」（Valve Anti-Cheat System），或者簡稱「VAC」。動筆此時，已有超過 60 款遊戲裡頭用了這種工具；它會偵測作弊和破解遊戲等反常行為，並在違規使用者的 Steam 帳號上插一面巨大的「作弊者」紅旗，以約束這種行為。營運多人遊戲伺服器的人通常都會配置這種系統，來瞄準這類作弊者的胯下將他踢出伺服器外，所以像這樣被 VAC 禁掉有著很嚴重的後果。考量到你在 Steam 上買的所有遊戲都綁定帳號不可修改，若要規避禁令就非得要用新身分重新買遊戲，這後果又顯得更嚴重了。最重要的是，作弊者的公開資料上會用紅字展示一個巨大的「遭禁有案」（Bans on Record）——布萊克本很風趣地把這標記稱為「紅字 C」（Scarlet

C），出自小說家納撒尼爾・霍桑（Nathaniel Hawthorne）捧紅的另一個以《紅字》[4]為名的作品。維爾福公司不用說當然想讓 VAC 運行的方法細節保密，但 VACBanned.com 網站估計，自從 2002 年發布 VAC 之後，它造就了超過 200 萬次類似的禁令。

布萊克本和同事從 Steam 網站查到超過 1,200 萬名社群會員的個人簡介資料，其中包約 70 萬名被 VAC 標上紅 C 字的會員。以複雜的社交圖譜方法跑完資料後，研究者發現了好幾個結果，都支持「遊玩電子遊戲時，人往往會在朋友作弊時更常作弊」的推論。「作弊似乎會透過一種社交機制來蔓延，」研究者在已知作弊者的朋友名單分析中如此寫道。「一名（未作弊的）玩家有著作弊的朋友，以及這種朋友的數量，都和該玩家未來成為作弊者的可能性相關聯。」在作弊者之中，有整整 15% 的人其朋友名單上大半都是其他同行；有 70% 的人其朋友名單上至少有 1/10 是同類。布萊克本和共同作者表示，這和非作弊者群體可說天差地別。雖然他們的分析並沒有排除掉其他因素對結果的貢獻。好比說，或許作弊者因為這種不良的共同興趣而碰見彼此，並加彼此好友。但它確實證明了，若你朋友名單上有某位被標了紅 C 字的人，增加了你會加入他們的機率。

此外，布萊克本還發現，作弊者往往會在被抓到時試圖隱藏，且他們的朋友名單會隨著時間過去逐漸減少，這可能是多虧

了 VAC 保障的伺服器讓他無法跟朋友玩。和非作弊者相比，他們把 Steam 個人簡介設成不公開的可能性也是後者的兩倍以上，推測應該是為了隱藏他們的惡行。研究者將原始樣本和 6 個月後的新取樣樣本比對後發現，剛被標記出來的作弊者把個人簡介設為不公開的可能性，幾乎是非作弊者的 5 倍以上。有 44% 的作弊者在那 6 個月中失去了朋友，相比之下非作弊者只有 25% 出現這情況。我還看過另一份資料也證明了同件事。幾年前，當幾位來自 IGN.com 的同事和我一起檢查一組描述《瑪利歐賽車 Wii》（Mario Kart Wii）賽車遊戲交友連結的資料時，我們發現從整體來看，那些利用遊戲故障鑽漏洞來繳出虛假的優秀計時成績的作弊者，線上朋友會比較少的比例比其他人高了太多。

　　布萊克本研究社會網路對作弊有多重要的結果，也符合法蘭西絲卡・吉諾（Francesca Gino）、夏哈爾・阿雅爾（Shahar Ayal）以及丹・艾瑞利所重作的另一次矩陣解題實驗結果。它的設置類似於我討論過的其他實驗：受試者開始解問題，他們會獲得不老實也不會怎樣的誘因和手段，也會有一個替實驗執行者效力的暗椿，在那邊表演作弊。然而，實驗執行者在這項研究中操作的部分是，卡內基美隆大學的學生有多大可能會把那位明目張膽的作

....

4. 《紅字》（The Scarlet Letter），小說書中女主角胸前被迫配戴象徵通姦的紅字 A。

弊者視為他們圈內及社交網路的一分子。在一種情況中，此人穿著卡內基美隆大學的 T 恤，顯示他也是該校同學。在另一種情況中，他穿著匹茲堡大學（University of Pittsburgh）的 T 恤，顯示他和受試者的社會網路連結疏遠了許多。當作弊者似乎和受試者共處同個團體時，受試者作弊的次數占全部的 24.3%。當此人不屬同個團體時，受試者作弊的次數只占全部的 3.6%。

所以，就如去個人化的人會留意社會提示來決定如何行動，作弊者也會物以類聚。不過，有時候我們眼見別人怎麼做其實沒差。有時候，作弊與否取決於對我們來說什麼有風險。

為了不想輸而作弊

同樣價值的東西，人們失去它時的不悅，會高過獲得時的快樂──前者大約是後者的 2 到 3 倍，並視情況而定。這個幾乎普世皆然的人類精神面真理後來稱為「損失規避」（loss aversion），正好用來解釋大部分的非理性行為。舉例來說，用損失或獲益面來呈現選項，就會影響人們的選擇。規避掉 5 美元的額外開銷（避免損失）要比獲得 5 美元的退款（獲取增益）來得更吸引人，即便兩者的結果是一樣的。

因為有損失規避，現實世界中許多不誠實和作弊的行動，也就不意外地出自我們害怕失去珍視之物的恐懼。避免在校成績拿到 F 的壓力，遠比期望拿到 A 更能促使許多學生偷帶小抄進考場。避免在市場占比降低的壓力，比較常促使從業者去觸法，而比較不常讓他們去締造新的銷售紀錄。在稅務作假方面，「不想多欠政府錢」是比「獲得更多退稅」來得更強大的動機。的確，在上述這些例子中，更高的銷售數字或者更大筆的退稅等增益，是有可能驅使人們作弊；但關鍵在於，它們永遠不會比避免失去同樣數量的錢來得更激勵人。如果你正在列出作弊的好處，那麼，避免損失就是用大小 18 的字級呈現，相比之下獲得純收益只會用普通的大小 12 字級表列。因為我們生來就是如此。

　　舉例來說，2011 年荷蘭多位研究者進行的一項研究發現，人們獲得的如果是所謂的「關乎表現的目標」而不是「精通目標」的話，就比較有可能在工作中作弊。也就是說，如果他們在乎的是要作得比別人好，那麼他們作弊的可能性，會比只想增進個人表現時來得更高。這聽起來很有道理，因為，雖然你想打破自己 500 米衝刺最佳成績時沒道理要作弊，但如果你正在跑一場與別人競爭的重要比賽，你就有可能不擇手段。此外，研究者還發現，在他們所謂的「逃避表現」──試圖避免作得比某人更差──的情況下，作弊的意圖和實際的作弊行為更有可能出現。等

到第 5 章談得分和競爭時,我們會再深入談論這個議題。

損失規避對電子遊戲來說是個重要概念,因為當代遊戲設計十分仰賴這幾種逃避表現的情況。不是為了驅使你作弊,而是為了其他理由:讓你玩更久、激勵你和朋友競爭,並引誘你消費。誘人作弊只是個沒人想要的副作用。近來的遊戲會追蹤記錄許多資訊,又以多人遊戲為甚,但現在甚至連單人遊戲也越來越常這樣。排名和評分無處不在,而大部分都內建於遊戲的那種積分榜系統,讓你很容易就能和他人比較成果。舉例來說,《特技摩托賽:聚變》(Trials Fusion)是一套橫向捲軸機車遊戲系列的其中一款,十分著重於用最快速度通過每一條賽道。遊戲開發商赤狼(RedLynx)的一個正確安排,就是積分榜系統。那不只能讓你看到自己的最快成績跟其他玩家並列,你還可以在賽道上產生一個別人最佳成績的「幽靈」,並跟它比賽。你始終意識得到自己排名如何,而且更重要的是,當其他玩家在遊戲中表現更好,並一直拚命挑戰他們自己(以及你自己)的最佳成績的時候,你會意識到自己落後多少。同樣地,Xbox 街機[5](Xbox Arcade)的遊戲《幾何戰爭》(Geometry Wars)會公然列出你朋友名單上離你最近的他人最佳個人成績,顯示你該打敗誰。結果通常就是兩個朋友在他們自己的小競賽中來回拉鋸。喪失排名——或者是將喪失排名的威脅——而成為常態,而且,就如我們會在後面某章看到的,

當遊戲拚了命拿你去跟你的一小群朋友做比較時，造成的傷害更大。

其他遊戲仰賴積分榜的理由，不只是讓人有權吹噓。競爭成分極高的線上遊戲《星海爭霸 2》就利用積分榜，來把你放進一個從髒髒的青銅一路排到堅忍不拔大師的聯盟裡。對任何認真的星海玩家來說，贏得夠多場遊戲而進入更高階聯盟都是喜悅無比的一刻，但你一旦到了那位階就沒辦法停下來休息。如果你不繼續贏比賽，你就有掉回去的風險。所以不論是《星海爭霸》還是《英雄聯盟》等具有排名的遊戲，都會有人受到驅使而在比賽情勢不妙時中離來欺騙系統。損失規避的想法強烈驅使他們保住自己的勝場數，並讓敗場數降到最低。但別人被抓到的話，心裡也是這麼看自己的。

你可以作弊，但別成為一個作弊仔

我太太有次就被一個卡通鼴鼠角色嚴正警告。任天堂 GameCube 上發行的《動物森友會＋》（Animal Crossing）是我少

---

5. Xbox 的網路銷售平台上可以下載較小規模遊戲的服務。

數能讓她感興趣的遊戲。《動物森友會》系列都是可愛輕鬆的遊戲，你在遊戲中會操控一位討喜的新住民，前往滿是友善動物的城鎮。你能走來走去跟新鄰居聊天，並收集、販售物品來換錢，或者裝飾住家。遊戲裡幾乎沒有什麼會和機關槍或把人痛扁一頓有所關連，所以我想說，這款遊戲會是引領我太太進入這門嗜好的良好路徑。但有天她突然就宣布她不玩了。

「那隻臭鼴鼠說我是作弊仔。」聽到她這麼說，而我瞬間就懂了。雖然那隻名叫「電源叔叔」（Mr. Resetti）的鼴鼠用意是要提醒玩家存檔很重要，但《動物森友會＋》也要靠他來應對人們試圖用不存檔關機來讀檔作弊的行為。為什麼要這樣？因為鎮上的店鋪每天都隨機上架商品。你可以不存檔重開機，來騙遊戲替店鋪重新舖貨，你或許就能購買到比較好的商品。但這樣做的話電源叔叔會知道，然後他會很不高興。

我太太當時並不是要用這種方式作弊，她是假設遊戲會自己存檔，因此玩完就直接關掉了電源而已。結果就是得聽「臭鼴鼠」一整串避不開、跳不掉且又臭又長的說教，和這款遊戲其他部分的甜美調性形成強烈對比。他有一段罵人的話真的會痛斥玩家說，「你不會不好意思喔。蛤？你那什麼臉？說話啊，重開機作弊仔。」

這樣的話語很傷人，就算你真的是故意重開機聽了也不會

舒服,因為「作弊仔」(cheater)——紅字 C ——是一個很嚴重的標籤。就如我前面提到的,傑瑞米・布萊克本和同事在檢視作弊者網路後發現,這些不良使用者常常會另創新的 Steam 帳號,或者把他們的既有個人資訊設為「不公開」,就只是為了甩開或者隱藏「遭禁有案」的標籤。但在電子遊戲中,所謂的「違反遊戲規則」涵蓋了五花八門的行為。有明目張膽的作弊行動,好比說用破解檔案或者刻意引發遊戲故障鑽漏洞獲得與對手競爭時取得不公平優勢。此外,還有我們大多數人可能會罪惡感的較小作弊行為:在打了一場很爛的 boss 戰之後,用工具程式來回溯已經被自動儲存的遊戲存檔,在《迷宮守護者》(Dungeon Defenders)中修編存檔來獲取好到破表的裝備,或者玩《英雄聯盟》這類線上遊戲時中離,來避免在個人紀錄上輸掉一局。這些事件發生的頻率比前面那幾種高太多了。

還有一些微不足道作弊行動,我們大多數人甚至會反駁說那根本不是作弊。查攻略算作弊嗎?叫你弟來幫打你打不過的 boss 算嗎?頻繁地存檔讀取算嗎?購買遊戲內購官方發行的經驗值增加道具算嗎?這些問題已經超出了本章的範圍,而它們的答案並不會真正改變更宏大的主旨,也就是雖然世界上是有那種核心作弊分子,但除此之外,我們多數人其實也都在作弊。但我們只是稍微作弊一下,而且只是為了讓我們繼續自我感覺良好而已。

近期一些研究證明，那些被迫得把自我形象更改為「作弊者」或者「不正直的人」的威脅，可以是股強到出乎意料的威懾力量。

克里斯多福・布萊恩（Christopher Bryan）、貝諾瓦・莫寧（Benoit Monin）以及嘉貝麗・亞當斯（Gabrielle Adams）等研究者直接在史丹佛大學（Stanford University）的校園裡測試了這個想法。他們聯繫上學生，並要求他們參與一項一聽就很笨的實驗。其中一項研究基本上可以歸結為一段講稿，內容大略如下面這段話：「你先想一個數字。如果那個數字是個偶數的話我就給你錢。它是偶數嗎？是喔？那你就贏得 5 塊錢喔！來擊個掌吧！」他們的一系列實驗中還有另一項工作是，擲硬幣 10 次並試著用「你心靈的力量」來盡可能讓人頭朝上。研究人員給受試者設下圈套，先是在線上招募他們，然後要他們在自己宿舍裡私下進行這項工作，讓他們能在這項實驗裡作弊。為了激勵他們考慮作弊，受試者每聲稱擲出 1 次人頭，實驗執行者就會給 1 美元。換句話說，他們隨時都有機會作弊並全身而退。

不過，接下來這邊的才是重點：半數受試者的自述表開頭有寫「請不要作弊」（PLEASE DON'T CHEAT）這樣的指示，另一半則是寫，「請不要當作弊的人（PLEASE DON'T BE A CHEATER）」。這是個細微但重要的差異。研究者猜測，後者會是更有效的嚇阻力量，因為它更直接地攻擊了人的自我概念。確

實,這樣一個簡單引導,就讓那些處在「不要當作弊的人」條件下的人所提報的擲出人頭次數明顯較少。差異並不是非常巨大,但確實存在:「不要當作弊的人」這組平均扔出 4.88 次人頭,而「不要作弊」組平均則是 5.49 次人頭。

但其他研究人員藉由其他一樣簡單的自我形象援引,發現了類似但更龐大的效應。妮娜・馬札(Nina Mazar)、恩・阿米爾(On Amir)和丹・艾瑞利以本章前頭描述過的矩陣實驗為基礎,另外又做了一連串相當了不起的實驗。馬札和同事進行了該實驗的多種版本,但整體的設計還是一樣,有些受試者得到了可以作弊的機會。有人跟他們說要用碎紙機碎掉紙張,然後自己提報解了多少矩陣。有另一個控制組做了一樣的工作,但知道答案會真的會拿去計分然後才決定報酬,所以沒有作弊的機會。

研究者想知道,他們能不能藉由保護受試者的自我形象,或者危及受試者的自我形象,來操作人們作弊的頻繁度。他們特別想要使參與者意識到自己身為誠實人的自我形象。在該實驗的一次重複過程中,他們讓受試者把《摩西十誡》寫出來,能寫越多條越好,藉以凸顯道德標準。(有趣的是,在進行這項實驗的該美國大學裡,大部分受試者只能想到十誡中的四條而已。)結果如何?即便就算作弊了也不會被抓到,但這些人並沒有作弊。一個都沒有。當研究人員向受試者確認,他們明白自身的行為(其

實是捏造的）屬於大學榮譽準則的管轄範圍時，也出現了類似的結果。另一項由哈佛大學研究者進行的研究，利用了艾瑞利的矩陣解題問題，但他們調整了測卷，讓受試者覺得像是在填稅單一樣。他們給參與者一個多獲得 24 美元的自行申報差旅費補償機會。參與者也把他們名字簽在表格上的「以上所言皆屬真實」聲明旁，但有一半的人得簽在表格最前頭（在填表之前），另一半的人得簽在表格最後頭（填完表之後）。而得在填表前就簽署同意接下來會據實以告的那些人，在假稅單上說謊作弊的數字更少。

我之所以會認為，遊戲讓玩家從載入畫面接受反作弊訊息、甚至要他們在加入多人對戰前同意一份偶而出現的「我同意不作弊／中離／搞破壞／之類的」聲明的話對遊戲本身會有好處，這便是其中一個理由。我們在第 1 章看過這種促發如何有效抑制了《英雄聯盟》內的有害行為，沒道理在作弊這邊就無法生效。許多遊戲和服務都把這種反作弊訊息深藏在終端用戶授權協議書裡，但實情是根本沒人會讀。

結果也發現，仰賴同套原則的另一種不同操作方式，能使人在誘導下作弊更多次。馬札和同事在一場實驗中，計畫讓人們更容易把自己的行為稱做是非作弊的行為。他們只是把給受試者的金錢換成了代幣，就做到了。這樣做有點傻，因為受試者下一秒

就轉頭把代幣換成了現金,但它偏偏就有效。且效果非常顯著。為了拿到更多代幣而作弊的受試者,提報自己解答的題目數,平均起來幾乎是控制組受試者的3倍。就僅僅只是讓他們覺得「我只是在索取代幣」而並非「我在騙錢」而已。

這乍聽之下很荒唐,但它相當契合真實世界的現況。偷收銀機的現金?辦不到。午休得久一點,或者沒跟主管說一聲就稍微早退下班?呃,還行吧。或者說,或者把某位顧客的消費數據四捨五入後,把他的消費紅利點數數字弄得含糊不清?這種案例發生的次數,遠遠高過直接偷走同額現金的次數。電子遊戲甚至會因其本質而助長這種作弊。電子遊戲裡沒一件東西有實體,或者說會以一種讓你把它當成真錢的方式呈現出來。它往往是抽象的。事實上,就如我們接下來將在談應用程式內以及遊戲內購買的那一章所讀到的,遊戲設計者竭盡了全力,讓你就算有辦法將真錢和遊戲內資源相互交易,依舊會在心裡將這兩個念頭脫鉤。在《魔獸世界》賣黃金?引發遊戲故障鑽漏洞來在《暗黑破壞神III》(Diablo III)創造道具複製品,然後大批傾銷到現金交易的拍賣場去?如果你說「那又不一樣」,或者「那又不算作弊」的話,那你就完全跟馬札描述的一樣:藉由把自身行為分類到某種不是作弊的類別,來保護你身為一個非作弊者的自我概念。

但這一切之中也是有光明面:在這些實驗中,人們只會稍

微作弊一下,就算給他們機會多作弊,他們也不會多作。擲硬幣實驗中,提報結果為人頭的次數只是多了幾次,而在矩陣解題實驗中,浮報的解題數也不過就是幾題而已。人們看起來有在保護自我形象的主要方式,是在作弊衝動上加裝一個節流閥。有個東西來提點我們的自我形象,或者來攻擊我們的自我形象,往往還能更進一步降低衝動。你可以選擇要不要讓卡通飄鼠對你大發雷霆,但它們顯然也很有效。

沒錯,是有那種會跑破解程式或濫用故障鑽漏洞並欣然接納「作弊仔!」這種罵名的人。我們之中許多人都遇過他們,而且討厭他們。但「他們幹麼這樣?」的答案,可能非常平凡。他們覺得讓人不爽很有趣,他們享受技術面的挑戰,或者他們喜歡那種能做到別人多半不知怎麼做的行為而與眾不同的感覺。但我們大部分人都有一個作弊衝動的內在管理者。而如果你不是那種作弊仔的話,你的行為就不算作弊;但如果你就是那種作弊仔,那些事就全都是作弊。記得這一點。

本章攻略要點

- 電子遊戲的作弊涵蓋許多不同類的行為。現代遊戲的許多制度（分數、排名、失去遊戲內獎勵）都激勵了作弊，這都多虧了損失規避、把投入的沉沒成本（金錢、時間、精力）看得太重、想在社會比較中勝出的慾望等心理現象。
- 作弊就像一種社會疾病。當人觀察到其他人在作弊，尤其對方又全身而退的話，作弊就會蔓延開來。
- 如果某人的社會網路裡（好比說在遊戲好友名單上）有作弊者，那也會增加此人成為作弊者的機會。
- 在作弊行為和結果之間多插入一層抽象概念，可能會導致更多作弊行為（好比說，偷代幣或遊戲內道具比上竊取現金的次數差異）。
- 訴諸或者是攻擊某人的作弊者或非作弊者身分，可以抑制作弊的衝動，就算你能夠在作弊後全身而退也依舊有效果。
- 幸運的是，研究證明大部分人只會作一點小弊——足以獲得一點好處，但還不足以損害他們自認的名聲或形象。

CHAPTER 3

為何遊戲的鐵粉們總是如此玻璃心,一言不合就出征?

「我不覺得(我的粉絲)狂熱,反而該說格外有品味。他們品味很好,他們很聰明,而且他們比別人優秀。」

——喬斯·威登(Joss Whedon)

作家兼導演

英國諾里奇（Norwich）的警察有次得把正在鬥毆中的帝國風暴兵（Imperial Stormtrooper）和時間管理者（Time Lord）拉開。《星際大戰》（Star Wars）跟《超時空奇俠》（Doctor Who）的世仇，是諾里奇科幻俱樂部（Norwich Sci Fi Club）長久以來的教派分裂所導致的結果；該俱樂部的幾名成員在一次《星際大戰》的大會上，裝扮成各自科幻作品系列的人物模樣亮相。先前，其中一組人先對另一組人開了砲，在臉書上憤怒地留言並警告說，離這個活動遠一點。沒人理會這番警告，但還好最後沒人受傷。的確，根據諾里奇警方表示，這稱不太上「鬥毆」，還比較接近「非常輕微的爭執」。

但粉絲們的感覺往往並不輕微。這種不同陣營粉絲間的糾紛，是阿宅（geek）和電子遊戲文化的主要產物，且有可能會導致真正的衝突。你隨便去哪款電子遊戲的留言板或討論區，都很容易看到某家遊戲、平台或發行商的粉絲試著自吹自擂同時還踩對手幾腳。這些遊戲的「迷弟」和「迷妹」就有點像是運動隊伍的吉祥物，差別在於他們不是只在中場休息時間鬧，而是會在對手球員罰球時飛撲過去。他們足以毀壞良性溝通對話，惡化公眾討論區的文化，又只會以唱衰對方的方式來參與討論。

後來還發現，他們還足以扭轉戰事。

呃，不是指真的戰爭，不扯遠了。但 2013 年，狂粉肯定有

在一場決定索尼（Sony）和微軟的最新世代主機將具備什麼特色和侷限的市場戰中領導了走向。事情始於年初，當時兩家公司各自準備好要宣布自己邁向次世代遊戲硬體的主機：PS4 和 Xbox One。任天堂邁向新世代的 Wii U 主機黯然失敗一事先不談，這是消費者近 7 年來首度見到強大的新主機。關注遊戲圈的人都很興奮，尤其當微軟和索尼宣布它們兩家的主機會相隔幾周就分別上市的時候，更是興奮不已。

在這場許多遊戲記者和粉絲聲稱為新主機大戰的事件裡，這幾乎是近身的肉搏戰了。在 2013 年電子娛樂展（Electronic Entertainment Expo，E3）開幕的幾週至幾天前，關於兩家主機性能及侷限的新聲明和新謠言，開始在網際網路、學校宿舍和休息室喧囂塵上。微軟的主機會不會強制它那台負責聲控和動作追蹤的 Kinect 感應器時時保持啟動呢？索尼的機器會不會鎖遊戲，讓你不能借用或者買二手遊戲來玩？哪些遊戲會跟著主機首發，哪些遊戲又會是哪台主機的獨占遊戲？對於當時著迷於這類新聞的我們來說，這實在是一場好戲。許多粉絲秉持著被宣傳炒作一波帶走的精神，主機的最終規格和特點都還沒發表，就已經在宣布哪邊獲勝了。

主機戰爭的最大一場戰役，就在 E3 前後的一系列新聞發表會中達到頂點，其間微軟和索尼就像兩艘並排緊貼的戰艦一樣用

舷側炮火互轟。在主展覽約1個月前的一場新聞發表會上，微軟正式揭露了 Xbox One 的硬體。高階主管們主持的展示活動最終遭到猛烈批評，說那場展示過度強調該主機的視訊會議功能以及電視節目編排管理功能，而不是玩一些很棒的遊戲。索粉因此笑到樂不可支，並開始把這主機稱作「X 骨」[1]（Xbone）。

但對 Xbox One 來說，砲火還只是開始而已。後來，當索尼舉行記者會時，他們用粉絲對於電視整合功能、隱私權顧慮以及二手遊戲限制的初期反應，興高采烈地打微軟的臉。索尼並在 E3 記者會上表示，這些缺點 PS4 都不會有，而且它對於獨立遊戲開發者來說會是更容易上手且更容易發行的平台。喔對了，它還多便宜個 100 美元──哭哭囉，微軟！幾乎就在索尼高層現場簡報結束的同時，甚至還釋出了一支 YouTube 影片，來嘲弄微軟的二手遊戲限制。這支稱作《PS4 二手遊戲官方指南影片：如何分享 PS4 遊戲》（Official PlayStation 4 Used Game Instructional Video: How to Share PlayStation 4 Games）的影片，大半時間都只是一張字卡寫著「第一步：跟人分享遊戲」。接著有 4 秒鐘的畫面，是一名索尼的高層把一片遊戲遞給另一名高層，對方說「謝啦！」，然後影片就硬生生結束。

面對來自自己陣營的怒火以及索粉的嘲笑，微軟修正了 Xbox One 的關鍵特色，包括要求必須隨時連接網路，以及限制

不得使用二手遊戲的數位權利管理政策。「在新 Xbox One 執行過一次系統設定後，遊玩任何光碟遊戲都再也不需要連網了，」微軟的唐·麥崔克（Don Mattrick）在一次官方聲明中如此表示。再幾行文字之後，麥崔克讓二手遊戲的話題也平息下來：「使用遊戲及分享遊戲都不會有任何限制。」微軟甚至移除了「偵測動態及聲音的 Kinect 硬體非得隨時插在主機上」的要求，可能是為了安撫那些聲稱企業大廠會藉此色色盯著那些在家都只穿著內褲晃的玩家。大約一年後，微軟甚至還會再進一步，宣布販售無 Kinect 版的主機。儘管 Kinect 是微軟和競爭者做區隔所倚重的核心特色，但微軟還是作了這一切決定。事後回頭來看，我們可以看到迷弟迷妹明顯有助於引導對話，並在主機從產品生產流水線上滑出，到進入市場貨架上的最後一刻前，形塑了索尼和微軟的抉擇。

但就「狂粉現象（fandom）的各種展現形式」而言，這場主機戰爭其實不算是遊戲圈所上演過最極端或最尖酸的情景。遊戲的兩種傳統基礎──男性和鐵粉，曾經在「讓休閒玩家和女性踏

----

1. 這稱呼最初據傳是某場活動中，微軟高層碰巧把背景中的 Xbox One 字樣遮擋成了 Xbone。在本次事件後，又繼續被拿來諷刺 Xbox One 只是對玩家「扔了點骨頭（意指略施小惠）」。

再玩個一關就好了　77

入遊戲領域」一事上造成一些難題。說得委婉一點，有些電子遊戲粉絲面對任何異己，或者任一位做出自己不喜歡的創意決策的人，都會滿腹敵意。角色扮演遊戲《闇龍紀元》（Dragon Age）系列的資深劇作者珍妮佛・赫普勒（Jennifer Hepler），在人們為了她對遊戲故事和角色所作的一些決定，而以辱罵電話和死亡威脅來攻擊她和她小孩之後，決定兩手一攤辭職走人。就如我們會在本章後頭看到的，她不是唯一一名因為粉絲認為她侵犯聖地而得要面對這種對待的女性。有些死忠玩家對於「休閒玩家」和「雞掰公子哥」（Madden dudebros）也有類似的耿耿於懷，這些人越來越會去享受《糖果傳奇》之類的手遊，或者是每年一片的運動遊戲。有些地方的人普遍不認為這些人算得上「真」玩家。

我們為何會這樣？迷弟迷妹為何那麼常攻擊別人，同時又拚命吹捧他們喜歡的遊戲、硬體和系列作？人類心理是有什麼缺陷會絆住我們，還讓我們跌個狗吃屎，而掉進這種極端立場？這個嘛，這往往和保護我們的身分認同及自我有關。要了解這如何進行，我們得踏上公路旅行，前往賽馬場、美國奧克拉荷馬州的一個夏令營，以及離我們最近的超級市場。快上車吧，路上我再跟你解釋。

支持選擇偏誤以及對抗買家悔恨的戰役

　　心理學家羅伯特・諾克斯（Robert Knox）和詹姆斯・印克斯特（James Inkster）有次決定造訪加拿大卑詩省溫哥華的博覽公園賽道（Exhibition Park Race Track）去看一整天的賽馬。賽場離兩人工作的不列顛哥倫比亞大學（University of British Columbia）很近，但他們對馬和賭博興趣不大。至少我是覺得不大。他們反而是對一群人有興趣：那些常駐賽場的賭徒們。諾克斯和印克斯特在超過140名賽場常客的協助下，測試了他們對於「在馬身上下注如何影響人的判斷力」的一種理論。有大約一半的常客，是在排隊排到下注窗口前頭的時候，遇上了前來攀談的研究者。另一半的常客則是在剛下注完的時候，遇到研究者來攀談。

　　有些賭徒不會講英語，或者叫這兩個愛打聽的人滾蛋。但大部分人都會樂意回答一個簡單的問題：「你覺得你準備要下注的那匹馬，或者你剛剛下注的那匹馬，贏面有多大？」瞬間不知所措的賽道常客要以量表的方式回答問題，包括了從1（「不大」）到3（「普通」）到5（「不小」）到7（「極大」）的刻度。

　　諾克斯和印克斯特發現，走向下注窗口和離開下注窗口的這幾秒裡，有某個東西強烈影響了賭徒對於一匹馬有多優秀的觀感。那並不會代表巨大的改變，但光是下注2美元，就足以把人

對馬的看法從機會「普通」變成「不小」。當然，在那幾秒鐘裡發生的，便是賭徒藉由下注而對某匹馬有了信心。

研究者的結論是，這種信心膨脹要歸咎於認知失調（cognitive dissonance）這個當今心理學熱門新主題。其想法是，舉凡我們的行動和信念出現分歧的時候，就會產生一個認知緊張狀態，而我們在驅使下，會用改變信念或改變行為來緩解這狀態。舉例來說，賽道賭徒不想要覺得他們在一匹不太可能贏的馬身上下注，所以他們改變了態度，來符合他們剛下的注。這樣做會減輕或者避免認知失調，而且因為還有兩個帶著寫字夾板和 7 分評量表的可疑傢伙東問西問，所以做這件事可能格外重要。同樣也可以說，沒有哪個買了某台遊戲主機的人會想要覺得自己賭錯了馬。如果諾克斯和印克斯特問購買者說，「你們覺得，這個遊戲平台有多大的可能會在兩年後有比較豐富的遊戲量？」這些玩家在剛砸了 400 至 500 美元的下一刻，應該會比砸下去的前一刻更樂觀——雖然說他們的購買意圖在那短短的幾秒裡並沒有變化。

認知失調是消費者心理學的一個熱門主題，因為它創造了一整套偏誤以及精神上的小問題，會讓購物者出現不理性以及怪異的行為。其中最龐大的，是某種稱作「支持選擇偏誤」（choice-supportive bias）的東西。就像賭馬的人一樣，玩家往往得要去賭哪款遊戲會比哪款好，因為他們沒有錢跟時間玩過每款遊戲。在

電子遊戲機台以及硬體升級方面,情況更是如此。要在索尼、微軟和任天堂主機之中挑一台可是一大賭注。就這方面來說,要在各種不同的蘋果或安卓系統智慧型手機,或者不同的平板電腦中做選擇,也是不小的賭注。

這種支持選擇偏誤產生作用的方式,讓我們有所篩選地意識到,並確認和放大了「我們是做出正確的選擇」的資訊,且對相反的資訊採取相反的舉動。而那並不像「因為專注於某項資訊並忽視其他資訊」那麼簡單。在 1981 年的一項研究中,參與者聽了一個未破解的謀殺懸案故事,而研究者發現,即便每個角色的涉案線索都一樣多也一樣明顯,參與者還是會比較容易就回憶起自己指控涉罪的那個人的線索。而對於世上所有的目擊者證詞來說很不幸的是,我們相當重視我們的自我,而感覺和記憶的這兩種有所選擇的本質,則是一直在運行著一種有效的干涉模式。

事實上,面對我們深愛的那些選擇,會記得較深的,往往是它們所帶來的好處,多過它們帶來的壞處。研究者瑪拉‧馬瑟(Mara Mather)、艾爾達‧夏菲爾(Eldar Shafir)(等下我們會再多談談他)以及瑪西亞‧強森(Marcia Johnson)為了在一個稍稍不同的脈絡下檢測這種偏見,而要求受試者在可能成為共事者、室友甚至相親對象的多位候選者中選出一人。實驗執行者要受試者做決定前,會先同時描述各項目候選者的正面特質和負面特質。

舉例來說，某個有可能成為室友的人，或許會同時描述為「鮮少脾氣不好」以及「會把髒衣服在房間裡到處亂堆」的人。後來再向受試者問起這份優缺點清單時，不論是在哪個情境下的受試者，比較可能記住的都是自己選出的那個室友會令人開心，而不那麼會記得她會把髒衣服亂丟亂掛。但接下來，要是問起受試者當初沒選的那個人，受試者馬上就會肯定地說，自己記得有讀到說，那人「晚上會打鼾」。但其實上面那個缺點，根本就不在受試者當初試著記住的特質清單上──研究人員是在欺騙他們已經偏誤了的記憶。受試者只是在一份清單上看到一項負面特質就說，「沒錯，那聽起來好像就符合我先前的抉擇，所以應該就是真的。」

　　玩家隨時都在犯下這種精神上的偽造。Xbox One 粉因為最終買了 Xbox One，可能會連 2013 年主機大戰慘敗於「始終要連上網際網路」的前因後果都記錯，搞不好連這件事發生過都忘了。最重要的是，他們搞不好會聲稱，他們記得 PS4 曾經承諾要向下相容 PS3 遊戲[2]卻變卦，然而現實中從來都沒有人承諾過要向下相容。當 PC（個人電腦）遊戲狂粉儘管應該是分不太出同款遊戲以同樣解析度在高性能 PC 和新世代主機上跑起來有何差別，卻又高談著某遊戲在電腦上看起來多棒的時候，也是陷入了支持選擇偏誤。或者說，如果他們在盲測中真能選出其中一個

比較好,他們也會在選到 PC 版遊戲時堅稱自己就是有看出哪邊比較好,或者在選到主機版遊戲的時候譴責哪邊有耍花招。

我有次甚至逮到自己被這種有所選擇的記憶所染指;有個朋友不久前問我,我有多常使用 Xbox One 利用聲控指令來操控大部分功能的那種功能。我跟他們說,「喔,很常啊!我用它來切換應用程式使用、用來暫停影片重播、傳訊息,還有其他別的事。」但坐在這看了我剛寫下的那一段之後,我必須偷偷說,「Xbox,打開」跟「Xbox,關上」在我過去幾個月下的聲控指令中就占了 99%。這樣還是挺酷的,但我得老實說,我不確定這樣算不算「我隨時都在用」。

當我們購買某樣東西時,想要覺得自己作了對的決定,是天經地義的事。我們不需要那種因為事後批評各種抉擇而產生的壓力和心理負擔。要是真這麼搞的話,我們早上就都出不了臥房了。這些心理捷徑和心理偏誤都有助於適應情境。但狂粉所創造出的情境,可不是只有一個孤立的決策者在裡頭而已。一個粉絲俱樂部的成員名單怎麼可能只有一個自己人,因為我們想要跟相似的人成群結隊。為了進一步探索這一面,我們就先離開賽道,

....

2. 也就是讓 PS4 能夠繼續運行過往發行在 PS3 主機上的遊戲。

再玩個一關就好了 83

重新來看看心理學中最著名的一個社會動力實驗。

用社會認同理論和綁架催生出更好的迷弟

　　1953 年夏天，心理學家穆札弗・謝里夫（Muzafer Sherif）跑去幫孩子們購物。他和一些研究者同事走訪美國奧克拉荷馬州各地的中學，並於休息時間站在操場邊。謝里夫看了看某校的孩子們玩耍之後，他會下令出動，並鎖定他想取得進一步資訊的某幾位 5 年級男孩。更驚人的是，這要求是由學校校長幫謝里夫達成的，校方熱心地把謝里夫想知道的事全都告訴他。謝里夫甚至得以取得學業和操行紀錄，來讓他們盡可能找到最平均樣本的行動，得以進一步縮小範圍。

　　謝里夫根據他對學校紀錄的明查暗訪，累積了一份 50 位男孩的名單，他們全都是 11 歲，而且彼此完全不認識。他們有著平均的智商分數，全都身體健康，都出自中產家庭，也沒有誰有違法紀錄。但接下來，他們並沒有像你此刻料想的那樣上門去綁走小孩，而是謝里夫的一位同事登門拜訪每位小孩的家長——在我個人偏好的想像中，當他出現在人家門前，會伴隨著一陣不吉利的雷聲（當地天氣是不是真的這樣就先別深究了）。這個人會

跟對方家長說，他們的小孩抽中一個很特別的獎：他獲選參加一趟由鄰近州立大學贊助的露營行程。只要 25 美元，他們家小孩就可以大半個暑假都待在離該州威爾伯頓（Wilburton）小鎮幾英哩遠的羅伯斯山洞國家公園（Robber's Cave State Park）的自然環境中。喔對了，他待在那邊的時候會對他做些實驗。會完全禁止拜訪或任何聯絡喔。

讓我說得清楚一點：有一個傢伙跑去操場偵查小男孩，列出他最喜歡的 50 人名單，然後問男孩的父母能不能讓他把他們拐去奧克拉荷馬州中央的森林裡 3 個禮拜，讓他來對男孩做實驗。此外，家長還得付 25 美元來得到這個殊榮。然後大家居然還嫌瘋狂博士裡面沒幾個念心理學的？神奇的是，約有一半的家長認定這實在有夠划算，於是幾個星期後，當謝里夫的巴士開來開去把小孩接走的時候，他們就讓小孩打包準備出發。

其實謝里夫內心沒有什麼特別的邪念，而且，接下來會發生的事情，他對家長都是據實以告。他如此精細挑選一組同性質男孩，是因為他希望他們盡可能地要相似，好讓謝里夫可以對他們的社會結構作出精細且可控制的改變，並觀察會發生什麼事。如果有些男孩年紀較大、宗教信仰不同，或者種族不同，執行起來就困難太多了。謝里夫和同事想研究的是，當人與人彼此連典型差異都消失的時候，社會關係和階級制度是怎麼在陌生人之中

自然發展出來。他與共事的研究人員,帶著大量有關「團體成員的地位是如何演變出來」還有「那會如何影響群體的團結一致以及每個男孩覺得其他人有多酷」的種種假說,來到羅伯斯山洞。這只不過是一場大型實驗,但他們確實安排了某些安全措施和協定,來把流血衝突和實質危險都降到最低。

研究者沒等太久,事情就開始快速發展了。第一組男孩們於1954年6月19日抵達露營地,而且和沒多久後抵達的第二組隔離開來。第一組男孩展現了典型的原始男子氣概,自稱為「響尾蛇」(Rattlers),開始大聲呼喊並決定什麼行為可以接受、什麼行為不能接受。不准哭。棒球最棒了。德州來的小孩最遜了。像這一類的話。在露營行程的大約第6天時,響尾蛇獲准和「老鷹」(Eagles),也就是抵達此處的第二車男孩接觸。

對研究者來說這是展現真理的一刻,因為他們想知道,當這兩個群體察覺有另一群跟他們一樣的人,屆時會怎麼反應。一種「人我對立」的態度立刻強烈湧現。一旦知道老鷹的存在,響尾蛇就宣告他們要把棒球場和營地的其他區域都據為自己專屬。為什麼?因為叫他們去死啦,哪有什麼為什麼。各種羞辱對方的話語也一併出爐,通常包括了那種滿滿1950年代的用語「死屁精」(dem dirty bums)。真的,謝里夫在他的著作《群際衝突與合作:羅伯斯山洞實驗》(Intergroup Conflict and Cooperation: The Robbers Cave

Experiment）之中，詳盡引述了這些小孩的垃圾話。有些還滿好笑的。

研究者看到一點火星，就聰明地扔了一桶汽油進去。他們按原定計畫，觀察若讓兩組人在棒球或拔河之類的比賽中針鋒相對的話，會發生什麼事。隨著老鷹隊把響尾蛇隊親手做的旗幟燒掉，並把燒焦的殘片掛在棒球場附近當作警告，象徵意味的火也就被真正的火所取代。我不確定老鷹隊當時想警告響尾蛇隊什麼事，但我猜他們應該也不清楚細節。不重要。大人們繼續表現出一副有判斷力又有責任的完人形象，而他們回應這件事的方式是，舉辦一場正式的錦標賽，獲勝者可以得到一組刀具。我再重複一次：成年的研究者們手上有著兩群彼此仇恨且已經展現眾多傷害對方身體意圖的小孩——然後決定要把其中一半的人武裝起來。就如謝里夫在書中冷冰冰寫下的，「獎賞十分吸引男孩們。」一點也不意外。

要記得的是，這些男孩全都非常相像：都來自同一種家庭、宗教信仰都一樣、都是白人、年紀都一樣、興趣也類似，而且都是來參加同一場露營行程。他們一開始並未被安排為對手，而且他們並沒有要競爭有限的露營資源。然而，只因為這組人一開始搭同一台巴士過來，並獲得了一個自認為是一組人的理由，於是針對另一個團體的敵意就自然出現了。羅伯斯山洞實驗在方法上

有非常多不足之處[3]，而且只是在非常特定的一套環境中處理非常特定的一群人，但隨後進行的實驗證實了，我們只需要非常微量的挑撥，就能夠把一個團體視為我們的內團體，並把另一個團體視為外團體。人就是會拉幫結派。人天生就是這樣。

社會心理學家把這歸因於「自我歸類理論」（self-categorization theory）。人有一種傾向，是會根據自己在不同團體中的歸屬狀態，以及對不同團體的認同，來構築多個社會身分。像這樣的身分，你有幾個都不奇怪。我的一些社會身分就包括了遊戲玩家、男人、美國人、家長以及咖啡飲用者。這些身分個個都帶有對於「怎樣才代表自己身為該類成員」的假想：該團體中的人們想什麼、他們有什麼性質、他們重視什麼，如此這般下去。這能夠減少「身為該團體一員時該如何表現」方面的不確感，那通常是件好事。我們也會因為偏誤，而傾向把所處的團體看得太高，那是一種稱作「自我增強」（self-enhancement）的行為。舉例來說，了解身為學生該怎樣做，有助於讓我們在學校表現良好。它也幫助我們區分自己的身分與其他人的身分。有鑑於自我增強行為能讓我們的社會環境維持在正軌上，我們會偏好去搜尋各個社會團體的情報、偏好去知道我們在哪邊合乎這些團體，也是可以理解的。但在某些場合中，那種假想以及避免不確定性的傾向所代表的是，堅守固有的行為和態度可能會害我們走錯路。要是我們面

對的是不確定的東西、是焦慮,甚至只是一個真的很離奇的狀況時,走錯路的情形就更容易發生。

舉例來說,英國的社會心理學家亨利・泰菲爾(Henri Tajfel)曾經找一組孩子讓他們看瑞士畫家保羅・克利(Paul Klee)以及俄羅斯畫家瓦西里・康丁斯基(Wassily Kandinsky)的繪畫。如果你要去 google 那些藝術家的畫作,我可以在這邊等沒關係。不去嗎?好吧,那你只要知道說,雖然畫作不一樣,但不應該會有明顯偏好哪一邊,而且該種偏好從表面上來看也沒有辦法詳述觀看者的特質,這樣就夠了。在孩子們聳聳肩並選出比較喜歡的藝術家之後,實驗者就會根據其選擇給他們貼標籤。我說的就是真的標籤:他們的襯衫上會貼有代表自己偏好的藝術家的標籤。接著,他們會來玩一款遊戲,讓孩子能分配可以換成現金的點數。這個分配是私下進行的,所以甚至連拿錢的人都不知道是誰給他們錢。也要記得的是,這些小孩子都沒指望今後還會再跟彼此有互動。除了出於公平感而給每個人同等分之外,沒有誰有什麼理由要用別的方法去分錢。然而我敢打賭,你應該想得到情況會是如何。克利粉往往會給其他克利粉更多錢,碰到那些臭康丁斯基

....

3. 根據羅格・布雷格曼(Rutger Bregman)的《人慈》(Humankind: A Hopeful History)中所述,實驗中有許多敵對行為是在實驗者主動煽動甚至逼迫下進行的。

粉往往就不想給。泰菲爾沒花多少工夫,就當場催生出了藝術迷弟。想像一下如果問的是比較喜歡 PS 還是 Xbox 的話,情況會變成怎樣。

維爾福為自家遊戲《絕地要塞 2》(Team Fortress 2)舉辦的「爆破兵大戰火箭兵」(Demoman versus Soldier)活動,就創造了它們自家的「響尾蛇大戰老鷹」和「克利對康丁斯基」情境。維爾福利用他們追蹤玩家遊戲統計數字的驚人能力,向玩家預告會有新的遊戲內武器,送給整場競賽中殺敵數最高的那種角色類別(爆破兵或火箭兵)。這種敵對完全是製造出來的,但玩家立刻抓住了這種對立並對此活動興味盎然,替遊戲再度興起一波熱潮。我認為,該活動為了宣傳而讓火箭兵在《絕地要塞》官網上說出的話,最能解釋這種對立:「你各位啊,我根本不知道這武器是啥。我甚至不知道我想不想要它。但老天為證,我知道什麼最重要,那就是東西在我們手上,而爆破兵他們拿不到。」搞不好你會好奇結果如何,那我就在這邊跟你說,火箭兵贏了這場交火,但只是險勝——有 6,372,979 名火箭兵被幹掉,而爆破兵則是 6,406,065 名。

這種內鬥並不罕見,而且不只發生在遊戲中。暴雪娛樂每年會舉辦暴雪嘉年華大會,你可以親臨現場,然後在談起暴雪的遊戲品牌時,陶醉於成為迷弟迷妹的共同體驗。《決勝時刻》

的開發者於 2011 規劃了類似的「決勝時刻 XP」[4] 活動。這些大會在類似的遊戲間製造了敵對，好比說《英雄聯盟》（拳頭遊戲）對《遺蹟保衛戰 2》（暴雪），或者《決勝時刻》（動視〔Activision〕）對上《戰地風雲》（藝電）。而且別忘了本章開頭描述的那場索尼對微軟的 2013 年主機戰爭，戰到就差要貼徵兵海報了。就算主宰戰局還不夠，那也沒關係，你的狂粉現象可以用最簡單的東西就決定。

我們現在來看看「團體成員資格」和「支持選擇偏誤」這兩個概念在何處相會，因為那樣的交會，可以幫助我們了解某件遠比把孩子從家長身邊帶走進行實驗還要更有爭議的事。它有助於了解為什麼玩電子遊戲的女生往往都得到了那麼不愉快的經驗。

東西 VS. 身分認同 VS. 老套 VS. 電子遊戲 VS. 模稜兩可

女生玩的遊戲量每年都越來越多。娛樂軟體協會 2014 年的研究證明，玩遊戲的人大約有 48% 是無分成年、未成年的女性。

---

4. 此處 XP 指的便是體驗（experience）。

但討論完上面那些社會認同理論之後,應該就能猜到,那些女性中有許多都會被貶為外團體,而且常常因為她們對於娛樂世界中一個傳統上都是男性居多的角落有興趣,而被當作「假宅女」看待。我們接著來看看某位決定要處理「電子遊戲如何描繪女性」這個主題的人;從她的情況就能看出,上面提到的那種對女性的反應,跟迷弟主義(fanboyism)有不少同樣的心理根源。

媒體批評人阿妮塔・薩基奇恩(Anita Sarkeesian)因為審視了女性在漫畫、電影、電視和其他大眾文化載體中的描繪形象,而獲得了大批追隨者。她的網站 Feministfrequency.com 以及她的 YouTube 頻道,都是她工作成果的主要交流處。2012 年,薩基奇恩藉由群眾募資網站 Kickstarter 從粉絲那募到了足夠的捐款,來製作一連串的《遊戲中的老哏 vs. 女性》(Tropes vs. Women in Gaming)影片。這些影片的目標,是批評電子遊戲使用了各種性別導向的刻板印象。她持續製播的影片中,有些批評遊戲設計者過度仰賴遇險少女來當作劇情手段、隨著「男角變女角」(Ms. Male)那種角色老哏(就想想在小精靈(Pac-Man)頭上加個蝴蝶結就變成小精靈小姐(Ms. Pac-Man))而來的侷限,以及在場景中濫用女性當作背景裝飾的情況。薩基奇恩的影片是漫長研究下的產物,概括來說要論證的是,使用這些遊戲設計和敘事手段,客觀來說對整體玩家會造成傷害,又特別傷害到女性。而爭議就

是從這邊登場的。

呃,應該說是超多的爭議,以及一點也不少的仇恨。《遊戲中的老哏 vs. 女性》計畫中的每部新作品,都引發了輕視、憤怒、仇恨的浪潮,甚至還有對創作者的實際暴力威脅。人們叫薩基奇恩閉嘴、要她燒死在家裡,要她那套性別政治滾出他們的遊戲外。而那些還算是比較溫和的指責呢。還有太多人用了太下流而不能在這裡重述的話——說真的,無論在哪裡都不能重述吧。有一個毀謗者甚至過分到用薩基奇恩的照片做了一款網站遊戲,可以模擬把她打成一團肉醬的情況。2014 年 8 月,在薩基奇恩收到具體的、可信的死亡威脅後,她真心覺得得要離開家不可。「我和家人剛收到一些非常恐怖的威脅。正在連絡當局,」當時她在推特上寫到。2014 年 10 月,薩基奇恩取消了一場本來要在猶他州立大學(Utah State University)進行的演說,因為有人寄信給主辦單位,威脅說要用炸彈攻擊會場,並用半自動武器掃射。「無論如何,我都要保證他們死光,」該信件的作者如此威脅道。猶他州立大學的主辦單位引用該州的公開持武法,表示自己無法檢查出席者是否攜帶武器,所以薩基奇恩最終取消了演講。

這對於多數像你我這樣的人來說並不是尋常事,但那其實是許多遊戲業女性工作者所受對待的更極端版——而那些只是想玩遊戲的未成年或成年女性,也會遇到這種對待。事實上,2014

年時，薩基奇恩的苦難只不過是一場更龐大但組織鬆散的、針對科技業女性（尤其是電子遊戲業）之攻擊行動的其中一部分，導致了一些女性帶著噁心感逃離自家或離開產業。而那些留下來的人得要面對同一套辱罵或長期威脅。為什麼人們會做出如此反應？這個嘛，我們是不該對這種騷擾太司空見慣，但至少有一部分的理由，可以用「為何人們這麼喜歡可口可樂和 iPhone」的研究來解釋。

2004 年，貝勒大學（Baylor University）的研究者瑞德・蒙泰格（Read Montague）和研究團隊讓校內人士進行「百事挑戰」，同時在功能性磁振造影（functional Magnetic Resonance Imaging，fMRI）上監視他們的腦部活動及血循環。受試者用沒有特殊標誌的杯子試喝品牌不明的汽水時，大約有一半的人會比較喜歡百事可樂。但接下來，當蒙泰格揭曉哪杯樣本裝的是可口可樂、哪杯裝的是百事可樂之後，某件怪事就發生了。有些習慣喝可口可樂的人說，裝可口可樂的那杯樣本味道比較好喝。他們內側前額葉皮質（medial prefrontal cortex）的活動增加了；那是控制我們高階思考和推理的一小塊灰質。受試者對於可口可樂品牌的忠誠以及他們自視為「可口可樂飲用者」的概念，推翻了他們的味覺。

那些行銷界和消費者心理學領域的人老早就知道，人們會從歸屬感來建構大部分的身分認同，並用那些歸屬感來把身分認同

傳達給旁觀者。男人購買新跑車來迎戰中年身分認同危機的刻板印象聽起來很老套，但的確有時會發生。羅素・貝爾克（Russell Belk）在《財產與延伸的自己》（Possessions and the Extended Self）這篇文章中，引述了某位高價跑車保時捷 928 新車主的發言：

我的生活中的美好時刻——除了晚上沿著日落大道（Sunset）開著 928，鈉燈反射著酒紅色的車身烤漆，車裡的空氣散發著棕褐色皮椅套的氣味，還有藍點汽車音響（Blaupunkt）播放著雪莉兒合唱團（Shirelles）的歌曲，聲音大到我毛髮都在振動。還有那些車碰巧跟我停並排、僅是一面之緣的妙齡女子，她們會先看看我的車，然後用那種看酷哥的眼神看我，而不像是看到某位一臉憂愁、欠一屁股債的 40 歲魯蛇作者。

也不光只有面臨掉髮危機的愛車人士會這麼做。另一個顯而易見的案例，蘋果靠著行銷一種配得上它們產品的身分認同而賺到一大筆錢。它們近期大部分的行銷活動，甚至連硬體規格都不提了。它們就只是講，你如果有了它們的小東西，你就可以成為怎樣的人。蘋果從 1997 年啟用的「Think Different」（不同凡想），讚揚了那些的「格格不如」的異想人物，好比說阿爾伯特・愛因斯坦（Albert Einstein）、巴布・狄倫（Bob Dylan）、馬丁・路德・金恩（Martin Luther King Jr.），以及巴勃羅・畢卡索（Pablo Picasso）。你自己想看的話，就去 YouTube.com 然後搜尋「Apple

再玩個一關就好了 95

1997 Think Different Ad」。畫面中連個實體產品都沒出現，但主旨很明顯：買我們的東西，然後你也會成為被誤解的天才。每當我看到有人手機套著那種就是為了讓背面蘋果商標露出來而挖一個大洞的 iPhone 殼，我就被提醒說，這個策略有多成功。

消費心理學家認為這種蘋果和保時捷的狂熱者有著「高度的個人——品牌連結（self-brand connection）」，並指出，行銷商喜歡創造各種更能突顯我們某些身分的情況和體驗，來利用這種連結。不幸的是，它很能刺中我們的軟肋。人們往往對於那些高價且要費上一番工夫得到的產品有著高度的個人——品牌連結。遊戲主機甚至是個別的遊戲符合這一點，因為它們需要大量的思考、金錢以及時間。對我們多數人來說，500 美元一台主機和每款遊戲 60 美元都不是小錢，更別說我們投入於玩遊戲的時間。大部分人一旦決定買了某主機，或者選擇把《戰地風雲》而不是《決勝時刻》玩透的話，就會有一段時間都綁在這邊。該產品成為他們身分認同的一個載體，以及他們傳達身分認同的一個工具。我們之所以是玩家，是因為我們花了那麼多時間和金錢在遊戲上。

那麼，當阿妮塔・薩基奇恩這樣的人跑來批評我們打造身分認同的產品時，會發生什事？即便她的目標只不過是上百款遊戲中的一款遊戲裡的一個例子而已？那會傷到人，因為攻擊那個遊

戲平台或者那個系列,感覺就像是在批評我們心中「自己是什麼人」的概念。若我們放任它打壓我們的自尊,它真的就能辦到。但我們通常不會任由它造成我們不開心,理由你也知道嘛,出於人性。

羅希妮・阿魯瓦利亞(Rohini Ahluwalia)、羅伯特・本克蘭特(Robert Burnkrant)以及勞・恩那瓦(Rao Unnava)等研究者,有興趣想知道人們如何應付這種針對自己喜愛的運動鞋品牌的批評以及負面名聲。想像自己是在參與行銷調查的受試者,在實驗中看到了新聞剪報,好比說《消費者報告》(Consumer Reports)的評論和廣告。內容對他們先前自稱喜歡的鞋子品牌不利。他們也看了一些支持品牌的類似剪報。當研究執行者要受試者寫下自己對剪報的反應時,那些是運動鞋品牌粉絲的人對於負面資訊的反駁最激烈,並評定該資訊對於想獲得鞋資訊的一名潛在購物者來說比較沒有用。他們也比較不可能對品牌有著模棱兩可的感覺。也就是說,他們不會對它抱持著多重而互相衝突的看法。反觀其他不在乎鞋子的人,往往就沒那麼多意見。他們也會根據新資訊改變對鞋子的看法,並能對鞋子抱持開放觀點(好比說,它們在這方面不錯,但另一方面就不好)。

值得在這裡暫停一下,快速補一下單字。模棱兩可(ambivalent)常常遭到誤用,拿去表示「沒有正反面看法」。它

實際上的意思是有多個看法，尤其指正負面看法皆有。這個用詞源自心理學文獻，用來描述對某物抱持多種矛盾對立的衝動、情感或想法，而產生的心理負擔。結果發現，當我們人類的身分認同或者自我價值感上線時，人其實不太會模稜兩可。它具備著威脅性並要在認知上下工夫，而那是一個很難掌握的組合。所以我們一般來說會試著消解模稜兩可，而不是積極應對。

看了薩基奇恩影片之後，就會出現這種威脅加困難的雙重連擊。她提供了一個品牌的負面資訊──也就是「身為一般玩家」這個品牌，或者最至少是「身為影片中討論的特定遊戲的粉絲」這個品牌。我們之中有不少人以這品牌來創造我們的身分認同並傳達給他人，對於成長過程中因這方面嗜好而刻上社會汙名的核心玩家來說，情況又更是如此。我們是有可能能夠在這種新資訊和新觀點出現後，因應它們而重新評估自己對這些產品的態度，以及自身跟這些產品的關聯。或者，我們也可以投入讓心態模稜兩可所需的心理資源，好讓我們接受自己喜愛的嗜好中有瑕疵的那些部分。

但有些人顯然不採取這些行動，因為這些行動很困難，而且在心理層面的需求比較高。而對資訊以及其來源發動攻擊或加以忽視，就顯得容易許多。這邊的意思不是指對薩基奇恩作品的批評全都不正當，也不是說，只有在智識上怠惰才會不贊同她的立

場。但本章要討論的，並不是正當合理的批評。我們討論的是，那種完全沒在動腦思考分析的膝反射式敵對反應。因此，我們會看見類似「她不是真玩家」或者「她背後有別的目的」或者甚至「我可以舉一個相反的例子，所以她整個論點都無效」之類的反應。的確，這些反應就很類似上述運動鞋研究中個人——品牌連結度高的受試者所提出的論點。

有一組德國研究者於 2014 年的一場研究中，在一群玩家身上發現了這種行為的證據；該研究處理了一個差不多同樣棘手的主題：電子遊戲暴力對真實生活暴力的影響。研究者想知道，如果接收「電子遊戲暴力造成傷害之相關科學研究結果」的人是玩家，研究結果會不會遭受較大程度的貶低和批評。他們發現，某人自視為玩家的程度，確實非常能拿來預測此人面對到「使人質疑起玩家身分認同的可被接受性」的研究時，態度會有多輕蔑。此外，他們的一項實驗發現，如果有人跟受試者說他們正在參與一項有關電子遊戲暴力的研究，那些自認玩家的人，就更有可能會在填空詞測驗中排除掉有好鬥念頭的回答，來蓄意破壞測驗結果。不認為自己是玩家的參與者，就不會展現出這種印象管理[5]（impression management）；如果用無關乎電子遊戲暴力效應的詞

---

5. 印象管理是指藉由調控社會互動時的資訊，來影響其他人對某些人事物的看法及印象。

掩飾掉實驗目的，那麼，就算是玩家也不會進行印象管理。

所以，如果有人批評我們習慣用來構築身分而高度介入的產品，我們往往給不出正面反應。不過，這個難題以及整個失控肆虐的迷弟主義，都有一個解方。有些研究者推論說，如果個人──品牌的高度連結受到威脅時，我們為了保護身分而會有這種反應，那麼，採取額外的步驟來保護那種個人感覺，或許能幫助我們更適當地處理負面資訊。2011 年，有一份發表在《消費者心理學期刊》（Journal of Consumer Psychology）的研究證明，就算只是讓受試者寫幾句自己的優點來自我肯定一下，也能讓他們避開這種習慣。另一項研究讓加拿大的受試者閱讀某個批評加拿大的渾蛋所寫的一篇短文，當實驗執行者先讓受試者正面思考自己的國家之後，對於該作者可以理解的厭惡就變得比較輕微了。由網路漫畫《便士街機遊戲》[6]（Penny Arcade）背後的主創宅宅名人（也是前述「PAX 街機遊戲博覽會」的發起者）所發起的慈善組織「小孩才在玩」（Child's Play）之所以會受玩家如此歡迎，其中一個理由就和這有關。透過「小孩才在玩」將款項跟玩具捐給兒童醫院，不只是讓我們做出善事而已；面對別人批評電子遊戲及其周遭環境，這樣的善舉也讓我們肯定了自己這種次文化和身分所具有的一些良善面。

所以，我們不該因為自己的購買行為和身分之間有著堅定

不移的羈絆，就在這方面的問題上（或者在其他任何方面的問題上）排除掉模稜兩可之處。隨著薩基奇恩自己已經習慣把注意力《遊戲中的老哏 vs. 女性》放在每支新影片的頁面頂端一帶，「要銘記在心的是，你絕對有可能在對於某部媒體內容的一些面向抱持批評的同時，也發現其他部分有其價值或者能帶來樂趣。」所以，以下就列出一些當迷弟主義開始失控時，人人都可以試著去記得，或者去提醒人們的事情：遊戲是有益處的；遊戲很有趣；遊戲可以教我們學習事情；遊戲可以給你一種成就感和勝任感；遊戲往往是邁向新技能、新興趣、新成就的入口，好比說學習編寫程式碼、學習寫作，學習藝術創作。電子遊戲往往能促進友情和其他讓我們活得更好的社會羈絆。建立自己的信心與能力不代表非得把另一個人壓下去。你周圍的人可以不一樣，他們甚至有可能是來自截然不同的群體。但你的身分認同不該徹底被發票上印出的品項所奴役。

然而，回頭想想你玩電子遊戲的歲月，以及過去它們對你有多重要，在心理方面能有許多益處。我們會在下一章多加探索這部分。

....

6. 《便士街機遊戲》是一部聚焦電玩和電玩文化的網路連載漫畫。由傑瑞・霍金斯（Jerry Holkins）編劇，邁克・克拉霍里克（Mike Krahulik）負責繪圖。

本章攻略要點

- 忠於一項產品或一個選擇,會讓你對它的評價比那些沒有這種忠誠度的人來得更高。這叫「支持選擇偏誤」。它也讓我們有所選擇地去感知並偏重那些支持我們選擇的資訊。
- 會發生這種事,是因為我們有一種偏好,會去避免自己行為想法之間有認知失調。
- 某位瘋狂心理學家曾經用巴士把一票 11 歲男孩載去奧克拉荷馬州的荒野,然後讓他們反目成仇。
- 自我歸類理論和社會認同理論主張,我們會根據自己的團體歸屬狀態來形成多種身分認同,好減低「該怎麼表現」或「該怎麼想」的不確定性。這種事無須驅使也會進行。
- 擁有的東西也有助於界定我們的身分認同,尤其是像遊戲這種需要大量時間和(或)金錢的高度投入事物。
- 當某人貶低一個被我們用來當一項身分認同基礎的產品時,我們無法對那個資訊來源給出正面的反應。
- 人類沒辦法好好處理模稜兩可。也就是說,我們對同個東西的不同面向很難維持多重看法。這讓我們會選邊站。強烈反對別人對遊戲做出女性主義批評,以及對電子遊戲暴力相關研究所展現的態度,就是這種情況的兩個明顯例子。

CHAPTER 4

我們為什麼總是在懷念經典老遊戲？

「沒有哪種悲痛／比得上一面回憶幸福時光／卻身處悲慘的此刻。」

——但丁·阿利吉耶里（Dante Alighieri）

《地獄》（The Inferno）

還記得 2,800 年前史詩《奧德賽》（The Odyssey）的主角奧德修斯[1]（Odysseus）嗎？照理來說你應該有在課堂上讀過那麼一回，而且你當時真的該讀一次看看。那位老牌希臘英雄的故事，跟《唐老鴨俱樂部：重製版》（Duck-Tales: Remastered）、《殺手本能》（Killer Instinct）或者別出心裁而莫名其妙的《死亡之屋打字版：殺過頭》（Typing of the Dead: Overkill）這類老遊戲系列重啟版之間的關係，其實比你想像的還密切。南安普敦大學（University of Southampton）的研究者提姆‧威爾斯福特（Tim Wildschut）在一篇談情感觸發點以及情感功能的文章裡說，奧德修斯的苦難在當初構想時就已經是懷舊（nostalgia）的一個絕佳實例。這個詞本身來自希臘文的 nostos（返回）以及 algos（受苦）。在特洛伊淪陷後的 10 年裡，奧德修斯因為渴望回歸過往的世態，而深陷於一股強烈的懷舊情緒中。我讀這個故事已經是很久以前的事情了，但我還記得，他是那麼地想要回到妻子珀涅羅珀（Penelope）以及所有最喜歡的 16 位元世代遊戲身邊，以至於拒絕了性感女法師和不那麼性感的獨眼巨人的所有請求或強求，一心想要回去。最終他成功返家，並藉由重新找回家的感覺以及珍重自己上戰場之前的舊時光，而在精神上獲得了他亟需的鼓舞。另外他還殺了眼前每個吃光他點心、把他老婆的人，因此能看出上述的精神激勵非常有效。

很久以後,在西元 1600 年左右,瑞士醫生和新詞粉發明了「懷舊」這個詞,專門用來指這種思鄉病,但不包含奧德修斯最後殺光所有人那部分。他們認為這種情況是曾經為外國諸王戰鬥的瑞士傭兵渴望過往人生而造成的一種實際精神疾病。甚至過了許多年後,懷舊還被稱為「移民精神病」,就可知上述這種看法很難擺脫。不過,雖然這些瑞士醫生正確將懷舊指為心理狀態,當年這些初期心理學家還是沒能弄清楚成因。多年來他們都認為,懷舊是由頭裡的小惡魔、大氣壓力的變化,或者牛鈴響個不停之類的東西所造成的。事實上,情況始終不是如此。

幸運的是,那之後我們有相當長足的進展。時至今日,懷舊普遍的定義是,情感上嚮往過去,特別指對「過往事物比較好」的嚮往。它普遍存在於每一種有調查過的文化和國家中,包括了澳洲、喀麥隆、中國、愛爾蘭、日本、羅馬尼亞等等。而且那不僅止於老人坐在門廊對著雲朵大喊而已。就算是年僅 7 歲的孩子,也會在回想家族出遊或者特別棒的生日派對時,檢測出懷舊情緒。

而且不要以為那些在世上運作行銷機制的人還沒注意到這

---

1. 希臘英雄,曾參加特洛伊戰爭,在戰爭第十年以木馬計攻克城池,最終光榮返鄉,與家人團聚。

點。訴諸懷舊可說無處不在,也一直都是心理學家和廣告業主管的興趣所在。達斯・維達（Darth Vader）被用來推銷2012的福斯（Volkswagen）Passat車款,而幾年前,尼康（Nikon）發行了一款全新的高科技數位單眼相機,外型看起來就像是你會在爸媽老家地下室翻出來的舊底片相機。接著,《彩虹小馬》、《變形金剛》、《布偶秀》（Muppets）以及《忍者龜》等備受喜愛（最至少在人們記憶中曾經很喜歡）的品牌也一一重生。它們之中有不少都經過更新而迎合更年長的觀眾,僅維持足夠範圍內的舊概念來引人懷舊（比如說,依舊像烏龜、打起來還是像忍者）,但變得夠負面寫實、夠黑暗、夠緊張刺激,而能吸引大人。

　　電子遊戲也無法倖免於這股風潮,而懷舊往往是這些遊戲成功要素中的活性因子。這類媒體內容到了此時已經存在得夠久,因此如果遇到人們惆悵地回想自己吹掉卡帶接頭上的灰塵、竄改HIMEM.SYS檔[2]、用枕頭蓋住28.8K數據機免得爸媽聽見自己在找朋友玩《毀滅戰士》（DOOM）死鬥模式（deathmatch）的那段日子,也不是什麼罕見的事。2014年的《鏟子騎士》（Shovel Knight）這類遊戲訴諸於復古形象,此外好像每出現一個新遊戲系列,就會同時出現兩個不過就是舊品牌重出的新系列。2013年的《薩爾達傳說 眾神的三角神力2》（The Legend of Zelda: A Link between Worlds）就是這方面的一個最佳實例。它是22年前那

款舉世盛讚的經典遊戲[3]的正統續作。今日許多給小孩買這款遊戲的家長，都還記得自己先前玩過這款遊戲並喜愛不已。《眾神的三角神力2》就跟《薩爾達》系列的其他遊戲一樣，重複了我們已經熟悉幾十年的基本劇情架構、道具、主角、反派以及遊戲方式。有些人甚至因為它公然消費了《薩爾達》懷舊感，而稱其為爛遊戲。

然而，這會讓人想提出幾個問題。舉例來說，為什麼我們會那麼懷念我們小時候的電子遊戲以及其他媒體內容呢？從現在這時間點來看，美好的過去確實是有點年紀，但那些東西是真的依然那麼好，還是說，我們是透過一片玫瑰色的抬頭顯示器在看它們呢？另外，就算我們確實常會懷舊個沒完好了，那一定是件壞事嗎？那就是喜愛一款遊戲重製版或老系列重生的確切理由嗎？心理學和消費者行為的研究者研究過這些問題，而他們的研究結果顯示，電子遊戲可能比任何其他媒介都更能引起懷舊感。

....

2. 早期在電腦上玩 DOS 遊戲時與存檔相關的驅動檔案。
3. 指1991年《薩爾達傳說 眾神的三角神力》（The Legend of Zelda: A Link to the Past）。

懷舊帶來的好處

　　首先，我們來思考這種情感的本質。懷舊的體驗，往往是一種苦澀中帶甜的懷念，又夾雜著對那些隨時間消逝之事物的悔憾。但沉浸於懷舊體驗能有不少益處。我們縱情於懷舊時，記得的事情一般來說是正面的：和朋友出去廝混、歡樂或者刺激的假期、奠定我們性格的重要經驗。這些經驗的正面本質和社交本質，代表它們實現了重要的心理作用。

　　其中一個作用，可能是對抗壓力和憂鬱。舉例來說，當南安普敦大學的研究者讓研究參與者思考有意義的回憶，並寫下「哪種經驗或狀態會讓自己開始懷舊」時，他們發現，悲傷是參與者們最頻繁提出的觸發點，且遠超過其他因素。事實上，光是讓某人處在負面情緒中，就足以讓他對引人懷舊的刺激物更為敏銳，讓人更容易挖出關於事物過往面貌的珍貴記憶。懷舊似乎有著緩解悲傷和失落感的用途。它改善我們的心情，而其他研究發現，那些傾向懷舊的人往往更看重自己，比較容易信任別人，也比較不常罹患憂鬱症。投身懷舊回憶後，人們通常都會表示自己心情變好、自我感覺變好，並表示自尊心變強。而像《眾神的三角神力2》這樣的遊戲，會牽著我們的手，帶我們直接通往那些回憶，因為這款遊戲拚了命確保我們會一直注意到那裡有什麼，那裡沒

有什麼，以及事物是如何地有所不同。

所以，為什麼只要聽見《薩爾達傳說》的經典主旋律，或者聞到一陣彷彿大台老街機的味道，會在我們明明不可能重溫原初體驗的時候，帶我們脫離沮喪，並讓我們更快樂呢？那不光是因為地點或者事物而已。從最基本來說，思考正面事物會讓我們改善情緒。回憶你和朋友坐在沙發上玩《劍魂》（Soul Calibur）這類格鬥遊戲的歡樂時光，會想著像是溫熱的狗狗鼻子那樣，讓你感到快樂。但從更複雜的層面來看，《劍魂》的經驗和狗狗鼻子的經驗不一樣，因為回想它會讓我們感受到更強的社會連結。提姆‧威爾斯福特和康士坦丁‧賽迪凱德斯（Constantine Sedikides）在《人格與社會心理學期刊》發表了一些研究，研究中他們要求人們描述自己的懷舊回憶。他們發現，回憶幾乎都和朋友、家人或愛人互動聯繫的經歷有關。乍看之下我們往往是自己懷舊回憶的主角，但我們通常會有一組配角，並經歷某種開頭不好、但到最後以好結局收場的救贖情節。

身為有著強大控制慾的人類心理學家，發現運用上述這些事物很容易激發人們懷舊。舉例來說，研究者凱薩琳‧勒夫蘭（Katherine Loveland）和同事就在《消費者研究期刊》發表了一份研究，直接測試了「懷舊和社會連結有關，且可以消除寂寞」的這種想法。研究者假設，使用使人懷舊的老產品能恢復歸屬感，

因此在一個理當無意識的語言聯想工作中,讓他們閱讀與歸屬感有關的詞(例如「屬於」或「一起」),而操作了參與者想要歸屬某社會團體的需求。就如我前面提到的,這種在心理學研究中,既普遍卻格外有效的技術叫做「促發」,而在進行完詞彙工作後,研究人員立即施予一種措詞微妙的調查,並證實了它有效。研究者緊接測量了受試者對於餅乾、湯、脆餅、車、電影、電視和肥皂的當代款及古早款分別有多大偏好。勒夫蘭和同事發現,讓人感覺到寂寞時會使他們偏好古早款,而讓受試者撕開一包時下流行的餅乾然後吃下,其實會減低他們的寂寞感受。

社會關係和懷舊的這種糾纏,對電子遊戲有著重大的意義。你可能會緬懷當年玩原版《星海爭霸》,但你回憶中最懷念的,很有可能是跟朋友在多人遊戲中對戰,或者藉由各自稱霸單人戰役的共同經驗,跟他們結下不解之緣。對我們玩家來說,我們最懷舊的記憶,有可能是以彼此分享嗜好、透過遊戲結交新朋友,以及沙發上坐一塊享受合作無間的遊玩體驗等往事為中心。

不過,社會連結並非是懷舊的唯一重要面向。懷舊的絕大部分心理分量,都來自它和我們的身分認同連結的方式,以及它在我們當下和過往概念之間維持一致的形式。當我們想想自己在文化傳統中的角色,以及自己在性格成形時期的經驗時,這一點又格外顯得真實。哥倫比亞大學(Columbia University)的教授墨里

斯・霍布魯克（Morris Hollbrook）以及同事羅伯特・辛德勒（Robert Schindler）曾經廣泛研究關於懷舊的這個面相。霍布魯克認為，人都會經歷某個關鍵時期，在那期間我們往往會對頻繁觸及的隨便哪個事物形塑強烈喜好。不單是媒體內容，還包括了名人、衣著風格、車輛造型，以及食物。這種經歷人人各異其趣，但形塑強烈偏好的巔峰時刻，通常都是在 20 歲左右。

在日後，當我們需要一次快速的情感噴發，或者提醒自己得要替什麼感到自豪，而要打造我們的身分認同並認清自己是誰的時候，會想起的就是這段時期的經驗。人可以藉由回想假期的晚餐或者校內活動而達成這種目標，但對我們多數人來說，我們會藉著回想參與過的遊戲歷程中的特殊里程碑，而在目前的自己和理想中的自己之間創造連續性。或許你曾是《網路創世紀》（Ultima Online）或《無盡的任務》的鐵粉，因此會把自己視為大型多人遊戲誕生過程的一分子。或許你曾經閱讀草創時代的遊戲新聞網站，好比說 PlanetQuake 或者 Stomped，所以感覺起來就像協助支持過那個孕育遊戲新聞業的溫床一樣。或許你在最新的《戰地風雲》遊戲中打得很爛，但有多少排名頂端的小鬼頭能像你一樣誇口說，還記得當年是怎麼讓《戰地風雲 1942》原初的沙漠戰鬥（Desert Combat）遊戲模組跑起來？甚至還說，那些小鬼頭們誰還知道那遊戲模組（mod）是幹嘛用的嗎？無論如何，我

們都靠著過往的成就，來把當前的我們連結到整體大局，而享受著一種心理上的振奮。提姆・威爾斯福特還有些研究證明，正是出於同樣這些理由，使得「對過往的自己懷舊不已」會讓我們對自身未來感到十足樂觀。

往日的心理分量

有鑑於我們喜歡感覺良好並讚揚我們過去的抉擇，懷舊如此普遍也就不意外了。但是還有其他的認知怪癖也會讓我們喜愛老東西。我們伴隨著某個品牌或物件的過往，有著很重的心理分量，重到讓我們一旦擁有它，往往就會更珍視它。這稱作「稟賦效應」（endowment effect），而且出乎意料地很容易就能觸發。

行為經濟學家丹・艾瑞利用杜克大學（Duke University）學生和夢寐以求的籃球賽門票進行了一項實驗，高明地展示了稟賦效應。當杜克大學學生對籃球校隊的狂熱超出了體育場座位的供應量時，買票的機會就改以隨機抽選的方式進行。某個賽季，艾瑞利連絡了那些經隨機抽選而贏得購票權的人，問他們說，買你們手上那些票要多少錢。他也連絡了那些參加活動但在抽選中落選的人，並問他們說，他們如果找到賣家的話，願意付多少錢買

票。同樣的票、同一場比賽，唯一的差別就是，端看是已經有票或者還在找票的人。那些已經贏得抽選的人，開出的平均售價是驚人的 1,400 美元，而那些沒有票的人，平均下來只願意付 170 美元來購票。這可說天差地別，然而兩邊應該都認為自己合理至極，是對方腦袋有問題。這就是稟賦效應正在運作。另一項實驗的研究者給人們筆和馬克杯之類的低價物品，也得出了類似結果。

然而，這個現象比表面上還要複雜，因為其他研究證明，稟賦效應根植於某個和懷舊相關且更深層的東西：物品本身有其重要意義。幾年前我喜歡上攝影，試著生出一些錢來買台帥氣的新相機。翻了翻儲藏室之後，在 eBay 上賣掉我的老遊戲收藏似乎是個生錢的好方法。我在清單上列了許多沒達到某個最低出價就不賣的遊戲，但其他不少東西我都標了很低的售價。那片我從來沒空玩的《自由武力》（Freedom Force）賣了 5 美元。多出來的一片《世紀帝國 2》（Age of Empires II）只賣了 7 美元。一片從來沒打開過的《善與惡》（Black & White）中了大獎，出於我（因為跳過沒玩所以）不了解的理由而賣了將近 25 美元。

但我發現，有些遊戲我沒辦法列出一個最低的底標售價，因此也沒遇到有興趣的買家。其中一款是 1999 年的《終極動員令：泰伯倫之日》（Command and Conquer: Tiberian Sun）。我將價格訂得

太高，結果完全沒遇到有興趣的買家。就跟那些一張大學籃球票想賣 1,400 美元的人一樣，這片來自上個世紀的平凡無奇戰略遊戲，我卻想要賣 30 美元以上。我現在了解到這款遊戲對我有特殊意義之處：它是當年的新遊戲網站 GameSpy.com 上，別人付錢給我寫評論的第 1 款遊戲。更重要的是，那篇遊戲評論最終促使我於 2000 年初搬到加州去 GameSpy 做全職工作，並開啟了我人生至今最棒的其中一段時光。那片外觀破爛、還貼著小片聯邦快遞（FedEx）標籤的《終極動員令：泰伯倫之日》遊戲，引發我強烈的懷舊情緒。它讓我想起生命中一段很能勇敢犯難的時光，最終使我認識了直至今日都還是朋友的人們；它還讓我感覺像是「網際網路泡沫」（dot-com boom）這個 2000 年代初期重大歷史事件的一分子。對我來說，它是個珍貴的懷舊載體，但對我以外的誰來說並非如此。

這是因為，一個物品越是具備專屬於某一人的重要性，稟賦效應以及我們的懷舊感就真的會被放大。這應該沒什麼好驚訝的，因為我們都很熟悉「情感價值」這個概念。真正神奇的是，那個意義不光能單純被「擁有」所喚起，也能單純被「知道一個物品有一段過往」所引發——什麼樣的過往歷史都行。你甚至不用是那段過往歷史的一部分。SignificantObjects.com 這個慈善計畫，就是根據這個概念成立的。

就有個名叫「重要物件」（Significant Objects）的團隊從世界各地的跳蚤市場、廉價舊貨店、車庫清倉買下便宜物品，然後讓專業寫手替那些物品打造精緻而有趣的捏造歷史。這些假歷史接著會載入 eBay 拍賣頁面中。但陷阱就在這裡，或者說根本不是陷阱，而是有人甘願跳進洞裡的：eBay 出價者此時會來參一腳，因為重大物件團隊已經明白表示，這些物品搭配的故事敘述都是虛構的，絕對不是真的。即便如此，結果卻是不可思議。一把在廉價舊貨店花 50 分錢買的叉子以 26.01 美元賣出，只因賣方在一則某人亡妻的故事中特別強調了這把叉子。一個裝著微縮猶他州風景的雪花球只花了 99 分錢買下，但卻因為賣家寫下他如何從爺爺的隱藏寶庫那邊把它偷來，而以 59.00 美元賣出。一個新品價 2.99 美元的毛氈猴子布偶，成了二手品之後卻以 47.20 美元賣出，只因作者宣稱，它不只曾被作家法蘭茲・卡夫卡（Franz Kafka）所擁有，而且還是一本從未發表過的小說——《變形記2：猴子布偶》（Metamorphosis II: Monkey Puppet）——的靈感來源。替一件物品粉飾上精巧的、個人化的，有時還挺荒唐的歷史，能讓買家感覺擁有更多重要意義。而且，為了避免你對這樣的操作感到太不悅，讓你知道一下，重大物件計畫會把一些收益捐給慈善事業。

其他研究者也研究過「物品擁有一種獨一無二的本質」的這

種想法。耶魯大學的保羅・布魯恩（Paul Bloom）和來自布里斯托大學（University of Bristol）的研究同事布魯斯・胡德（Bruce Hood）想要知道，讓人想著一個物品的歷史能不能讓物品更具價值。研究者們利用英國女王那陣子造訪的機會，讓一群 6 歲小孩看到一批說是屬於女王的湯匙和杯子。接著他們把物品放到一個據稱能用那些東西做出複本的假「複製機」裡面。這台機器包括了一對箱子，箱子背後有著暗門，讓人可以偷偷放進另一件一樣的東西，而能騙小孩說原本的東西被複製了。你可能會覺得這有點看不起 6 歲小孩的智慧，但布魯恩提出了一個很好的理由：

當我們將這機器給小孩看的時候，沒人覺得那是騙人把戲。這符合其他研究所發現的，小孩實在很容易相信不尋常機器。他們沒有理由要起疑心。他們活在一個有巨大飛行金屬罐頭、切割金屬雷射光、會說話電腦這一類東西的世界。而我們已經有一種很初階的平面複製機——你可以拿一張有麥可・喬丹（Michael Jordon）簽名的紙，放在影印機上，按按鈕，最後得到某個和原版分太不出來的東西。這樣的機器要是有個立體版的，也不足為奇吧？

的確，我們可以實際去想像利用掃描器和 3D 列印器來作這項研究，而不必求助於伎倆。各位啊，我們可是活在未來之中呢。咱們這就來演下去，奉科學之名，以我們的科技來更徹底欺

騙我們的孩子吧。

前面說的複製完成後，研究人員讓小孩分別替原品和複製品給出價格。不意外的是，孩子們給原本物品的標價要高上許多，因為那跟女王有一段過往關聯。看來這種過往歷史無法同步轉移給複製品。為了想知道，伴隨著物品的如果是自己的過往，同樣的效應會不會發生，於是布魯恩和胡德進行了後續研究，去複製小孩的安全感寶物，好比說有些小孩睡覺一定要陪著的毛毯或者動物填充玩具。大部分的小孩對研究者展現出強大（而且也真的是合情合理）的不信任，不讓他們的安全感寶物參與這種把戲。然而，如果是願意交出物品的小孩，研究者會讓他們從原物或複製品中選一個帶回家。幾乎所有人都選擇把原本的帶回家。

這種歷史感讓我們的電子遊戲同時富含大量的個人價值與貨幣價值。有時候我們在乎的是原本的物品，就像我拒絕賣出我那片《終極動員令：泰伯倫之日》以及其他對我個人而言很重要的遊戲。但如果談的是「行銷商和遊戲開發者想讓我們掏錢時可以去召喚那些特殊物品的歷史」，這種關聯性就會以有利他們的方式在運作。一位今天才剛開始玩《薩爾達傳說》系列的新玩家，可能會覺得系列最新作滿 OK 的，但在某個夏天玩 1987 年紅白機原版《薩爾達傳說》並在中學結交了朋友的某個人，會有更多的自我投入於薩爾達傳說粉——還有可能是整個任天堂的

粉——的身分。這是懷舊在電子遊戲以及在迷弟迷妹心中如此強大的其中一個理由,而這應該會讓你想到上一章所了解到的事情。

玫瑰色的抬頭顯示器

我們會專程為了自我感覺良好而去對某些遊戲感到懷舊,以及稟賦效應會扭曲我們對價值的感覺,這兩件事都顯示,我們的回憶恐怕不一定是正確的。事實上,我們可能會無意識地產生偏誤,而偏好去記得讓我們快樂的事,並偏好不去記得讓我們不快樂的事情。這是所謂的「玫瑰色眼鏡」(rose-tinted glasses)現象。當年玩《冰城傳奇》(The Bard's Tale)用方格紙自己畫地圖真的很好玩嗎?手動輸入 IP 位址來連進《雷神之鎚》(Quake)原生的死鬥模式裡頭,這件往事會不會比我們記得的還要痛苦?還有我的媽啊,《洛克人》(Mega Man)從以前到現在都這麼難嗎?到頭來發現,我們人類有一種強到驚人的自我欺騙癖好。就如我在第 3 章對迷弟迷妹的描述那樣,當信念和我們想要的心境一致時,我們通常就不會需要那麼多資訊來確認我們的信念;而大量的研究證明,我們傾向多去記住生命中的好事。玩家不是透過玫

瑰色的眼鏡,而是透過玫瑰色的抬頭顯示器,來看自己這項嗜好。

就拿「情感衰退偏誤」(fading-affect bias)為例。那個詞描述了記憶風景中的一個小問題,它會讓正面記憶的情感痕跡消褪得比負面的還慢。嚴重創傷那種特殊情況暫且不論,人們記住日常正面回憶的能力,就是比記住負面的好。已有許多人研究過這種現象和其他類似現象,並賦予許多不同名稱:失調降低(dissonance reduction)、自欺欺人、自我防衛(ego defense)、正向錯覺(positive illusion)、情緒為本之因應(emotion-based coping)、自我肯定、自利歸因(self-serving attribution),以及主觀最佳化(subjective optimization)。它們都證明了,儘管人們總會說黑暗中總有一絲希望,但我們真正擅長的,是把整片黑暗都忽視掉。

而且總的來說,這讓人類有適應力。這就像一種心理免疫系統,在情況到頭來不甚理想的時候保護我們,好讓我們願意碰運氣並做決定。但它也產生了「以前的東西有多棒」的懷舊回憶——簡單運用一下時間旅行就可以反駁的回憶,前提是你真的有那麼想回到過去。心理學家丹尼爾・吉爾伯特(Daniel Gilbert)和珍・艾伯特(Jane Ebert)做過一項實驗,讓攝影課的學生沖洗出兩張他們最喜歡的相片。實驗執行者接著跟學生說,他們得要從兩張相片中挑出一張帶回家,另外一張要在 5 天後連同底片送到

海外。但他們跟一些學生說，一旦決定之後就無法更改，又跟其他學生說，他們有 5 天的時間考慮要不要改變主意。9 天後，當研究人員問這兩組學生他們有多喜歡自己選擇要帶走的照片時，那些當下就不能更改決定的人，明顯比那些有機會改變心意的人更喜歡他們的照片。不可更改決定組的成員，往往比較滿意自己的照片，且更喜歡這些照片。這裡就是心理免疫系統起了作用：你不能改變你的選擇或過往，所以不論你有沒有察覺，你都很快就戴上了玫瑰色的眼鏡來改變你的態度和回憶，以符合已經發生的事。懷舊情感可能常常是同一套系統的副作用。

或者說，過度樂觀的懷舊可能就只是個不良的心理目標。有些研究者主張，記憶中鮮活的事件和當下的乏味相比似乎美好無比，是因為光去回憶點什麼，感覺就會挺好的。在一項研究中，研究者傑森・勒伯（Jason Leboe）和塔瑪拉・安森斯（Tamara Ansons）證明了，人們輕易回想起資訊時，心中往往會有種喊出「啊哈！」的瞬間，而腦中有一個怪癖，會讓那樣的時刻天生就令人愉快。就想想，有個東西都到嘴邊了但就想不起來，思索了一陣子終於想起是什麼，那一刻的感覺有多棒。感覺不錯，對吧？研究者主張，我們往往會犯一個錯誤，就是不把這種快樂歸因於「輕易想起該經驗」，反而歸因於在我們心中比那要顯著太多的經驗本身。有些突出的經驗顯然是令人快樂的，但人腦的這

種怪癖會誤導我們，讓我們只因為那類事件比較好記住，就錯誤地把它們回憶得比實際上更正面。

然而，到頭來，玫瑰色顯示器現象就算真實存在，也可能不是重點。這是因為，它是一套在多數人身上導致良好心理健康的適應系統。當你正處在一個大半偏正面的經驗裡時，該經驗中所有煩人的小怪事和令人洩氣的東西通常都還顯而易見。但隨著該經驗遁入回憶，我們就會忘記那些不重要的惱人之處，並且更鮮活地記住正面部分。這樣當然好，因為懷舊的功用是讓我們感覺比較好，比較能對自己滿意。就算刻意忽略的行為只是自我給予的福分，那依然算是種福分，而那沒什麼不對。

懷舊與遊戲構成的天作之合

當今和未來的電子遊戲所能引發的懷舊，有可能比史上任何其他媒介都要多——比電視多、比電影多、比音樂多——，而本章到目前為止描述的每件事，都說明了之所以會如此的幾個理由。其中最主要的一個理由就是，電子遊戲本質上就有社交性質，而且隨著時間與日俱增。每款電子遊戲，可能都曾是我們藉由在遊樂場欣喜狂嘯、藉由在公司的咖啡壺邊閒聊而共享的經

驗，方法就和人們分享電影電視節目體驗差不多。但就如我們將在下一章探討的，今年會發行的每款新遊戲，幾乎都會有鼓勵玩家分享、競爭、連繫、互助並交誼的機制或工具。越來越多的遊戲備有排行榜、合作遊戲模式、聊天、配對機制、好友名單、競賽模式、排名、公會、成就清單、圖奇（Twitch.tv）之類的線上直播工具、自創地圖工具，以及支援剪輯分享遊戲影音等功能。這些功能若不是在電子遊戲中創造出新的社會關係，就是透過簡單的經驗分享讓我們強化既有關係。如前所見，如果懷舊最有可能處在社會關係的脈絡中，那麼，今日的電子遊戲就最有辦法替明日的懷舊打下基礎。

電子遊戲的推銷對象，也身處於最能讓懷舊生根的完美人口結構中。玩家的平均年齡絕對是在增加，但根據娛樂軟體協會2014 年的一份研究指出，有 29% 的玩家年齡低於 18 歲，另外還有一大塊是 20 出頭。我們就打開天窗說亮話吧：任天堂握有稱霸兒童的遊戲，好比說薩爾達、瑪利歐和卡比（Kirby），但其他眾多優秀電子遊戲鎖定的是前述那一般年紀的人。人們再過幾十年就會對《當個創世神》懷舊到不行。今日年輕玩家在一生中最能形塑性格的那段歲月中，真的花了很多時間在遊戲上，未來當他們需要在過往和當下之間架起一種認同感的時候，那些就會是他們將倚靠的回憶。

而那就是現代遊戲和懷舊之所以為天作之合的另一個理由：我們在遊戲上花了多到不可思議的時間。看一部電影可能只要花 90 分鐘，電視節目一季可能也只要花十幾個小時之類的。但我們玩一款遊戲通常一玩就是 10、20、30 小時，如果是《決勝時刻》或者《遺蹟保衛戰 2》這類大型多人遊戲或線上競技遊戲的話，我們可能會在那些體驗中投入幾百小時。動筆此時，我已經在線上射擊遊戲《絕地要塞 2》投入了超過 600 小時，而我還認識一些玩了幾千小時的人。我們用這些遊戲來創造敘事。我們用它們來創造經歷。它們成為我們身分認同的一部分。而就如我們前面看到的，當我們思考自己多重視某物時，過往有著巨大的心理分量。

某天（應該是不會太遙遠）當有人試著用你今日最喜歡的遊戲來在未來賣某個產品給你時，要記得這一切。總有一天，電子遊戲將比歷史上出現過的任何東西都更能激起情緒、更能賣出關節炎藥膏和纖維補充劑。

本章攻略要點

- 懷舊是一種情感,可以像其他情感一樣操作。它一般被定義為情感上嚮往過去,特別指懷念過去事物如何比現在好。
- 懷舊有益於協助處理憂鬱和悲傷的情感。
- 懷舊回憶幾乎總是和人有關——通常是你喜愛的人們。它是一種很社會性的情感。懷舊感讓我們能維持社會關係,或創造新的社會關係。
- 它也會讓我們想起自己過往最美好一刻的模樣,來讓我們感覺比較好。
- 一個物品的過往歷史有著龐大的心理分量。和想要買某物的人相比,擁有某物的人會高估其價值。這稱作「稟賦效應」。
- 當物品的過往有趣味或對個人意義重大時,稟賦效應會更強。它甚至不一定得要和我們自身有關。
- 孩童實在是太容易就輕信任何事物了。我們可以多善用這一點。
- 「玫瑰色眼鏡」現象是千真萬確的。當我們對產品或情況抱有懷舊感時,我們往往會忽略其中的缺點,並聚焦在好的一面。「情感衰退偏誤」就是一個例子。

PART 2
製作遊戲的人

THOSE WHO MAKE

CHAPTER 5

遊戲是如何計分，
並激勵我們一較高下？

「一切全都是數字。」

——畢達哥拉斯（Pythagoras）
　　希臘哲學家兼數學家

我從小就在電玩間長大。我指的是那種投幣玩遊戲、燈光昏暗，事後想想會很懷疑店員除了兌換代幣之外，是不是還在後面小房間賣其他有的沒的那種電玩間。我其實就住在離「阿拉丁城堡」（Aladdin's Castle）這間從我家走路就能到的電玩間附近，所以《漢堡世界》（Burger Time）、《小精靈小姐》、《大蜜蜂》（Galaga）總會觸動我對它們各自的懷舊情懷。上一章有寫到，懷舊通常圍繞著共同社交經驗，而我想起來仍滿心歡喜的一件事，就是有次我在某台街機上的分數贏過了朋友，然後把姓名首字母打在高分榜上。但朋友又會多得幾分來回敬我，而看到他們那串得意洋洋的姓名首字母把我的又擠出高分榜，也是很痛苦的事。友誼競爭讓我對機器投幣投個沒完，就只為了讓自己留在高分榜頂端──或者比我朋友高。我技巧高超的證據就在螢幕上，至少店員晚上打烊時把插頭拔掉前都還在。

我童年的這一幕，是 2007 年獨立電影《遊戲之王》（King of Kong）中一件大書特書的事件精簡版。該電影講述的是史蒂夫·維比（Steve Wiebe）的故事，他是個被大材小用的工程師，在學校當老師勉強度日。維比異想天開，想要拿下任天堂大台街機遊戲《大金剛》（Donkey Kong）的世界最高分紀錄。《大金剛》裡會有一個初期版的瑪利歐角色，當時還是叫做「跳跳人」（Jump Man），他試圖救出碧姬公主的雛型「寶琳」（Pauline），同時要

閃躲遊戲同名猩猩丟下來的障礙物。維比的高分勁敵是比利·米契爾（Billy Mitchell），他是個有點浮誇的人物，憑藉著他在好幾間電玩間創下高分紀錄的名氣，來賣自家的辣醬。而維比在自家車庫弄了一台《大金剛》的老機台之後，就開始癡迷地練習，好打敗米契爾的最高分 874,300。過程中有著情節起伏、有癡迷執著，也有著高喊犯規。兩名玩家顯然都執著於打敗對方，兩人也都為了拿下《大金剛》高分冠軍賽的錦標，而做出了各種神乎其技的舉動。電影常常節錄維比拍來留下分數證據的 VHS 錄影片段，而其中一個難忘的場景，是他的小女兒要維比陪她去廁所。當時大有希望打破高分的維比，求她再忍幾分鐘就好。如果你想要知道維比有沒有在高分拉鋸賽中占上風，我推薦你去看這部電影。真的滿好看的。

從《大金剛》那種投幣機台至今，遊戲已經有了長足的進展，但把自身表現跟其他人相比的概念依然存在，而我們的心中都有那麼一點點的史蒂夫·維比或者比利·「辣醬王」·米契爾。然而到了今天，線上排行榜已經取代了高分榜，而我們甚至可以透過成就、勳章或獎盃，來做更詳細的比對。而隨著遊戲一路演化來符合我們的社會本質，這種比較的顯著性和頻繁度也增加了。我們做的每件事都會和其他玩家有所比較或有所關聯。不論是受街機啟發之遊戲《幾何戰爭》的高分，還是《戰地風雲》

這類第一人稱射擊遊戲的多人對戰戰損比[1]（kill/death ratio），數字本身對我們的意義有限。它們真正的價值，反而是來自如何和其他人的數字產生關係。而且，對於我們來說，也不是每次的較勁都在同樣標準。你拿自己和誰做比較這點很重要。當我們看YouTube或圖奇上《快打旋風》（Street Fighter）錦標賽高手對決的影片，或者瘋狂的《洞穴探險》（Spelunky）最快通關影片時，我們很少會咬牙切齒，因為我們知道那些人的操作是另一個水平的。而在一場大型多人遊戲中，就算我們看到某人之所以能拿到強力裝備，是因為他玩了很久或只是碰巧運氣比較好時，我們也很容易就能放下自己不如對方的感覺。（我們或許還是會覺得眼紅，但那是後面另一章的主題。）

為什麼某些社會比較，會驅使我們在遊戲中比其他人更努力，或者更投入各種資源？而當遊戲設計者精心設計遊戲來利用我們這些心理面向，讓我們又回頭再挑戰一次，或者讓我們進行能帶來競爭優勢的遊戲內購買時，我們要如何看穿這種手法？買賣的伎倆包括呈現不同的比較目標給你、改變加在你身上的規則，以及讓你高估自己熟悉遊戲的程度。我們來進一步仔細瞧瞧。

「朋友」兩個字可不是叫假的

首先，最重要的是你是跟誰在競爭。最早研究這種概念的其中一人，就是鼎鼎大名的社會心理學家里昂‧費斯廷格（Leon Festinger）。費斯廷格有興趣想以先前的團體互動研究為基礎更進一步，而在1954年時，他發表了一篇相當有影響力的文章《社會比較程序理論》（A Theory of Social Comparison Processes）。這篇文章讓「一般來說我們都會想掌握關乎自身能力的正確情報」的想法有了正式樣貌，很有助於解釋今日遊戲排行榜的吸引力在何處。但就算我們的網球比賽表現、課堂表現或者職涯表現都有可證數據資料，如果沒有適當解讀脈絡，那些資料的意義通常還是有限。費斯廷格主張，在這些情況下，我們還是得把自己拿去跟他人比較。我有沒有比對手高分？這班有幾個人的成績拿到「A」？我賺的錢是不是跟6個月前才進來的凱倫一樣多？這些都是重要問題，因為凱倫似乎把所有時間都拿來玩手機上的《部落衝突》，而根本沒有真的在工作。費斯廷格還主張說，我們偏好跟相似的人做那些社會比較。

---

1. 擊殺敵對人數除以玩家自己死亡次數，作為玩家的技術與結算成績的一項參考數值。

費斯廷格的文章是個好起點，而他的理論大部分都被後續研究所證實。他唯一稍有模糊的部分就是，「和我們類似」到底是什麼意思。是就能力而言嗎？有其他特徵嗎？有人口統計資料嗎？後續的研究支持了後來所謂的「相關歸因假說」（related-attribution hypothesis）。基本上來說，我們偏好把自己在某項工作上的表現，拿去跟該工作相關特質上我們有所了解的人們相比。舉例來說，如果我想知道自己在《決勝時刻》的戰損比是不是還行，我去跟某個同年齡的人比較感覺會比較好，因為處於青澀年紀的玩家反應速度往往較快。我也不想拿自己跟那些慣用鍵盤滑鼠的電腦玩家比，因為用滑鼠比用我的 Xbox 手把更容易做精確瞄準。舉例來說，有項研究證明，進行握力測試的人們，在猜測另一個人能不能跟自己勢均力敵時，考量的往往是手掌大小。另一項研究發現，在 9 人團體中完成某項工作的受試者，會去跟他們所知練習量跟自己一樣多的其他人做比對。我們之所以會覺得，跟成天正事不幹都在玩個不停的人比較遊戲成果沒什麼意義，這便是其中一個理由。你在《暗黑破壞神》裡有很讚的裝備，或者在《農場鄉村》（Farmville）有一大片地產大雜燴，這些都很了不起，但如果我知道你是歷經每天打上 23 小時，連玩一個月才獲得的話，我的技不如人感就不會那麼強了。

當今遊戲中內建的排行榜、成就、分數和遊戲重播，都提

供了絕佳的脈絡，可以在其中運用社會比較理論，也可以將開發者能讓你玩到停不下來的招數應用於此。根據分數替玩家排名次的排行榜，代表了「在投幣街機上的高分榜輸入姓名首字母」這種作法的演進，但如果它只能讓你跟陌生人比分數，而沒辦法讓你跟朋友比的話，效用其實也很有限。舉例來說，你就隨便在你手機上挑款遊戲，然後找出全球排名。你很有可能看到一組陌生帳號停留在榜首，就像諸神從高到不合常理的奧林帕斯山頂俯瞰凡人那樣。那會激勵你在遊戲中表現更好、讓你繼續玩下去，或者讓你在遊戲中灑點錢買道具增進分數嗎？應該不會。但看看《糖果傳奇》這一類高明的遊戲是怎麼幹的：當你玩某一關時，它不會顯示全球排行榜上那些高高在上的大神，而是顯示你那些更實在的朋友和同事的分數。嘿，再多拿個 200 分你這關就贏戴夫了耶。戴夫是個機車鬼。我們覺得他幾乎就跟那個擺爛凱倫一樣討厭。這間辦公室還有人在乖乖工作嗎？賽車遊戲系列《極限競速》（Forza Motorsport）在它的對手系統上做了類似的設計，當你在某條賽道上的時間快要贏過朋友名單上下一個人的時候，遊戲會提醒你注意。《糖果傳奇》和《極限競速》排行榜上的人應該都是你認識的人，而且我們就坦然接受吧，他們就是你無時無刻會拿自己人生去比較的那群人。這些制度之所以行得通也是因為，就如費斯廷格的社會比較理論那樣，我們往往會立志向上，

並偏好拿自己去跟榜上排我們上面一點的人相比較，而不那麼想去跟低於我們或者甚至頂端的人去比。也因此，聰明的遊戲開發者會利用朋友名單，來為我們的表現提供好的參照點。

再舉一個遊戲把這一切都兜在一起的好例子，也就是《特技摩托賽：革命》（Trials Evolution）。這款橫捲軸機車競速遊戲一方面很難，另一方面又十分強調你能多快跑完每條充滿障礙的賽道。你手把上的左右食指扳機對應機車的油門和剎車，但真正的訣竅是利用你的左大拇指搖桿，來控制你的小騎士在機車上要向前或向後傾斜多少，藉以精通遊戲本身的虛擬物理引擎。上述這點，再加上你的車輛動能，以及你給機車裝多少汽油，來決定你會不會摔車，以及你可以多快飆過賽道。在《特技摩托賽：革命》的開發商「赤狼」最努力確保要做到的幾件事情中，有一件就是社群競爭面向。這遊戲充滿了排行榜，處處都標示著你和別人相比表現如何。而且，雖然你想找的話是有全球排行榜，但赤狼似乎是有留意到和朋友以及其他認識的人競爭比較有意義，因為遊戲的預設排行榜會把我們和 Xbox Live 上朋友名單裡的人相比較。同系列的手機遊戲《特技摩托賽：前線》（Trials Frontier），也在蘋果的「Game Center」和安卓的「Google Play 遊戲」這些應用軟體上做了相同的事情。

但玩《特技摩托賽：革命》的時候，你還不用開到終點線，

就可以去跟人比較了。每次你進入一條賽道，遊戲就會另外在一條直線上頭移動貼有玩家標籤的點，讓你看到你朋友的絕佳表現。這招有著不可思議的奇效——遠比讓你看到一個代表該賽道世界紀錄保持人「xxXTrialzd00d42Xxx」的點要來得有效太多，因為那個高手就只是從你螢幕右側邊緣飛馳而去，完全沒提供任何一種有意義的比較。但就個人而言，我認識我的姊妹、我的同事、跟我一起上學的某某同學，還有我朋友名單上的其他人。他們提供的參照點實際太多了，因為我知道其他重要的面向上我跟他們相比是如何。看著代表他們在賽道上進展的小點一次又一次卡在把我惹毛的同一批障礙物上，可以說是無價體驗。同樣地，當你看到他們沒有被卡住，也是有用的一件事，因為我知道，如果他們能通過一個這麼難搞的關，那麼我也過得去。因此我發現到，當排行榜上是由對我而言有意義的人所組成的一份小名單時，我願意去嘗試再縮短幾秒鐘而在排行榜上再進一步的可能性，就比原來高上太多了。

就算沒有那種讓我們比較的特定朋友，遊戲設計者還是可以多下點工夫，利用追逐高分和排名來讓我們受到激勵——甚至是沉迷其中。他們可以告訴你，你在你那年齡層裡屬於前幾%，或者在也喜歡玩補師（好比說醫護兵）的人裡面排多前面；或者在過去1個月裡玩超過（或低於）50小時的人裡面排多前面；

或者在偏好狙擊槍的人裡面排多前面。就如我們在第 3 章談迷弟時看到的那樣，讓我們覺得自己是某團體中的一分子，並因此觸發更有意義的比對，其實不用花多少工夫。就連呈現簡略的個人簡介（「xXSoulKillaXx」住在你的國家內，年齡介於 30 至 35 歲，任職於服務業）也比什麼資訊都沒有更讓人有動機與他人一較高下。這些人口統計資料通常都在系統內就有，而且光是把這樣的度量衡丟到載入畫面上，或者是被幹掉之後等著重生的畫面上，就可以促使我們再多玩一場就好，或者在某賽道上多跑一回就好，而不是關機或睡覺去。

寧為雞首不為牛後

遊戲設計者為了讓你對自己和自身表現都更滿意，往往還會做第二件事，就是讓你感覺到一種通常稱做「非池中物」[2]（big fish in a small pond）我好像有點強的感覺。有時研究者或許會講青蛙和青蛙池，可能是因為他們的標準用的是青蛙。不管用魚還是青蛙，總之，當你像前面描述的那樣，從一份朋友名單提供一小組熟悉的比較對象的時候，這個現象會自然發生，不過在一組陌生人或者抽象編組中也能發生這種現象。這和「資料如何呈現」

有關,跟「資料描述誰」比較無關。排名在表現差勁組頂端附近的人,往往會比排在表現良好組底端附近的人更滿意自己。就算你在你稱霸的那組裡表現比其他組的任一個人都差,這情況也不會變。就像「因為身為敗隊最有價值球員而感覺不錯」那樣,你若想自認是全場最聰明的人,有時候該做的就只是走進一個裝滿笨蛋的場子而已。

事實上,教育界已經大量研究過這種「非池中物」,並發現在 40 個不同國家的各級學校中情況都是如此。這非常重要,因為只從一個較小群體的背景脈絡來看自己的表現,往往會推翻你跟整個大世界所進行的比較結果。然而,這種心理怪癖也有危險之處。或許我們之中有不少人都熟悉一個特別能說明「非池中物」的例子:三流高中的畢業致詞代表,確實是班上最聰明的人,也因此進了競爭激烈的大學。但進了大學之後,他才打從出生以來頭一次發現,自己不過是眾多跟他一樣聰明的人之一,有些人甚至還比他聰明。他跟不上其他才能傑出的學生,因此覺得自己很笨。面對前所未有的平凡感,他有可能會灰心洩氣而休學,或者轉去念一個比較輕鬆的主修。儘管他一如往常地聰明且努力,

---

2. 非池中物,絕非泛泛之輩,英文原意為「小池塘裡的大魚」。

這位前畢業致詞代表身為小團體的頂尖人物時，還是比身為大團體的中等人物來得快樂。

伊森・澤爾（Ethan Zell）和他在俄亥俄大學（Ohio University）的同事馬克・艾利克（Mark Alicke）及多利安・布魯恩（Dorian Bloom）以一項研究給這種趣聞追加了證據；研究中，他們將大學生以 10 人為單位分成多組，每組又再分成兩支 5 人小隊。接著，研究者把兩支隊伍關在同一個房間裡，並要每個人都看一串事先錄下的聲明。實驗執行者跟他們說，影片中的一些人是騙子，有些不是。當然，不會有人指明誰說謊誰講真話；把這兩種人分辨出來是受試者的工作。接著，因為心理學家本身就是有病的騙子，所以研究者會對受試者在這項工作上的表現給予假的回饋，指出他們在房間裡的 10 人中排第 5。所以他們知道了自己的排名，但只知道是在 10 名參與者中的排名，而不是和自己這 5 人小隊相比。然而，在另一邊實驗條件下的學生們多得到了一項資訊，得知自己是所屬 5 人小隊中表現最差的成員。研究者發現，當受試者還知道自己在自己的 5 人小隊中排第 5 的時候，會比那些只知道自己是「10 個人中的第 5 名」但不曉得自己在小隊裡排名如何的人更看輕自己。儘管說，這兩群人其實都被評為整組 10 人中的第 5 名。這項研究證明，當人們自我評估時，他們會思考自己在小團體中有多好，而別人也可以輕易讓他們忽

略思考自己的表現從全體來看有多好。反之亦然:就算你這個小團體很差,你還是可以因為在小團體頂端而感覺不差。更重要的是,別人可以輕易刺激你去一直嘗試,直到來到團體頂端為止,儘管那個團體的大小範圍不過是別人說了算。

因此,我們可以看出,遊戲若能讓我們和朋友相比較,就自然能從「非池中物」的效應中得利。你在 11,092 名玩家中排第 6,458 名,這不會比得知自己在蘋果 Game Center 朋友名單中的 45 人裡排第 12 名來得有趣,也不那麼會讓你想一直玩遊戲玩到更加名列前茅。遊戲要是更厲害的話,會讓你認清自己和他人的接近程度,好擴展你的比對基礎。把跟你對戰的個人密友或兄弟姊妹和某留言板上你不太認識的人們分開來追蹤,真的會有助於提升你的競爭意志。

但聰明的開發者還讓你能自行把資料切分,藉以建立你自己重視的比對組別,而將這種招數又往前推進一步。它們不會顯示全球排名,而是顯示你跟同國籍、同城市、甚至同個鄰里的其他人比起來如何。而手機遊戲可以利用全球定位系統(Global Positioning System,GPS)的資訊來讓你看見,你和過去一個月裡造訪你這一帶的人們相比排名如何,所以你就可以知道你在同學或同事之間的排行大概如何。這群人甚至不必是你朋友;就只要給我們一個覺得自己屬於其中的較小團體,就會觸動「非池中物」

的效應,並激勵我們持續玩下去,好讓我們能拚了命競爭並成為小池塘中最大尾的魚。聰明的開發者也能更換我們眼前的資料,來改變池塘和池中物的大小。不用再一直看著總分或者獲勝場數了。遊戲只要指出我們跟出類拔萃者所共有的成就,就可以讓我們感覺與眾不同。得知「你達到了 1,000 次擊殺數──其他玩家中只有 10% 做到」之類的事情,很有助於讓我們覺得自己像是上層階級的一員。

但等到你達到自身團體的頂端時會怎樣?或者講個比那糟的情況,當你有了吊車尾的危機時會怎樣?這個嘛,那時候情況會比現在複雜一點。我們來看看一名格外不滿意的運動員的故事,來從中看出向上比較和向下比較如何比你想的還要重要。

吊車尾、第 1 名和第 2 名

麥凱拉・馬羅尼(McKayla Maroney)是一個比你厲害、也比你認識的人都厲害,或者比你不用 google 就能講出名字的人都還要厲害的體操選手。即便如此,她這個人的最為人稱頌之處依舊有待商榷。她在僅僅 16 歲時,就和美國女子體操隊的隊友贏得了 2012 年夏季奧運的金牌。然而,儘管有著這樣的成就,對

許多人來說,馬羅尼最響亮的名號,還是那個贏了第 2 名而失望的女孩。2012 年奧運跳馬競賽上,馬羅尼要進行最後兩跳的第一跳,她讓自己對齊了跳馬台,並像是要當面殺了它一樣死盯著它。接著她沿跑道瞬間加速,然後執行了令人讚嘆的精巧動作,在我看來就像是要先按 A 鍵然後左邊食指扳下扳機鍵,然後在絲毫不差的時間點迴轉搖桿 1/4 圈那樣精巧。然而,在跳馬第 2 跳的時候,情況就像是她按到了 B 鈕,因為高度不夠所以就很難看地碰一聲屁股著地。

那一摔以及隨之而來的扣分,讓馬羅尼痛失奪金的機會。她拿下銀牌。而從 2012 年起橫掃整個網際網路的「麥凱拉‧馬羅尼不滿意」(McKayla Maroney is not impressed)迷因,起源自馬羅尼在奧運頒獎儀式上的噘嘴,好像在表達她對第 2 名有多失望一樣。網際網路上愛開玩笑的人很快就開始把失望的馬羅尼圖像 P 到任何地方,來說明世界上有多少東西就跟在奧運拿下第 2 名一樣讓人不滿意:艾菲爾鐵塔、西斯汀教堂(Sistine Chapel)、精緻的迷你馬,隨便什麼都有。難能可貴的是,一向都樂天開朗的馬羅尼也接納了這個迷因,甚至還能跟歐巴馬總統一起合照擺出那張知名的臉。

儘管如此,「凱拉‧馬羅尼不滿意」迷因仍然象徵了人類心理在競爭脈絡下的一件怪事:在競賽的爬梯上,每層踏階的間距

並非都一樣寬。這就產生了一個乍聽之下很瘋的假設：馬羅尼如果拿銅牌會不會比拿銀牌更開心？有些研究還真的顯示她可能會比較開心，至少站上頒獎台上的時候會。康乃爾大學（Cornell University）的維奇·梅德維克（Vicki Medvec）、史考特·馬代（Scott Madey）以及湯姆·吉洛維奇（Tom Gilovich）做了一項研究，讓受過訓練的評分員看1992年夏季奧運的錄影帶。評分員仔細審視奧運獎牌得主在演出結束時以及頒獎典禮上的面部表情。他們發現銅牌得主看起來比銀牌得主快樂許多。研究者假設，那是因為銅牌得主在想著「要是我……」的時候，往往是把自己往下相比，但銀牌得主卻是向上比較。銅牌得主想著自己差點就連牌都拿不到，但銀牌得主想的是，自己離最頂尖就只差那麼一點點。如果他們當時僅剩一次機會能點擊某個選單上的「載入存檔」來再嘗試最後一回的話，他們再試一次的可能性會遠遠高過銅牌得主。

密西根大學（University of Michigan）的史蒂芬·賈西亞（Stephen Garcia）等其他研究者，以實驗重現了「第1名和第2名的差別遠大於一切（或許吊車尾和倒數第2的差距除外）」的這種想法。他也發現，可以經由改變規則來操作我們「決定要競爭還是合作」的興趣偏向。賈西亞和同事假設說，當人和對手的距離越是接近一個有意義的標準──好比說，在一個群體中排名第2跟

第 3 ——，他們就越有可能以競爭方式行動（或者至少拒絕合作行動）。為了證明這個猜想，他們讓受試者假裝自己是公司的主管或者撲克玩家，去決定自己是要跟對手競爭還是合作。情境經過設計，使人們的整體財務報酬若和可能是對手的人合作就會達到最高，但那同時會使對手獲益，足以讓受試者的排名被對手超越。舉例來說，在某項研究中，實驗要受試者去扮演某間列名財星美國 500 強（Fortune 500）的公司的執行長。接著會有人告訴他們說，他們可以選擇跟一間對手公司進行合資經營。這麼做的話會讓自己的獲利成長 10%，但那也會讓對手公司的獲利增加 25%。更重要的是，那還會讓對手在財星美國 500 強上爬到比受試者公司更高的順位。賈西亞發現，如果這麼做代表從第 1 名滑落到第 3 名的話，人們的競爭心往往會強到無法合作——即便維持第 1 名最後算下來的錢會比較少。另一方面，如果只是從 202 名掉到 203 名的話，受試者一般來說都很樂意合作。但研究者也發現，如果那是一場脫離吊車尾的競爭，這種效應也會存在。

玩家就跟這些研究的受試者一樣，往往十分重視排名。舉例來說，如果你是我們公會裡玩家對戰的榜首成員，你一般來說就比較不可能犧牲資源或時間來幫公會夥伴，而讓自己被逐出榜首。這對於「遊戲製作者如何設計系統」以及「身為玩家的我們要怎麼看待這些系統」來說，都有著明確的影響。如果競爭是開

發者希望玩家起舞的旋律，開發者就比較有可能提供大量排名資訊，甚至不只排名，還加上能夠在不同排名中成為榜首的機會。玩家可以當成績第 1 名、財富第 1 名、裝備第 1 名，諸如此類。或者說，如果開發者真心想戳到人的話，遊戲還可以在你快要掉到榜尾時跟你說。同樣地，如果你發現自己成了第 2 名（又或者倒數第 2 名），就去檢視一下你的衝動，去看看是不是真的值得花更多時間、金錢、心力去解決那一丁點將你和上下差一名的人隔開的小小差距。或者，留意一下那時候在評斷你的那個度量衡，對你來說會不會根本不重要。畢竟，你當第 3 名搞不好還比較開心。

而且，其實任一種並非隨便說了算的規則標準都有這種本事。高爾夫球有一種概念叫標準桿（par），是高爾夫球選手應該要把小白球打進小洞的桿數上限。揮桿次數比那少（低於標準桿）就不錯；揮桿次數比那多（高於標準桿）就不好。研究者戴文・波普（Devin Pope）和莫里斯・史威瑟（Maurice Schweitzer）檢視了 2004 至 2008 年間職業高爾夫球選手共 250 萬次推球（putt）的資料，想要知道這些專業人士在進行一次有可能會超過標準桿的擊球時，是否多少會小心一些。在使用統計方法來控制各種要素（好比說離洞口的距離、坡度等等）之後，研究者發現，職業高爾夫球選手在進行那些會讓他們避免高於標準桿的推球時，

確實會更努力且更加精準。這其實並不理性,因為在這種水準的比賽中,高爾夫球選手理當在比賽中的每一次擊球都一樣努力才對。職業高爾夫球錦標賽的排名會因一兩桿差距而頻繁改變,所以每一桿應該都重要。然而,「高於標準桿」和「低於標準桿」的標準,連對最頂尖的好手都施加了影響力。

不過,把我們自己切成好幾個部分,然後把自己跟比較小的團體比較,並發現一些可以站在上頭自立為王的小山頭,可能也會帶來不利因素。有時候遊戲開發者會處心積慮要讓我們志得意滿,到了我們有可能會因而情感受挫的地步,然後我們才會訝異說,先前居然都沒察覺遊戲在傷害我們感情。

鄧寧-克魯格效應的井蛙現象

讓我在此描述一個情境,我認為我們都曾身處其中過。你挑了一個競賽型多人遊戲,好比說《爐石戰記》、《星海爭霸2》,或者最新的一款《決勝時刻》遊戲。你快快玩過教學關卡和單人模式。或許你會跟電腦控制的對手玩幾次小比賽——難度設定為比最困難還簡單一階,因為你喜歡這款遊戲到了死忠的地步。而在朋友名單裡沒有人比你厲害,這一方面是排行榜判定的,一方

面也因為沒人想再跟你玩了。你摸透了這款遊戲，而且覺得自己實在了不起。它都跟你說你很厲害了！

按理來說的下一步會是什麼？當然是上線闖蕩去，到有排名的天梯、到錦標賽，或者就隨便到哪個線上配對隨機對戰去試試身手。而那會怎樣呢？你會被打爆、被輾壓、被按在地上磨蹭。比賽結束時，你的對手留給你的是一個處在負值的戰損比，數字低到連數學家都還沒花力氣想過，因為他們覺得不會有人得到這種成績。這讓你困惑不已，因為根據過往各方面的說法來看，你的實力在這款遊戲明明就超強的。要是這案例聽起來有哪裡令你熟悉，那就恭喜你了。你遇到了心理學家所謂的鄧寧–克魯格效應（Dunning–Kruger effect）。

這個效應的名稱來自1999年發表的一篇文章的兩位作者，分別是康乃爾大學的心理學教授大衛・鄧寧（David Dunning）以及當時他指導的研究生賈斯汀・克魯格（Justin Kruger）；該效應描述那些不擅長某件事的人是如何高估了自己的技巧，而那些擅長某事的人往往小看了自己。這是因為，你在某件複雜的工作上越是熟練，你就越知道其中可能有著你並不完全了解的複雜性。熟練某種樂器到一個程度的樂手，好比說吉他手，光是看一眼那些高階的演奏概念，就知道自己還沒精通。而真正的吉他高手，會比某個現在才剛彈得出年輕歲月樂團（Green Day）某首歌前奏

的人,更了解這種樂器的一切能耐。同樣的道理,我們之中那些很不會玩某款遊戲的菜雞,往往連那款遊戲裡能做啥都沒有真的弄清楚過。我們以為自己明白的哪幾種策略和可行性就構成了全貌,然而在現實中,我們只看見了整面巨大畫布裡的一個角落而已。

克魯格和鄧寧在一開始的研究中給學生做邏輯、文法和幽默感的測驗。不唬爛,幽默感測驗是真的有喔;研究者讓受試者評估美國導演伍迪·艾倫(Woody Allen),以及美國喜劇演員艾爾·弗蘭肯(Al Franken)講過的笑話的好笑程度。當研究者要求受試者猜他們自己在這些測驗中的表現時,表現最差的人都高估了他們的成果。舉例來說,某個在百分位數其實只排第 12 的人(換句話,只有 12% 的受試者分數比他還低)通常都會猜自己的百分位數高達第 62。也就是說,他們自認為比 62% 的人都優秀,然而現實中他們比那差勁很多。更進一步的調查證明,表現比較差的受試者之所以高估自己的能力,單純就是因為他們沒有優秀到能夠理解那些工作有多難。而他們並不曉得這一點。

牌組構築遊戲《爐石戰記:魔獸英雄傳》非常能拿來舉證說明鄧寧-克魯格效應。《爐石戰記》需要玩家用(虛擬)卡牌對決,每張卡牌有各自的特質,而且可以和其他卡牌以嘆為觀止但到頭來還是可以預測的方式互動。舉例來說,「森林狼」(Timber

Wolf）卡玩起來不用花多少資源，對你的對手也不會造成太大傷害。沒經驗的玩家可能會不把它放進牌組，或者只在遊戲初期才用它。然而，專業玩家都瞭解那張卡的「野獸」（Beast）屬性對其他卡有什麼效果：它讓那些卡的所有攻擊全都 +1。這代表說，有經驗的玩家會留著森林狼卡備用，並在適當的時機打出它來造成毀滅性效果。那些因為自己輕鬆通過教學關卡或者幾個低階比賽就認為自己是高手的新玩家，有可能會在震撼中才發現居然有這種策略，更別說發現那有多有效率了。而那不過是為了說明而舉的一個簡單例子。玩家精通《爐石戰記》的途徑，除了要能非常快速算加減之外，還得了解複雜的主題，像是機率、代數、邏輯推理，以及其他新玩家連想都沒想過會有關的主題。

鄧寧－克魯格效應在其他電子遊戲中也會現身，特別是有多人對戰的遊戲，以及讓你用排行榜將自己的表現跟其他人比較的遊戲。遊戲的單人遊玩版往往容許你在追求樂趣的過程中能力不足，並以本章前面討論過的那種回饋方式（後面我談進展型遊戲要素的那一章會再討論）來讓你感覺良好，而加重了這種效應。在某些射擊遊戲（好比說《戰爭機器》）中，新玩家可以享受子彈無限暢打，而不是有效利用掩護或者視情況選擇正確武器。在《星海爭霸2》的劇情戰役中，他們可以只用便宜的陸戰隊來暴力破關，而不是適當反擊敵人用進階單位打造的軍隊。他們可以

在《魔獸世界》中壓倒低等級敵人，而不是利用團隊合作，並集結具有最佳抗性的一整組裝備或一整套加成。在每個例子中，這些玩家基本上都是能力不足，但他們得到的有限回饋不會讓他們知道這一點。那些沒經驗的人就那樣傻呼呼地錯過了那一切，只偶而運氣好打中一槍，便自以為功德圓滿了。但高級玩家會看見讓比賽不完美的每個錯誤判斷以及每個錯失的機會，並為此不斷鞭策自己。

　　有些遊戲開發者正迫使新手玩家學習遊戲的真諦，來學習處理這種矛盾。儘管《星海爭霸2》被我用來當鄧寧－克魯格效應的說明例子，但該遊戲其實有試著處理這矛盾，方法是邀請玩家完成以多人為導向的挑戰，玩家在那些挑戰中會學到單位相剋、防禦快攻，以及其他進階戰術。許多格鬥遊戲，好比說《快打旋風》系列比較新的那幾款遊戲，也會有特殊訓練模式來說明那些難以捉摸的概念，好比說命中判定框[3]（Hitbox）以及幀格數據[4]（frame data）。這種教學會有幫助，而把那些詳盡說明遊戲內容的社群導覽以及影片都收集起來並加以呈現，也一樣有幫助。對

---

3. 格鬥遊戲中，各角色面對對手攻擊，會發生受創判定的範圍，和畫面上角色的輪廓外形會有些許差異。
4. 將格鬥遊戲的角色各動作切分為每秒60格後，每格所具備的各種攻防持續數值，關乎角色能否命中或防禦對手。

新玩家來說，不太能躲開鄧寧－克魯格效應，但那些下定決心的人就可以跨越它。

所以，下次你發現你在天梯上的排行未能符合你的預期時，花點時間思考一下所有你不知道的事情；另外也想想，你目前為止的遊戲體驗有可能是設計來讓你高估自身能力的。把你心中「自己跟想打進的那個玩家圈子相比有多強」的概念重新調整一下吧。接著，去跟那些強到沒話說、但又清楚知道自己哪邊還不夠厲害的中堅玩家多學個幾招。

當你在做這些事的時候，要記得，聰明的遊戲開發者正在利用人類心理學的好幾種面向，好讓你持續競爭，並持續追逐更高分。如果競爭排名和對排名的執著就是你玩遊戲的樂趣，那很好！排行榜或高分榜單經過精心設計後，可以更用力驅使你並讓你玩個不停，但競爭者之間的差異，往往遠不如你想的那麼有意義。

本章攻略要點

- 在缺乏客觀資訊的情況下，人們會做社會比較，來判定自己的表現有多好。遊戲助長了這種行為。
- 並不是所有的比較都一樣平等。我們喜歡去找那些在工作或成果的某些相關方面和我們類似的人來比較。
- 「非池中物效應」（有時候也稱「青蛙池塘效應」）描述的是，把我們放在表現次等團體的頂端一帶，會比把同樣表現的我們放在優秀團體的底端一帶，能讓我們更滿意自己的表現。
- 競爭天梯上的排列間距，並不是全部都一樣寬。以心理層面來看，第 1 名跟第 2 名的差異，會比第 101 和 102 名的差距大上許多。
- 其他與此相關的標準也有可能創造出這種效應。好比說高爾夫球的標準桿。
- 鄧寧－克魯格效應描述不擅長某事的人們高估自己的表現，而那些專精的人反而低估自己。單人玩家戰役和教學關卡可能會讓生手玩家高估自己對遊戲競賽的準備妥當程度，而突顯出這種效應。

CHAPTER 6

遊戲何以讓我們刷個不停、解支線任務,並追逐成就?

「士兵會為了一小片綬勳而奮戰不懈。」
──拿破崙・波拿巴(Napoleon Bonaparte)

2012年11月，偶爾會擔任遊戲開發者的作家克里斯托斯・瑞德（Christos Reid）決定參加一個名字很有趣，叫做「尬你老師」（Fuck This Jam）的活動。不好意思講了髒話，但就真的叫這個名字。在這種尬遊戲（Game jam）的活動中，遊戲開發者（通常是業餘開發者）會聚在一起，試著在有限時間內用一點點資源來做出幾款小電子遊戲。這是一種從絕境和限制中激發創意的做法。尬遊戲有時候也會額外追加特定主題限制，好比說尬莫利（Molyjam）的參與者就要以遊戲開發怪傑，彼得・莫利紐（Peter Molyneux）的一句名言為靈感來創造出什麼。而他的金句的確都滿怪的。舉例來說，你會從莫利紐聲稱的「我要謹慎發言，觀眾裡有拿狙擊槍的公關警察。」或者「我還是會做那種把德國香腸舉在頭頂上的惡夢」之中創作出哪種遊戲？不用說，想必會做出很怪的遊戲。但瑞德出席的「尬你老師」就跟莫利紐無關。活動主題是要根據一個人們討厭的遊戲機制，來開發一個又快又髒的遊戲，所以活動名稱也才會用上如此粗鄙的文字。瑞德選了「刷」[1]（grinding）。

　　電子遊戲中，「刷」指的是周而復始地進行同一件事，好慢慢地朝某個目標推進。在《寶可夢》（Pokémon）或者《Final Fantasy》系列遊戲的草地上走來走去，好讓你打贏夠多場隨機遇敵戰鬥並讓角色升級，就是刷等。在《魔獸世界》中殺同種怪

獸殺個沒完，期望屍體掉出幾塊稀有裝備給你拿到，就是刷寶。開車在《邊緣禁地》的地圖裡繞個沒完，就只為了達成一台車輾過 25 個敵人的成就，也是刷任務。刷聽起來很無聊——也常常就很無聊——但玩家還是做個不停。

儘管刷有這種負面評價，但瑞德並不是全討厭狂熱刷遊戲。「我是不介意啦，」他跟我說。「我在《魔獸世界》刷任務（大部分的任務都是「收集 10 條老鼠尾巴」那一類）的時候，那讓我精神放空，只專注在手上的工作。」但瑞德認為，這種機制正是尬遊戲的一個好主題，所以在這兩天內，他花 15 個小時趕出了一個計畫，被他稱作《刷等之星》（GRINDSTAR）。遊戲很簡單。你扮演畫面左邊的小騎士，右邊會出現一隻怪獸。你和怪獸中間有一個告示牌，顯示你要多少等才打得贏怪獸。你用滑鼠點擊一個很省事就直接寫「刷」的按鈕，然後你按 1 下就升 1 等。右邊的怪獸會耐心等候你刷完等，到時候你就可以殺掉牠。恭喜，這邊會下音樂！接著你會遇見下一隻怪獸，打倒牠要比上一隻按更多下。然後又重複。重複到沒完沒了。想自己試試看的話，可以上網搜尋 GRINDSTAR 或者直接進 http://www.newgrounds.com/portal/view/605910。

....

1. 在作者後續的定義中，grinding 包含了「反覆練等」、「農道具」等概念，故使用「刷」來概稱。

除了點擊和看著數字往上升之外,《刷等之星》沒有任何意義。瑞德基本上是用無聊和重複性勞損的風險來打造這款遊戲。它就這樣滿足了「尬你老師」的精神,嘲諷進展型遊戲的要素,好比說進度條、成就、等級和任務。它向玩家展現這些東西推到極端時可以有多蠢。但接下來就神奇了:儘管《刷等之星》真的就只有這麼一招,人們還是玩個不停。瑞德說,他把完工的遊戲上傳發行後,沒過幾分鐘就已經有一個玩家玩到等級 1,000。他有位朋友還將手把的 A 鍵動了手腳,讓它持續按個不停,而終於在幾個月達到了等級 1 萬。

《刷等之星》甚至還算不上這類惡搞的創始者。2022 年的《進行的任務》(Progress Quest),就是在諷刺《無盡的任務》這一類當年熱門的線上遊戲。它是一款純文字遊戲,玩家在裡頭創造了一個很蠢的角色(好比說,半獸機器人僧侶,或者半身人戰士/管風琴手),然後就往椅背上一靠,讓遊戲替他刷。《進行的任務》的玩家只需要讓遊戲在背景一直跑,此外真的不需要輸入任何資訊,而被諷為史上第一款「零人角色扮演遊戲」。只要你不重灌電腦,你想玩多久都可以。你只要偶爾查看一下你的角色在殺什麼怪獸(「一隻跛腳猿」)以及它在累積什麼寶物(「鷹身女妖的什麼面具」)。幾條小小的彩色進度條會逐漸填滿,顯示你無意義的進展。這堪稱究極輕鬆刷,因為它真的就是周而復

始地做一模一樣的事，並產生各種無意義隨機任務，好比說「送報」或者「安撫那些德爾維希[2]（Dervish）」之類的，就跟真的角色扮演遊戲的任務清單裡會出現的項目差不多一樣怪。

《刷等之星》和《進行的任務》是兩款牢牢扎根於諷刺的極端案例，因為荒謬之處直指真相，而令人覺得有趣。玩家會頻繁地刷等、搜索可收集的隱藏道具，奴性堅強地跑完支線任務，並在遊戲不再有趣之後還繼續玩很久。我知道我曾經這樣。2014年初，蘋果 App Store 的當日遊戲是免費的《大灑幣》（Make It Rain），這款應用軟體的玩家要做的就只有用指頭滑 iPhone 讓分數上去。就這樣。你就只是能滑多久滑多久，滑到不耐煩為止，好讓一個數字越來越大。或者，也可以選擇像是《小大樓》（Tiny Tower）或者《真實賽車》（Real Racing）系列之類的眾多手遊，它們也會讓玩家花現金免刷來達到同樣的結果。幹麼要這樣？為了完成任務。為了升等。為了跑滿進度條。為了取得成就、獎盃或者勳章。我會在本章探索這些進展型遊戲要素背後的一些心理機制，讓你能更了解那為何對你有效。繼續讀下去吧！你的完成度已經達到大約 16% 了！

----

2. 德爾維希指信仰伊斯蘭教的托缽僧、修士。

搔到心中的癢處：自我決定理論概述

我注意到非玩家想知道的事情中，有一件是「人為何會想玩遊戲」。那些被派去寫《部落衝突》或《糖果傳奇》等熱門休閒遊戲相關文章的記者中，不只一人曾經找上我，要聽聽我的見解。通常，訪問的開頭就只是「所以，人到底幹麼要玩這些東西？」幸運的是，許多聰明的研究者也想過了這個問題，而他們之中有許多人特別花心思關注任務、成就和收藏道具之類的事。

首批研究者包括了理查・巴特爾（Richard Bartle）；1990年代時，他的興趣在於研究他所協助創造的遊戲類別MUD。MUD是「多人迷宮遊戲」（Multi-User Dungeon）的簡稱，是《無盡的任務》和《魔獸世界》這類大型多人角色扮演遊戲的文字型先驅。巴特爾根據留言板對話和觀察結果，設想了一個由「什麼促使他們玩這遊戲」所定義的MUD玩家分類學。殺手（Killer）希望與其他人競爭，社交者（Socializer）玩遊戲是為了和其他人以不那麼暴力的方式互動，探索者（Explorer）從尋找新地區或故事要素中得到快樂，而成就者（Achiever）則是想要滿足數字提高的慾望。巴特爾對模型的測試並非很科學、規模也不大，但玩家在驅使其持續玩遊戲的動機上彼此有所區別，卻是日後其他測試的重要立基點。

其中一個人就是余健倫（Nick Yee），而我們會在後面談虛擬化身的章節用多很多的篇幅來談他。2006 年，他調查了 3,000 名大型多人線上遊戲玩家，根據巴特爾的分類法問他們 40 個問題。余健倫利用「因素分析」（factor analysis）這種根據人們答案趨於一致的傾向來把問題集合成較大概念的統計技術，替 3 類遊戲動機找到了證據：社交、沉浸和成就。在幾年後的一個後續研究中，余健倫也透過《魔獸世界》的成就系統，檢視了「玩家在測量這些動機的調查中所得到的分數」以及「玩家的遊戲成就」之間的關係。他根據《魔獸世界》玩家最常從事的遊戲內活動為何，替這些社交、沉浸和成就動機的重要性發現了進一步證據。他發現，許多玩家受到成就和任務的吸引。他們玩遊戲是因為他們想透過一款遊戲內的進展、權力、積蓄和地位來體驗成就感。更重要的是，他可以根據一些簡單調查的回答，就把他們從一群人中挑出來。針對余健倫這種「成就激勵因素」所進行的其他研究顯示，可以用一款遊戲滿足這種成就需求的程度，來預測某人可能花多少小時在那款遊戲上。然而不好的一面是，成就所具備的「競爭」或「刷」這兩種面向，可能導致這些玩家處在稍差一點的情緒中。

最後，在人之所以會玩電子遊戲的各種心理模型中，其中一個獲得過最多研究的，是研究者安德魯・普茲比爾斯基（Andrew

Przybylski)、史考特・里格比（Scott Rigby）以及理查・萊恩（Richard Ryan）所提出並檢驗過的模型。他們根據一個叫做「自我決定理論」（self-determination theory，SDT）的框架，主張人從事遊戲（甚至工作）這一類自願行為，會進展到能搔到3個心中癢處的程度；這3個要滿足的癢處分別是，在處理的事情上感覺能力勝任的需求、在決定如何執行的時候感覺具備有意義之選擇的需求、以及過程中感覺與其他人有聯繫且相關連的需求。自我決定理論把這些激勵因素稱作「勝任（competence）、自主（autonomy）以及關聯（relatedness）」。普茲比爾斯基、里格比以及萊恩主張，舉凡這些需求被滿足的時候，人們玩遊戲的時間就會更久，並在過程中更享受遊戲。自我決定理論的3個激勵因素可以用多種方式達到滿足，但進展型遊戲的要素，提供了滿足各個激勵因素的直線途徑。我們就來深入探索，任務、成就、勳章和等級這幾個遊戲要素，如何能把勝任、自主以及關聯一一處理得服服貼貼。

勝任──「我快狠準地捅了那隻獸人呢！」

就如前面提到的，「勝任」是想要感覺「做得很好、做得有效率，且開創出新技巧」的一種需求。自我決定理論的「勝任」

應用於電子遊戲的話，就和余健倫的成就動機概念以及巴特爾的成就者玩家類型類似，包含了獲得更高的分數、變得更強大、獲勝，以及得到「你實在讚爆了」的回饋。電子遊戲裡滿滿都是標示出你勝任上述那些範圍的指標。在角色扮演遊戲中完成一項任務給你一種成就感，在對戰射擊遊戲中得到一個百人爆頭勳章也會。就連讓一條進度條跑滿並讓你的角色升級，也是一個勝任信號，跟你得到的其他什麼能力加成都不相干。

　　但有些進展型要素比其他要素更能搔到勝任的癢處。里格比和萊恩主張，當目標以不太容易也不太令人卻步的方式挑戰我們的能力時，最能夠滿足勝任需求。這個主張符合心理學家研究工作場所目標設定之效應的結果；心理學家幾十年前就知道，當目標具體、困難但可行，且又伴隨著顯示有所進展的回饋時，最能激勵人心。「殺喪屍殺到我喊停才能停」的激勵程度，實在是比不上發現自己需要幹掉53,594隻喪屍才能達成《死亡復甦》（Dead Rising）的「喪屍滅絕者」（Zombie Genocider）成就。而且就連後面這個具體目標都還有改進空間，因為那個數字實在有夠高。許多遊戲就是出於這道理，而把大目標切割成比較小的多個目標，好讓你能起頭。烤500個派來精通角色的烹飪技巧？那有點煮過頭囉。但如果把技能多分成好幾級，而且精通第一個技能只要烤10個派的話呢？聽起來不錯呢！這種細分會給予玩家回饋，並

讓玩家在邁向遙遠目標的過程中，得以監控進度並調節付出的心力。

用多個小單位來衡量進展會比用一個大單位來得好，這樣的經驗也可以運用在使用者介面上。已經有人研究過，線上調查附上進度條（一種遊戲介面中幾乎已無所不在的要素）會對結果的完成度產生什麼效應。有一項研究發現，如果需要的時間只是普通長度，而進度條很快就會越來越滿的話，進度條就能相當有效地使人完成工作。但如果工作很長，而進度條只會慢慢填滿的話，進度條的存在反而會讓更多人中途放棄。這就是大部分遊戲之所以讓你從簡單達成的目標和等級開始，使得頭幾個成就很快就能達成的原因。接著，等到新關卡或升等開始要花很長的時間時，遊戲就分層放置了讓這個循環再度開始的其他多項目標，好比說，在遊戲內不同的派別中來取得名聲排名，或者把一套新技能升級。舉例來說，第一人稱射擊遊戲《天命》（Destiny）就有多個陣營，你可以替他們完成任務來贏得支持，還可以收集多種加工專用素材來升級你身上的每一部分裝備。最能有效讓你玩個不停的遊戲，會一直讓你覺得自己快完成某件事，而且難以起身離開把遊戲目標拋在腦後。

事實上，這種現象有一個專有名稱：「蔡格尼克效應」（Zeigarnik effect）。1920 年代的某天，俄羅斯心理學家布盧瑪‧

蔡格尼克（Bluma Zeigarnik）和柏林大學（University of Berlin）的同事在當地的小餐館吃午餐。那時蔡格尼克注意到某件怪事。幫她點菜的服務生展現一種不尋常的能力，能一邊記住複雜的點餐一邊上菜，讓他有辦法給正確的桌位送上正確的餐組，而不需要靠紙筆來幫忙。但隨著食物上桌，資訊就從記憶中消失了。服務生的記憶，似乎和「不斷花精神一直記住」或者「小聲複誦還沒出的餐把它留在短期記憶中」都沒什麼關聯。然而等蔡格尼克回去考考那個服務生的時候，服務生卻說自己完全記不得她午餐點什麼。同一時間，那些還沒送上桌的點餐，在送達前似乎就會一直在他心裡煩著。一旦上菜，那些點餐就化為一縷青煙從心神中消失了。

回到實驗室後，蔡格尼克和鼎鼎大名的心理學家庫爾特・勒溫（Kurt Lewin）開始探問這個想法，並進行了一些要完成多種工作或解謎題的實驗。其中有些正在進行工作的受試者遭到打斷，然後每個人都得要描述他們做了什麼工作。就像那個記得哪一單還得送到哪張桌子的服務生一樣，受試者是壓倒性地比較會回想起已經開始但還沒完成的工作。這種蔡格尼克效應後來進入了心理學專用術語中，用來描述我們往往比較容易回憶那種感覺已開始進行但沒能完成的工作（以及工作的相關細節）。身為人類，我們顯然不喜歡開始了某件事情卻沒做完，而這樣的情況創造了

內心的緊張以及對於工作的全神貫注。完成該工作就會提供解脫感，釋放緊張，並讓我們快樂。

今日，我們看到蔡格尼克效應隨著遊戲任務、成就，以及其他進展型的遊戲要素而現身。在那種遊戲內日誌裡充斥著未完成任務、物件以及地圖上未開通地帶的角色扮演遊戲中，更是能看到這種效應。任何一位要收集 14 個血牙野豬（Goretusk）的肝、而已經收集完 13 個血牙野豬的肝的《魔獸世界》玩家都能告訴你，他當初是有多不情願離開西部荒野（Westfall），因為只要再多農[3]（farm）一個肝就可以把這任務清掉。一旦我們開始這其中的一項任務，它就會在我們心底揮之不去，而且跟已完成的任務相比，要想起它們實在容易太多。因此，當我們思考接下來要做什麼時，它們就更容易也更快浮上心頭，而如果遊戲像我們前面討論的那樣讓人更容易時時留意成就的話，那就更加容易快了。我們也會在《模擬城市》（SimCity）或《文明帝國》（Civilization）這一類打造帝國的遊戲系列中，看見蔡格尼克效應發生。許多玩家都很熟悉「再一場就好」效應，我們似乎只能一小步一小步繼續去完成某種建物、升級、技術，或者我們 30 回合之前就開始的征服行動，而無法停止。雪菲爾大學（University of Sheffield）的心理學研究者湯姆・史塔佛德（Tom Stafford）在 2012 年一篇替 BBC 部落格《神經駭客》（Neurohacks）所寫的文

章中提到，蔡格尼克效應甚至解釋了一款史上前幾受歡迎的電子遊戲──《俄羅斯方塊》（Tetris）到底有什麼魅力。該遊戲就是不停把不同形狀的方塊組向下丟進一個範圍內，玩家得要轉動並移動方塊組，好讓它們整齊堆合。如果玩家在該範圍的底部製造出一排從左到右連續無缺的方塊牆，他就會得到分數和一陣音效。《俄羅斯方塊》的刺激好玩之處，就是看著螢幕底端那道方塊牆上有個缺口，然後等遊戲給你一個完美契合缺口的方塊組，使你能一次消掉好幾排。《俄羅斯方塊》吸引人是因為它給我們一排排沒完成的工作，然後偶然地讓我們完成它，好同時從遊戲和我們的思緒中把它消掉。

　　但比那更陰險的，是遊戲沒讓你察覺就偷偷把某個東西塞進你的任務日誌中，就像某種反過來幹的扒手一樣。要看出這如何行得通，我們就來想像一下，有兩個人想說他們的車很髒，就都去了同一間洗車行。我們就稱他們為金（Kim）和卡羅斯（Carlos）好了。他們因為洗車而各自得到一張集點卡，他們日後再光顧並把卡上的章蓋滿之後，就可以賺到一次免費洗車。金手上的卡說光顧 10 次送一次免費洗車，但櫃台那個活力滿點的妹妹幫她

---

3. 農（farm）原意是「耕種」。在電玩遊戲中作為指稱重複進行某項行動（打怪、生產資源）已獲得回饋（經驗值、特殊道具）。

再玩個一關就好了　165

免費蓋了 2 個章，讓她開頭領先。卡羅斯手上的卡沒有開局免費章，但以後只需要光顧 8 次而非 10 次就有免費洗車。所以在金和卡羅斯看來，若要得到免費洗車，得要光顧的次數都是一樣的：8 次。你覺得誰比較有可能會回來光顧夠多次，而先把卡蓋滿？金還是卡羅斯？

結果是金，雖然她手上是一張需要蓋 10 個章的卡，但得到了足夠的免費章，讓她朝目標先前進了 20%。這要多虧一個跟蔡格尼克效應有關的現象，叫做「人為推進效應」（the endowed-progress effect）。其基本想法是，你只要給人們一種朝著某個遙遠目標靠進的感覺，他們就更有可能會更加努力不懈地嘗試，來達到那個目標；甚至會比那些目標難易度一樣但當下沒有感受到動力的人更努力不懈。研究者喬瑟夫・紐涅斯（Joseph Nunes）和哈維爾・德雷茲（Xavier Dreze）在一篇談他們進行上述洗車實驗的文章中，發明了「人為推進效應」這個詞。他們發現，拿到 10 個章卡且先蓋 2 個免費章的人，到頭來會有 34% 回頭光顧到蓋滿卡換洗車；相比之下，一開始卡只有 8 格但完全空白的顧客只有 19% 會蓋滿。紐涅斯和德雷茲也發現，那些先給 2 個免費章的人去洗車的間隔時間會比較短，好更快達成目標。

為什麼呢？研究者主張，這些結果的原因是，商人藉著給予免費蓋章，把任務（也就是消費足夠的洗車次數而得到一次免費

洗車）包裝成一個已經在進行的任務。那就創造了完成任務的焦慮和動機。這邊就給了遊戲設計幾個有趣的機會，而我們應當留意在心。舉例來說，就想像一下，我正在暢玩角色扮演遊戲《異塵餘生：新維加斯》（Fallout: New Vegas），而我接到一項任務是要從附近的營地解救 10 名囚徒。把任務丟給我的一種方式，是讓我遇到一個非玩家角色[4]（NPC），然後聽她說，「嘿，有 10 個囚徒。去把 10 個人都救出來吧。」然後我就會上路，而任務追蹤器就會標出「10 名囚徒已解救 0 人」，然後「10 名囚徒已解救 1 人」，如此下去。或者，如果遊戲設計者想引發人為推進效應，我有可能是在幫營地外圍一對囚徒打開牢房大門時接到任務。其中一個奴隸可能會說「我們一共有 12 個人被抓了！快去救其他人！」然後我的進度會在頭兩名囚徒奔向地平線那頭逃難的同時，從「12 名囚徒已解救 2 人」開始。從紐涅斯和德雷茲洗車研究中所討論的一切來看，如果遊戲設計成這樣，我會想完成這任務的動機將高上非常多。

---

4. 非玩家角色（Non-player Character）通常簡稱為 NPC。一般指遊戲中不能由玩家操控的角色，這些角色可與玩家操控的角色提供推動遊戲的線索、進行遊戲設計中有限的互動，也或者僅是擔任環境背景中的人物。

自主──「是我自己決定捅了這隻獸人,而不是其他任何一隻。」

至於自我決定理論的第二個激勵因素「自主」呢?理論的某部分主張,當一項活動讓我們能進行有意義的選擇時,我們會比較滿意該活動。能夠選擇我們要進行哪項支線任務或者如何進行,滿足了我們對於自主的需求。舉例來說,如果角色扮演遊戲《上古卷軸V:無界天際》(Skyrim)的某項任務讓你不論選擇要跟反抗軍或統治階級聯手都能完成一段故事線的話,那就會讓我們感受到自主。就連在《模擬市民》(The Sims)或者《第二人生》(Second Life)的線上環境裡替角色選擇服裝這樣簡單的事情,都大大助長了自主。不過,選擇得要真實且出於自身意願,而遊戲不能操作我們選擇。舉例來說,在手遊《金‧卡戴珊:好萊塢》(Kim Kardashian: Hollywood)的遊戲初期,玩家照理來說獲得了「要不要讓與遊戲同名的卡戴珊在營業時間外進入店面」的選擇。其中一個對話選項是「滾啦,我們打烊了。」但如果選了這個選項,那位卡戴珊就只會說,「好嘛,拜託~~~~」然後玩家的虛擬化身接著就讓她進店了。這邊就不算是真正的選擇。這比選了之後出現「遊戲結束」更讓人玩不下去。

在其他遊戲裡,支線任務就只是靠著「可觸發但能選擇是否

承接」，而提供了自主。《刺客教條》（Assassin's Creed）系列那一類開放世界遊戲充滿了要承接哪些支線活動的選擇。你可以承接暗殺契約、爬地標、搜尋寶藏、收集隱藏道具、升級裝備，或者不知多少種其他活動。我個人遊戲史至今最刺激的其中一次經驗，就是踏出《異塵餘生3》裡最初困住我的教學地區「101號避難所」（Vault 101）。在我面前展開的，是該遊戲處於末日浩劫後但開放無比的世界。我想去哪都行，想當好人壞人都可以。里格比和萊恩說，讓你擁有這種自主性的遊戲將會更扣人心弦，而玩家也會涉入更久。確實，這些研究者進行的一項研究在人們玩過《超級瑪利歐64》（Super Mario 64）之後的調查，並發現，那些回饋自己體驗到更強烈自主感的人，也會說他們不只喜歡這遊戲，而且還想再玩。

但是，自主還有另一個角度，就是人類一旦認為自己擁有選項，就會討厭失去選項。這種現象被某些心理學家稱作「心理抗拒」（psychological reactance）。聰明的遊戲設計者有時候利用這種現象。舉例來說，遊戲開發工作室 BioWare 一直都在出產複雜且由人物驅動的角色扮演遊戲，好比說《質量效應》、《闇龍紀元》以及《星際大戰：舊共和國武士》（Star Wars: Knights of the Old Republic）。不久前我還在玩《闇龍紀元：序章》（Dragon Age: Origins），並發現自己面對到 BioWare 慣例的一個困局：我要

去跟哪位非玩家角色談戀愛？我該去追壞脾氣但性感的莫莉根（Morrigan），還是該去把比較純情而實在的蕾莉安娜（Leliana）？BioWare 對於同性情侶的包容態度，甚至能讓我去追那個無賴澤夫蘭（Zevran）。但選擇任一段感情，都會需要完成一組任務以至於跟其他角色劃清界線。喔，我沒辦法做決定啊！結果我反而跟他們 3 位都盡可能裝死到最後一刻，直到其中的某人晚上出現在營火旁跟我面對面，逼我做出抉擇。

為什麼我會在電子遊戲中的虛構角色 3 選 1 這種無意義的選擇上傾注那麼大量的心神呢？有一部分的理由是，人討厭失去選擇、目標和自由。或者，更準確一點來說，我們討厭失去選項。心理學家傑克・布瑞姆（Jack Brehm）發明了「心理抗拒」這個詞來解釋這個概念。小孩會僅僅因為兄弟姊妹現在正在玩某個玩具，就想要那個幾分鐘前他都完全不感興趣的玩具，但他爸媽也會因為這種怪癖而感到有罪惡感。一項切合時機的研究證明，當佛羅里達的購物者得知某種洗衣精準備要在該州禁售時，他們不光會在還能買到的時候成群去買這種洗潔用品，還會開始組織商隊去從隔壁州進口。

我認為我在《闇龍紀元》無法放手任一段感情的情況和心理抗拒有直接關係，而申智龍（Jiwoong Shin，音譯）和丹・艾瑞利所進行的一連串研究，就為這種心理抗拒提供了一個驚人的例子。

申智龍和艾瑞利設計出了一款電腦遊戲，參與者要從紅、藍、綠3扇門中挑選一扇。遊戲裡，玩家共有100次滑鼠點擊機會，可以「消耗」在點擊後進入3扇門之一，以及進入房間後，再次從3扇門中做選擇，並點擊進入下一個房間。這麼做會隨機產生一筆限定範圍內的金額。舉例來說，在玩家有限的點擊下，紅房間每次支付3至9分錢，但藍房間可能會付8至16分錢。只不過說，玩家不知道金額區間有多大；他們得要自己實驗，來試出玩遊戲的最佳方法並讓報酬最大化。但要是玩家忽視某房間12次（也就是12次都未點擊該扇門）的話，通往該房間的那扇門就開始縮小並最終消失。那個選項就沒了！但玩家可以藉由離開當前的房間，然後在越變越小的門完全消失前點擊它，來「重設」那扇門。這個行動要耗費兩次點擊而且不會產生任何1分錢，所以，如果將點擊機會用於低於標準桿的門，就是不理性的浪費。

那人們往往會怎麼做呢？就算已經發現哪間房門會產出最高現金支付，他們往往還是會回去浪費點擊數在低報酬的門上，就只為了讓那些選項還能保留，就算不打算真的去選也還是要留著。雖然這麼做會損害他們的遊戲表現以及收益，但心理抗拒會讓他們不願意失去那些選項。我認為，當 BioWare 的招牌戀愛橋段或遊戲中其他非此則彼的選擇所關聯到的任務線被我們自己關上大門，而令我們焦急不已時（當我們把選項保留更久卻沒有

任何收穫時就更加焦急），在運作的也是同一套概念。在《上古卷軸 V：無界天際》裡選擇跟哪個陣營結盟，或者在《闇龍紀元：異端審判》（Dragon Age: Inquisition）選擇要支持聖殿騎士（Templars）還是法師（Mages）的時候，也可以套用這種概念。這種概念在角色進展和角色成就中實在太普遍，已到了平凡無奇的程度。舉例來說，當我們在《黑暗靈魂》（Dark Souls）中累積了足夠的經驗值之後，我們可以選擇花在升級武器上，或者任意提升各種能力數值，好比說敏捷或血量上。遊戲設計者也可以在敘事分支中給我們不可逆的選擇，來運行同樣的概念。做出害玩家死掉的選擇不會製造多大張力，因為你通常都能重新讀檔。但迫使玩家做選擇並追求一個目標，進而導致失去一個隊伍成員，或者把遊戲世界的一整塊區域都封起來，就會產生真正的驚惶失措。針對自我決定理論的研究證明，玩家喜愛遊戲中的選擇，並會因為擁有選擇而更快樂，但反過來說，玩家痛恨失去那些選擇。高瞻遠矚的開發者可以借助心理抗拒，來把大量的焦急兩難注入會被長久銘記的經驗中，而讓這種概念生效。

關聯──「我捅了那隻獸人之後大家都拍手叫好。」

　　自我決定理論的最後一個心理需求是「關聯」。這個激勵因素處理「感覺與其他人有某種有意義的連結。」的需求，對象通常是其他玩家，但甚至也包括電子遊戲內角色之類的虛構人物。我們要感受到這些關聯得花很大一番工夫，而進展型遊戲的要素常常能幫助我們。普茲比爾斯基、萊恩以及里格比表示，光是完成一項任務並贏得非玩家角色的仰慕，就已經夠逼真了。有些遊戲具備需要玩家合作的團隊導向目標及任務，來直接搔到關聯的癢處。任何大型多人遊戲都會有需要組隊才能完成的挑戰──在世界事件[5]（world event）或者大型迷宮攻略中，有時候一次要十來個人才能進行。整個團體有同樣的目標──以《天命》來舉例的話，就是打倒帶頭襲擊的王──但每個玩家都有一個非常特定的角色要扮演，而每個玩家都要仰賴其他玩家做一些特定的任務。這讓你對其他人來說有重要性，而且當你進行別人需要你做的任務時，你會感覺愉悅。《行星邊際2》（PlanetSide 2）等其

---

5. 遊戲中規模較大的重點任務關卡。以《魔獸爭霸》中為例，在某些地方觸發特定條件後，會突然出現大量敵方單位發動攻擊。

他遊戲則是有地盤控制，贏了一場戰役等同代表接下來幾個小時裡登入的隊友可以取得資源和領土。太空探索遊戲《星戰前夜》（Eve Online）恐怕是把「關聯」推到了最極致的程度，玩家得要聯合起來形成集團公司以及其他同盟，來保護彼此並交換資源。我認為，玩《星戰前夜》可能就跟許多大型多人線上遊戲一樣，更像是在管理社會關係和責任義務，而比較不是在探索太空，但就是這點讓這款遊戲的幾十萬玩家沉迷且心滿意足。

我們在一款遊戲中的成就、勳章和獎盃收藏也可以告訴別人說我們玩什麼遊戲，以及我們比他們強（或者遜）多少。而那不只是一張比較長的清單而已。那是更多樣而有趣的清單，可以告訴人們說你是個多采多姿而有趣的人。你在 Xbox 主機上的玩家分數，基本上是一個你贏得多少成就的指數，呈現為數字而容易跟其他玩家比較，就跟 iOS 的 Game Center 應用程式中顯示的度量衡一樣。我之所以認為遊戲系統如果讓成就附帶「稀有度」這個度量衡會比較吸引人，這便是其中一個理由。舉例來說，數位平台 Steam 就會顯示平台上有多少比例的人取得了該項成就。此刻看看 Steam 上的遊戲《德軍總部：新秩序》（Wolfenstein: The New Order），我就能看見我是把爆破技能樹點滿而取得「汽化」（Vaporize）成就的那 8.7% 玩家之一。那得需要炸爛的納粹衝鋒隊可不少喔。你是該要佩服一下吧。

8.7%這個數字在我看來是相當不錯,但有些人還希望更出類拔萃。他們為了獲得終極的自吹自擂權,而想要找到終極成就。舉例來說,以虐玩家而惡名昭彰的動作冒險遊戲《黑暗靈魂2》,就有我見過最困難的其中一項成就。一次都不死、也沒用過一次篝火(篝火既是遊戲裡的存檔點,也是在遊戲地圖中快速移動的傳送點)就全破的玩家,都會拿到各種特殊獎勵。《黑暗靈魂》系列遊戲就連老手都常常死掉,只要一不小心死亡是家常便飯。得十分了解遊戲並具備高超技術才能贏得這些特殊獎勵,但你還得從頭到尾都不能有一次閃失,才能拿到這些成就。有鑑於你在《黑暗靈魂2》之中的角色有多麼弱不禁風,你只要犯一個小錯,就會抵銷無數個小時的進展。該成就真的是非常難取得,就連我們到目前為止討論過的各種誘因,面對到這種挑戰,恐怕也不足以驅使人這麼玩。然而,遊戲中不乏其他困難到虐人的成就,整體結算下來讓你摔手把的挫折感還多過遊戲帶來的愉悅。無傷擊敗某個小 boss。只用最弱武器全破。但就有人會這麼做,眾多 YouTube 影片或其他玩家的成就清單都可以作證。到底為什麼呢?

　　一篇 2009 年於《心理學年度評論》(Annual Review of Psychology)發表、名為《概念消費》(Conceptual Consumption)的文章,提出了一些線索。該文作者們探索了一個理論,主張人們

對於消費想法、資訊和概念的興趣，其實就跟實際消費物品的興趣一樣高——有時甚至還勝過實體事物。人們會只因為某項經驗新奇罕見而想要「擁有」它，而且他們有時候會為了這麼作而放棄其他更理性的選擇。對某些人來說，就算只是為了享受清單變長的滿足感，而把那個概念或經驗加進「已完成事項」清單，還是有動力讓人做下去。研究者阿娜特・凱南（Anat Keinan）和藍恩・吉維茲（Ran Kivetz）認為，這就類似於把一生待辦清單或者「經驗履歷」上的項目打勾去掉、好讓自己死去時可以覺得一生似乎完成了更多事情。凱南和吉維茲說，會選擇留在由冰雕刻出來的旅館房間而不是佛羅里達萬豪酒店（Marriott），或者決定吃培根口味而不是巧克力口味冰淇淋，其實也是同一類人。同樣地，獲得「在難到如此誇張的限制下通關《黑暗靈魂 2》」的成就，也可以用來跟朋友和陌生人說你是真正精通此遊戲的核心分子。畢竟，你那樣厲害的經驗履歷要是不能秀給任何人看，就一點用也沒有。

所以，標出進展的標誌之所以重要，就在於它們可以直接去滿足我們在勝任、自主、關聯方面的基本心理需求。也因此，最成功的遊戲都會有角色扮演遊戲的機制，好比說《決勝時刻》這類第一人稱射擊遊戲能把武器升級、《刺客教條》這類開放世界遊戲有主線和支線任務，而《絕命異次元3》（Dead Space 3）

或《傳送門 2》這類遊戲會越玩越強調只能透過合作來取得的成就。每一次使用這些進展型遊戲要素時，裡頭都有各式各樣的心理伎倆，會讓你在滾輪上跑個不停，並讓你一直想要完成某個你根本不記得怎麼開始的目標。但進展型要素並不是唯一一種能催人刷起來的機制。有時候玩家就是會瘋狂連打，即便沒有得到回饋、沒有明確目標，沒有進度條緩緩指出他們邁向完成的路也無妨。玩家就只是揮來揮去，希望他們最終能打到一個皮納塔[6]（piñata），然後掉個很酷的東西出來。所以接著我們就來看看掉寶（loot drop）的心理學。

6. 一種內裝糖果的懸掛式禮物造形包裝盒，在聚會上可以打破取出糖果。

本章攻略要點

- 「自我決定理論」提供了一個架構來了解人們為何會在驅使下一直玩遊戲。我們這麼做是為了滿足擁有「勝任、自主、關聯」的需求。
- 勝任涉及了「感覺我們做得好而且在持續進步」。
- 當我們感覺獲得有意義的抉擇可選時,就滿足了自主。
- 當我們覺得自己對他人而言有重要之處,就會出現關聯。
- 「蔡格尼克效應」和「人為推進效應」描述了我們對於已開始但未完成之工作的全神貫注。就想想遊戲的支線任務吧。
- 「心理抗拒」和「我們一旦擁有了選擇就討厭失去」有關。回想一下,在一些角色扮演遊戲中,要在多個分支故事線以及多段戀情中做選擇時,壓力會有多大。
- 遊戲成就/獎盃以及遊戲內財寶可以用來向其他玩家展示我們的地位和成就。就算它們稀奇古怪且達成的難度高到不合理,這一點也依舊不變。

CHAPTER 7

遊戲開發者如何用全新的扭蛋虛寶讓玩家魂牽夢縈？

「說個駭人的事實,我們有一大票人會跪求一個可以爬進去的史金納箱[1](Skinner Box),因為真實世界的獎勵制度比我們期望的還要慢上太多,也殘酷太多。」

——大衛・王(David Wong),
小說家兼 Cracked.com 網站編輯

---

1. 史金納箱指將動物關在其中進行操作制約和條件反射實驗的箱子。

在遊戲用語中,「寶物(戰利品)」(loot)是你打敗怪獸或完成任務後得到的獎勵。它有別於經驗值或者知識,所以包括了像是寶藏、黃金、加工素材、彈藥、裝甲或武器之類的東西。大部分被找去玩一場「回答我的問題不然我就再按一次按鈕」的玩家,應該都會把《暗黑破壞神》系列視為「以掉寶推動之遊戲」的完美典範。這些狂點擊式動作冒險遊戲的突出特色,就是從空中視角俯瞰一個有著大教堂、中世紀小村莊以及地獄本身的恐怖怪異環境來殺怪獸。遊戲另一個突出特色是,不僅要透過升等,也要透過取得更好的裝備,來讓你的野蠻人、狩魔獵人或秘術師升等。比較好的裝備代表更高的能力數值。更高的能力數值代表能夠打敗更硬的怪獸而取得更好的裝備,而那又代表更高的能力數值,如此循環。此外,你的角色穿更好的裝備看起來就是更酷。《暗黑破壞神》的掉寶就跟眾多角色扮演電子遊戲的情況一樣,大部分是隨機的。特別難纏的敵人(「精英怪」)和特別華麗的寶箱有比較高的機會掉好東西,但極品可能會在任何地方出現。我有一次找到一把絕佳的戰斧,它陪伴了我的野蠻人升了好幾級,而它是藏在一條看起來很尋常的走道上的一個看起來很尋常的桶子裡,而我只是碰巧砸了它。因為那次收穫,我之後就把我找到的每個桶子、花瓶、木箱、盒子、甕、石棺、罐子、石堆、書櫃、籃子、壺、小匣子、骨頭堆、空心樹幹、繭、裸鑽,以及

大箱子全都砸開來,希望能找到跟那件一樣好的其他寶物。

遊戲開發者通常把這稱做「核心寶物」(core loop),或者有時叫做「回饋寶物」(feedback loop)。你察覺到可以做某件事的線索提示,你做了那件事,你因為做了而得到報酬,你下次再看到線索就再做那件事。玩家就算玩完了《暗黑破壞神》的主劇情,也還是會繼續重玩其中一些部分,多次打敗困難的精英怪和大 boss,希望能讓它們掉出越來越好的寶。有些玩家真的會這樣打上幾百個小時,讓遊戲和遊戲社群多存續了好幾年,還替續作、追加內容以及遊戲內購買行為提供了生生不息的市場。

《暗黑破壞神》系列 1996 年的首作便是個相當紮實的作品,也是這種主攻掉寶之遊戲的市場先驅,但 2001 年的《暗黑破壞神 II》讓這種設計臻於完美。這款系列續作具備上述同一種基本設計:探索隨機產生的環境,點擊怪獸讓牠們像血肉版的皮納塔那樣爆開,撿糖/撿寶,然後重覆這步驟。同樣地,有些寶沒價值(好比說對你那個職業沒增益的裝備),有些只有小量價值(好比說幾個金幣)。但有些就會好到令人驚嘆。這款遊戲的傑出之處,就在於它把好貨跟次級品及廢物區隔開來的工夫是如此地熟練巧妙。拿到能大幅強化角色的一件武器或一部分裝甲的機率就是那麼恰到好處,能推動玩家一直玩,好拿到下個頭獎。而我們接下來會看到,用賭徒剁手來比喻這種欲罷不能,其實非常

再玩個一關就好了 181

貼切。

不過，隨著全球資訊網的興起，《暗黑破壞神 II》對於寶物的重視，給暴雪創造了新難題。許多玩家想要好裝備，但他們無法或者不願意花時間透過隨機掉寶機制取得好裝備。所以有些錢比時間多的人，會想辦法在多人共玩期間跟其他玩家交易。可以安排用真實現金來交易虛寶的第 3 方網站，常常會助長這種行為。從事這種服務的單位規模，可以小到只是留言板上的某個人，大起來也可以是穩健自動化到了驚人地步的線上商店。但不論大小，它們都仰賴玩家頻繁來搜尋需要的裝備，然後釋出 PayPal 或信用卡資訊進入網際網路的荒原中。接著，購物者得要協調寶物的配送和收件，通常是在遊戲內跟某人見面，或者是暫時接管某個小販的「騾子」帳號，而這又要靠另一位玩家或朋友的幫助。就算以最順利的情況來說，那還是很不方便的經驗；而在最糟的情況下，它會引來詐欺或偷東西的騙子。暴雪有留意到這情況，而且，儘管說《暗黑破壞神》的產品企劃得知顧客被敲竹槓或盜帳號時想必會感到遺憾，但他們應該也會懊悔說，自己怎麼沒先想到好抽點油水。至少懊悔那麼一點點。所以他們想說，可以提供更好的產品以及更值得信賴的服務，來把這兩個問題一併解決。

也因此，當暴雪宣布眾人引頸盼望的 2012 年《暗黑破壞神

III》將以遊戲內拍賣場來解決這個難題時，對於寶物粉來說可是超級大事件。這些虛擬店面能讓玩家賣不要的裝備，並從其他自設拍賣場的玩家那邊安全確實地買到自己想要的東西。需要力量＋和血量＋的等級 15 褲子嗎？沒問題，你可以從 35 個不同的配對出售中選擇，最低價格從 360 個金幣開始。顏色任君挑選喔。這個聲明一開始讓玩家社群整個驚訝地挑了一邊眉，但接下來讓大家徹底驚訝到另一邊眉也挑起來的事情是，除了遊戲內以遊戲幣交易的拍賣場以外，還有第二種拍賣場，玩家可以用真實世界的錢來做買賣。就跟「給我 100 美金我就會給你這把讚到爆的劍。」之類的約定一樣。我還記得拍賣場首度發表時讀著粉絲和遊戲媒體的褒貶不一評價，但當《暗黑破壞神 III》推出時，這些拍賣場確實跟當初預期的那樣行得通。在遊戲裡買裝備又安全又簡單。有些幸運（或者極其勤奮）的玩家，在取得人們夢寐以求的裝備之後，甚至從這制度中賺到了一些零用錢。

但在處理這個難題的同時，暴雪無意間也為《暗黑破壞神》系列遊戲的一貫核心——掉寶的快樂——種下了不良後果。經手《暗黑破壞神 III》的遊戲開發者如何發現這一點，以及他們如何拋下穩定收入來讓遊戲回到正軌的這段歷程，完美地說明了「掉寶機制」——這個遊戲開發者用來讓我們在老早就看穿遊戲能耐的 99.9% 之後卻還是玩個不停的機制——的真面目到底是

什麼。但要進一步了解，我們得先看看某位心理家曾經如何教會鴿子打乒乓球。

一位曾經教會鴿子打乒乓球的心理學家

我們來玩另一款小遊戲，叫做「隨便講出一位心理學家的名字，但是西格蒙德‧佛洛伊德（Sigmund Freud）除外」。你們之中有些人可能會說「西格蒙德‧佛洛伊德」，那樣的話我得勸你回頭看一下遊戲規則。不過，你們之中可能有許多人會說，「伯爾赫斯‧弗雷德里克‧史金納（Burrhus Frederic Skinner）」。他是以行為論（behaviorism）領域的研究而聞名的美國心理學家。史金納最為人熟記的是以他命名的箱子，他用那些箱子以及一套稱作「操作制約」（operant conditioning）的流程來訓練動物：進行一項工作、得到獎勵、重複。在當時心理學界曾掀起一陣波瀾，因為那時很多人的思維還追隨著伊凡‧巴夫洛夫（Ivan Pavlov）和他那些流口水狗狗所踏出的足跡在走。他們認為，你不必研究自己無法直接觀測的內在心理程序，連試都不用去試。他們所關注的，大部分是要怎麼在正確的條件下，經由配對後，讓「只要聞到好吃肉粉的味道就會流口水」這類反射動作因應一個無關的刺激

（好比說搖鈴）而發生。

但史金納認為，有些內在思考和其他心理程序在運作，會把自主行為和後果聯繫在一起。他可以在史金納箱這種裝置裡運作操作制約的報酬和懲罰。當某隻動物按了操縱桿之後給予好料作為獎賞，牠就會再按操縱桿。若用電擊懲罰牠，牠就會少按操縱桿。史金納就是這樣教會那些鴿子打乒乓的：他讓兩隻鴿子隔著一張小巧可愛的乒乓球桌面對面，接著只要哪隻鴿子把球啄給對手，就拿一點食物獎勵牠。如果你有興趣的話，網路上有留存這些鳥選手的影片。如果你想花個幾分鐘去看牠們奮力對決的樣子看到拍手傻笑，那就到 YouTube 搜尋「Skinner pigeon ping-pong」。當時把鳥訓練到能做出看似怪到不行的工作花了不少時間，因為把乒乓球啄到桌子對面並不是牠們平常會做的事。史金納得要使用一個稱作「塑造」（shaping）的流程，他會因鳥兒朝目標踏出小小步伐而獎勵牠們。站在桌邊，有吃的。看著球，有吃的。啄球，有吃的。把球啄過線，有吃的。堅持下去，最終你就會得到一群穿著白色實驗袍的傢伙繞在桌邊，聲嘶力竭地加油喝采，並用他們的獎助金在 1948 年「鴿乒乓世界盃」（Pigeon Ping-Pong World Cup）下注。如果你有興趣知道的話，「葛雷哥萊‧畢克」（Gregory Peck）在 7 盤大戰的最後，險勝了「卡爾文‧柯立芝」（Calvin Coolidge）。此外，我花了太多時間替兩隻鴿子想

帥氣的名字。

這時候你應該已經猜到我要怎麼把這連接到電子遊戲了，而你如果得知「史金納箱」是遊戲開發群體普遍使用的一個詞，應該也不會太意外。《暗黑破壞神》的迷宮就有著史金納箱的設計。你進到裡頭，然後你弄清楚要按什麼才能得到最好的獎賞。這不過就是你在遊戲中看見一個箱子或者一頭精英怪的時候會自動做出的行動。我實在沒辦法想像，我會讓自己在這遊戲裡的虛擬化身就那麼從箱子旁直直走過去什麼都沒做。那其實會讓我有一點焦慮。這是所謂的「強制循環」（compulsion loop）：你看到一個觸發點（寶箱），你進行一個行動（點擊），然後你拿到一個獎勵（寶物）。

順帶一提，也是同一個強制循環，驅使人們反覆抽出手機查看 e-mail、推特[2]、臉書、Instagram、繽趣或者隨便哪個令他們著迷的社群網路工具。他們聽到一聲叮，就打開應用程式，然後獲得訊息、照片或「讚」等各種形式的新寶物作為獎勵。科技顧問兼《鉤癮效應：創造習慣新商機》（Hooked: How to Build Habit-Forming Products）一書作者尼爾・艾歐（Nir Eyal）也說過，最成功的產品在強制循環中加入了第四道步驟：投入。如果一個使用者在得到獎勵後，把時間、金錢、個人資訊或者社會資本投入一個產品中，下一次那個觸發點生效時，他就比較有可能再從頭開始

那個循環。遊戲開發商維爾福顯然很了解這一點。在他們的免費遊戲《絕地要塞2》和《遺蹟保衛戰2》裡，寶箱需要鑰匙才能打開。要怎麼拿到鑰匙？要把真的錢投入遊戲中。但你不能只是買鑰匙；你得要把5.00美元以上的金額放進你的「Steam錢包」帳號，來完成購買。投入後，你就更有可能會去用其中一把鑰匙（或當場買一把）來打開你找到的下一個寶箱。遊戲也可以寄望的投入還有別種。各種鼓勵玩家對外宣傳自己正在遊玩的臉書遊戲，讓玩家投入了社會資本和他們的線上名聲。許多線上遊戲讓你和你那角色的身型外觀、配件和進度有所連結，而那又是投入社會資本的另一種模樣。就連寶物的累積也是一種投入，原因在於，如果你停下來不玩且不再尋找下一個強化你配件的東西，你會覺得你正在拋棄你下過的苦工。

　　真正令人大開眼界的是，操作制約在你身上生效的時候，你甚至不必是接受獎勵的那個人。心理學家阿爾伯特・班杜拉（Albert Bandura）開發了一個學習模型叫做「社會學習理論」（social learning theory），並進行了研究，證明你能夠透過觀看別人發生的事來學習，而被訓練成形。班杜拉在這領域最有名的實驗，

----

2. 推特（Twitter）已於2023年7月更名為X。

會讓孩子們看見別人享受暴打一隻玩偶的樂趣，而學會照樣打。（我們會在談電子遊戲暴力的那一章再回來談班杜拉和那個可憐的玩偶。會很精彩喔。）如果我們看到別人因為某個行為而被獎勵，我們會把那個教訓放進心底，而它可以開啟我們自己的強制循環。許多遊戲會在其他玩家遇到好事時廣播宣揚，藉以從中得利。事實上《暗黑破壞神III》會在玩家的朋友或公會成員拿到特別好的寶物時，在遊戲的聊天區留訊息通知玩家。訊息甚至會特別突顯寶物名稱，好讓你能暫停手邊的事情，去點一下名稱來沉浸於寶物的美妙之中。《絕地要塞2》也作了類似的事情，要是當前賽局中有人獲得新的裝飾道具或武器時，它會告知賽局中的每個人。

　　講這有點不好意思，但玩《暗黑破壞神》這種主動打寶的遊戲，代表說你跟鴿子玩乒乓球的差距並沒有那麼遙遠。用這種強制循環來訓練猴子按按鈕以得到食物的科學家，可以讓猴子坐在椅子上並忽視分心因素，好比說其他猴子或者不同的食物。牠們就只會坐在那裡，等著牠們的電腦螢幕冒出按按鈕的信號。有沒有覺得很眼熟？當然，人類的一項關鍵特質，就在於我們的腦具有決策功能，如果我們決意要壓過這種調教的話就能辦到，但我們往往還是決定繼續下去，因為我們想要下一個獎勵。強制循環和操作制約都相當有效，也因此它們無處不在。

但事情就到此為止了嗎？暴雪用《暗黑破壞神 III》的拍賣場所打破的寶物機制是指這一部分嗎？不，因為追尋寶物還有另一個面向，遠比我目前討論過的都還要重要：它的隨機性，以及隨之而來的期盼感。

就跟人砸錢在吃角子老虎上一樣，《暗黑破壞神》、《邊緣禁地》、《魔獸世界》、《天命》、《漫威益智任務》（Marvel Puzzle Quest）、《遺跡保衛戰 2》以及其他許多遊戲的掉寶都是隨機的。你可能拿到很廢的東西，你可能拿到極品，而在某些遊戲中你可能什麼都拿不到。日本政府甚至還把「套組扭蛋」（コンプガチャ）這種隨機掉寶遊戲機制認定為非法，該機制鼓勵玩家花真錢在社群遊戲上，好透過隨機掉寶來收集完一整組物品。這些遊戲獲利豐富，但政府認為這個反饋回路太有效率了——真的，它讓某些玩家每月花掉相當於幾千美元的錢——而且兒童類型遊戲太常以欺瞞的方式使用這種機制。那顯然是涉及真錢的特殊案例，但許多遊戲開發者仍然使用隨機掉寶來對我們腦中的一個系統發動一些心理柔術，該系統對我們的生存來說至關重要，但也讓人對追尋寶物成癮。要知道原因，以及了解《暗黑破壞神 III》的拍賣場為何成為該遊戲核心機制的一場大災難，我們就要繼續向前移動，在生命的演化樹上從鴿子經過猴子再繼續往上走。順便拎一手蘋果汁吧；猴子最喜歡喝這個了。

意料之外的多巴胺暴走沒辦法預測無從預期的事物

《暗黑破壞神》系列遊戲和其他類似遊戲都有許多不同種類的寶物，而大部分寶物都是可預測的。在第一人稱射擊遊戲《邊緣禁地》裡打開箱子的時候，你知道你會得到一些彈藥，一如你在《暗黑破壞神 III》的每個箱子都會拿到一些黃金那樣。在《魔域幻境之浴血戰場》（Unreal Tournament）的一場遊戲裡跑過一個急救包，你就知道要回血了。那些都是根據固定排程給予獎勵的例子，因為你每次作一個特定的行動就會拿到它們。但主攻寶物的遊戲之所以有吸引力，仰賴的是所謂的「可變排程」：有時候你打開箱子或殺掉怪獸卻什麼都沒拿到，或者頂多拿到一些廢物。但在別的時候，你會拿到滿手的好東西──彷彿沒完沒了的一大筆錢，或者一些能加倍痛擊敵人的新武器。

就「讓人（或者動物）作你要求的事」來說，將隨機獎勵用於多種動物身上、用於多種情境下，並從各種不同成果來看，成效都勝過其他種的獎勵排程。可以預測的獎勵會變得無聊。要是永遠都不知道自己會開到什麼寶物究竟是好還是壞呢？那實在太吸引人了。這是因為，到頭來發現，令我們興奮不已的並不是寶物本身。當然，玩家會偏好某些裝備是因為它讓玩家更上

手——彈弓上裝了狙擊鏡會有用，所以那當然也算。但到頭來，真正讓我們興奮的其實不那麼是寶物本身，而更是得到寶物這件事。而且，如果要精確講到底的話，其實應該說是對掉寶的期盼。

1954年，神經科學家詹姆斯・奧茲（James Olds）和彼得・米爾納（Peter Milner）正在把電極塞進老鼠的腦中。不要問為什麼；神經科學家就是會幹這件事。有天當他們把一條金屬線裝進老鼠腦中稱作依核（nucleus accumbens）的區域時，他們意外發現了灰質的一個重要部分，而線中的電流導致老鼠的腦滿溢著神經傳遞質多巴胺（dopamine）。多巴胺這種僅由22個原子構成的化學物質，在調控決策方面有著重大作用，尤其是在目標導向的行為以及追求愉悅這兩方面。當我們遇到喜歡的某個東西——好比說一小片長滿漿果的土地，或者一把強力屠殺哥德斧——我們的腦就會釋出多巴胺。對那種化學物質敏感的大腦細胞會在多巴胺存在時抓狂，而那會讓我們感覺良好。那些細胞稱作多巴胺受體。不過，奧茲和米爾納的老鼠沒有因為那麼多的多巴胺而有著多好的下場。由於牠們的多個愉悅中樞持續響個不停，牠們無視食物、水，甚至《暗黑破壞神 III》。嚴格說來牠們是渴死的，但某方面來說牠們是被無止盡的興奮害死的。

現在我們來跟緊猴子和多巴胺，但往瑞士移動。德國出

再玩個一關就好了　191

生的神經科學家沃夫蘭・舒茨（Wolfram Schultz）在弗里堡大學（University of Fribourg）進行多巴胺這種化學物質和帕金森症關係的研究時，幾乎是純粹意外地開啟一條能用來解釋玩家為何喜愛掉寶的研究路線。多年來的研究中，舒茨以獼猴進行實驗並監控其多巴胺受體。舒茨和同事發現，給實驗室的一隻猴子一些果汁，會讓牠的多巴胺神經元活躍起來。他們也發現，當他們一而再再而三地在給東西之前放出一道光或一種聲音的話，神經元會在猴子看見光或聽見聲音的時候啟動，但當果汁現身的時候，它們會維持比較不活躍的狀態。基本上，光、螢幕上的畫面，或者聲音等提示成為了獎勵，因為提示和果汁的關聯實在太密不可分。從最核心層面來說，他們發現的這個系統和「預料」以及「試圖根據環境中正在發生的事來預測獎勵」有關。你可能會留意到，這正是我前面討論過的、用來訓練乒乓鴿子的那種「透過固定的獎勵排程所進行的操作制約」，只不過現在我們正鑽進它背後的的神經化學。

但當舒茨開始亂搞猴腦的時候，情況就變得更有意思了。怎麼說呢，他先前是已經用植入電極的方式亂搞過猴腦，但現在他開始作一些像是在猴子按按鈕之後延遲給予獎勵之類的事。或者把果汁弄淡。或者完全不給獎勵。當這種情況發生時，猴子看起來會不高興。牠腦中的預測模型失效了，而這造成牠驚慌失措。

一再未能送上牠預料該來的食物,會讓神經元完全無法啟動。

從演化觀點來說這是有道理的。史特芬·柯萊恩(Stefan Klein)在《不斷幸福論》(The Science of Happiness)中寫道,「舉凡多巴胺釋放時,它會觸發做了正確抉擇的訊號,以及發生了好事的信號。」如果說人類有什麼相較於其他動物而言的超能力,那就是模式識別。我們的腦通常對模式很敏感,且擅長根據那些模式來作預測,其中有獎勵的時候更是如此。然而重要的是,我們對「預測之事」和「實際發生之事」的差異最為敏感。就跟某位發現一把 +5 的大槌而能取代 +3 槌子的《暗黑破壞神 III》玩家一樣,如果突然給舒茨研究中的猴子某個比果汁還要多喜歡一點點的東西,多巴胺受體會大爆發,讓先前的反應相形有如槁木死灰。

這是因為我們的腦,以及某些動物的腦,好比說其他靈長類的腦,已經演化成會去找出出乎意料的吃驚獎勵。如果某件好事顯示了預測失誤,那麼,多巴胺受體在好事發生時會變得比本來興奮太多。結果發現,出人意表的愉悅是所有愉悅中最令人歡喜的,因為它們突顯我們的預測偏好有故障之處。那就像是多巴胺神經元驚訝大喊,「嘿!那裡有個真的很棒的東西!我們來著迷那東西,直到我能搞清楚自己為何當初沒料到這東西吧!」於是,你腦中的小小機械便開始上工,試圖作出更新過的新預測。

那在一個可以預測的世界裡很好用，因為它是在弄清楚如何透過學習「好東西出現前會有什麼」來獲得更多好東西。你在某一棵樹的樹蔭裡發現了好吃的漿果？或許它們比較可能長在那裡，而如果你一直檢查那一類樹的樹底，你就會發現更多漿果。

但我們無法預測天生就無從預測的東西。吃角子老虎就是這樣吃定你的，隨機掉寶也是這樣吃定你的。在賭場裡，你的多巴胺神經元真的很努力在學習，在中大獎之前會先有什麼，像是會聽到什麼鈴聲、看到什麼畫面，甚至包括最後走過身邊送飲料的女服務員是哪位。我很少賭博，但我曾經只是為了體驗一下而去過一間在河上渡輪裡的賭場。我坐在一台電子撲克機前面，在下了幾美元之後，我的運氣來了：一手葫蘆[3]（Full House）讓我下那麼一點錢就拿了幾百美元。哇！我旁邊的機器前坐著一位戴著強鹿（John Deere）公司帽子的退休人士。他左邊有個裝角子的塑膠桶，右邊有個滿出來的菸灰缸，所以在我看來他已經待一陣子了。他似乎是真心為了我贏錢感到高興，甚至還恭喜了我，但一講完他立刻就起身開始離去。我問他要去哪，他說我把那排機器的運都用掉了；他自己想贏的話得去下一排。

我知道這滿荒謬的，我也滿肯定地說，他在某種程度上知道這有點荒謬。但就算我們在應付的是電子撲克機和掉寶，是頭腦其他部分深知無從預測的東西，驅動我們頭腦的獎勵系統還是會

執著於預測。結果可能會是所謂的「後此」（post hoc, ergo propter hoc）[4]謬誤；那描述了我們的一種偏誤，會只因為兩件事一前一後發生，就假設兩件事有前後因果關聯。在《普羅透斯效應》（The Proteus Effect）這本書裡，余健倫以他訪談《無盡的任務》和《魔獸世界》等大型多人線上角色扮演遊戲的玩家時所聽來的趣聞為背景脈絡，討論了這個謬誤。遊戲裡打倒的 boss 或者寶箱都可以產出絕佳的寶物，但那是隨機的，而終極頭獎則是極其稀有。它們掉寶的機率低達 1 或 2%。然而，人們卻很難相信這些掉寶完全是出於隨機的。玩家腦中的預測系統讓他們相信各式各樣關於「什麼情況會掉出稀寶」或者「有什麼事會讓稀寶更容易出現」的迷信。據報有些玩家會認為，如果他們面朝某個大略的方向、戴某種幸運護身符，或者讓某個角色帶頭先進迷宮，就可以讓這些珍稀的寶物更可能出現。各代《暗黑破壞神》也發生過這種事，促使官方論壇上某個惱火的社群管理者跟粉絲說，「倒楣的事就是會接連發生，而我們終究會挺過去。危險之處在於錯誤訊息的散佈，那又會激發玩家改變在遊戲中的習慣，而那其實對他們會找到什麼物品並沒有任何影響。」

---

3. 5 張手牌裡面持有 3 張數字相同，及剩餘 2 張也是另一組數字相同的牌型。
4. 拉丁文，意指「將發生在事件之後的事情看作是起因」。

余健倫書中所提到的錯誤訊息和習慣改變中,我最喜歡的例子跟《龍與地下城 Online》(Dungeons & Dragons Online)裡一個讓玩家在寶箱上使用「交涉」(Diplomacy)的 bug 有關。寶箱是種無生命物體,跟它談判、去諂媚它或哄它開心都不合乎道理,所以通常來說遊戲並不允許這麼進行。但遊戲中的一個 bug 就是讓玩家有辦法這樣作。使用這個技巧不會造成任何影響,但後此謬誤讓玩家深信,使用這項技巧會增加拿到更多寶藏的機會。我們的心智會抓緊一切機會,來避免產生一種好事(以及好寶物)將出現時自己卻無法預測的感覺。然而,每次預測出錯時,它都會興奮起來。

《暗黑破壞神 III》賣場沒能料到的是什麼

我們現在回頭去看《暗黑破壞神 III》的拍賣場,來看看暴雪為什麼明明創造了一個安全可靠的方式來交易裝備之後,手上反而多了個難題。系列前作《暗黑破壞神 II》靠著前面討論過的強制循環及多巴胺暴走,而非常能夠留住玩家並讓他們一直追寶。一切都是圍繞著「尋找一個你知道會掉某種寶物的寶箱或精英怪,然後反覆點擊它,看看會掉出什麼東西」的循環打造的。

這個過程壓過了令我們已經學會特別去留意「有利但出乎意料之獎勵」的腦部獎勵系統。寶物獎勵的出現頻率經過設計而恰到好處，能夠避免我們的腦就這麼冷靜下來然後跑去玩其他遊戲。

但《暗黑破壞神III》的拍賣場崩解了那個寶物循環，因為，要拿到真正好道具的話，奔向拍賣場的效率實在好太多了。一旦玩家讓這個經濟體充斥著成千上萬的物品，經濟法則就接管了一切，而價格也一落千丈。為了賺一丁點黃金，你可以點擊拍賣場，徹底換光你手上的每一片裝備來買某個更好的東西，然後冒著性命風險離場，過程不過就幾分鐘。這代表說，不論是掉裝備，還是玩家已經被訓練到會直接聯想起掉裝備的「看見寶箱和精英怪」，都大幅失去意義。寶物如今不過就是種稍微不那麼方便的錢，注定要被賣給遊戲裡的商人，了不起頂多就是在拍賣場上被賣掉。可以肯定的是，對那些角色封頂的玩家來說，特別稀有的寶物還是很有價值且炙手可熱。但那種掉寶極其罕見，大部分玩家都沒經歷過。更糟的是，因為角色職業不對或等級不到，大部分的寶物甚至連用都不能用。沒玩某項職業卻找到一個罕見的升級用品，總是讓人不爽。在《暗黑破壞神III》裡不管拿到什麼寶，幾乎都不會讓你有立即的好處，就連在拍賣場列出珍貴寶物來販賣的過程都讓人沒有動力，和表達這個過程有多讓人想玩的視覺提示與操作提示有著天壤之別。這個新系統把一場尋找

美妙寶藏的史詩任務變成了快閃逛百貨，你就只是在每次遊戲開始變難，或者自認超過某個下一階裝備的最低等級需求時，又再去重複這趟旅程而已。結果，想取得更好裝備的人會去拍賣場而不是玩遊戲。那實在稱不上好玩。

但你不得不佩服暴雪的開發者，因為他們並沒有假裝沒看到問題。事實上，他們願意無視當初打造拍賣場所投入的一切苦心，來把東西修好。而且別忘了暴雪在真錢拍賣場的每一筆交易中都有抽成。那代表說，就算該系統對遊戲不好，他們還是有從中賺到錢。2013 年 9 月，《暗黑破壞神 III》的製作總監約翰·海特（John Hight）和首席遊戲開發者喬許·莫斯奎拉（Josh Mosqueira）在一支 YouTube 影片中現身，討論兩個代表要讓《暗黑破壞神 III》回歸初衷的大改變。「我們當初設立拍賣場時，」海特說，「本來應該要為大家提供一個既方便又安全的交易道具方式。就那方面來說它很成功，但它成了兩面刃。」莫斯奎拉這時候插話進來說，《暗黑破壞神》的核心前提應該要簡單而引人入勝：殺死怪物獲得酷炫的戰利品。「拍賣場，」他如此結論道，「就只是讓那種體驗變得太便利，讓我們的核心獎勵循環真的短路了。」

還有另一項重大改變與這項聲明同步提出，它先前曾以「戰利品系統 2.0」（Loot 2.0）這個代稱發布過。其想法是，遊戲掉

的道具寶物會比較少，但在掉什麼東西方面會比較聰明。舉例來說，拿到閃亮新裝備但因職業錯誤、角色綁定等級過高，或者屬性無用（好比說智力 +233 的野蠻人戰斧）而不能用的這種情況，此後會更為少見，而且是大幅減少。因為，儘管智力高的野蠻人能在晚宴派對上表現得得體，但能言善道對於砍爆地獄大軍來說並沒多大好處。戰利品系統 2.0 和夷平拍賣場所造成的結果是，掉寶不再代表穩定的垃圾洪流，而是再度賦予了意義。如今玩家需要且想要這種獎勵的可能性比先前高上太多，因為在拍賣場一次買齊的購物體驗已經是過去的事了。你不得不讚賞暴雪的這番決策，一方面因為這顯示他們確實理解掉寶效用背後的心理學，一方面也是因為，必須斬斷先前的真錢拍賣場持續至今的獲利。最重要的是，徹底拆光拍賣場的話，還必須對遊戲的經濟制度作出其他重大調整，而那需要大量的時間和努力。但到頭來，我猜他們就只是認定說，當下能做的正確選擇，就只有讓遊戲更好──還加上讓遊戲更令人上癮。就把這當成有參照心理學然後把事情做好吧。

本章攻略要點

- 關於獎勵時機的確立理論，能好好解釋玩家為何喜歡掉寶。
- 掉寶的隨機性不可或缺。它會有效是因為我們腦中的預測系統要我們特別專注於失敗的預測。
- 「後此」謬誤描述了我們往往只因為兩個事件一前一後發生而認為兩件事有因果關係。這會導致某些很歡樂的迷信和都市傳說。
- 沒騙你，這些心理學家有次還教會了鴿子打乒乓球。牠們打球是有酬勞可以領的。
- 《暗黑破壞神 III》的拍賣場傷害了遊戲的核心寶物循環，因為它削弱了隨機的重要性。

PART 3
銷售遊戲的人

THOSE WHO SELL

CHAPTER 8

遊戲如何讓我們沉浸在想像世界裡?

「是你的心讓它成為現實。」

——莫斐斯(Morpheus)

《駭客任務》(Matrix)

這邊有誰記得1982年的電影《電子世界爭霸戰》（Tron）嗎？雖然它當年票房砸鍋，卻因為一個非常強大的概念而深受阿宅喜愛：由傑夫·布里吉（Jeff Bridges）所飾的原初電子遊戲玩家——凱文·弗林（Kevin Flynn）咻地一聲跑進了某個世界；在那個世界裡，他設計的電子遊戲變得栩栩如生，而且還環繞他身邊無所不在。他真的就是置身在遊戲之中。在該部電影上映的年代，電子遊戲還只是一堆粗糙的嗶嗶聲、咻咻聲，以及照理來說是龍但看起來比較像鴨子的點陣像素。在那年代，不論你怎麼去妄想「被拉進自己的想像世界」，都得要先壓抑住許多無法令人信服的念頭，還可能會害自己憋到內傷。然而，片中就看到凱文·弗林將真實世界拋在身後，讓他能在數位競技場中戰鬥，在光環間快速移動，還對著一條只是想在間金流管理公司工作的複利程式丟出發光飛盤。那實在很驚奇，而當年10歲的我極其渴望那種沉浸遊戲世界的體驗。幸運的是，科技和遊戲設計至今的進展，幾乎就完全要實現我的願望。（如果你還太年輕並沒有《電子世界爭霸戰》的兒時觀影回憶，就參考尼歐和《駭客任務》吧。算是有點像。）

「沉浸」是新一代電子遊戲普遍具備的行銷要素，而玩家很愛談《上古卷軸 V：無界天際》或《俠盜獵車手》這類遊戲多麼讓他們覺得自己真的身處一個可以做各種愚蠢（卻很讚的）行為

的世界。這些遊戲的開發者在設計過程中往往都惦記著沉浸，精心打造充滿動力的環境，裡面滿滿都是你可以互動的對象，就只因為它們會讓遊戲世界感覺更真實可信。為什麼要花上200小時編寫出能讓玩家把100個起司輪從山下滾下來，然後把一個搞笑角色過肩摔進一個熱狗推車裡的系統呢？因為真實性。

然而，「沉浸於娛樂媒體環境中」並不是什麼新鮮想法。心理學家早在電子遊戲熱門起來之前，就針對沉浸研究了幾十年。差別就只在於，他們研究的是媒體消費者如何被拉進書、廣播、電視和電影創造的想像世界中，而不是電子遊戲。此外，這些研究者並不稱其為「沉浸」（immersion）。他們現在還是不這麼稱呼。他們把那稱作「空間臨場感」（spatial presence），或者有時就簡稱「臨場感」（presence）。而臨場感的種類其實比寶可夢種類還多。查查文獻會找到「社會臨場感」、「遠程臨場感」（telepresence）以及「自我臨場感」（self-presence），這還只是隨便舉幾個例；但與多數人形容為「彷彿沉浸於電子遊戲世界」的感覺最貼近的臨場感，稱作「空間臨場感」（在本章我會把這個詞和「臨場感」交替使用）。當你忘記你體驗的世界是由科技所創造，那時引發的心理狀態，就是空間臨場感。你會忘記手把、螢幕邊緣、鄰居的狗，以及房間裡喊著「嘿！你到底有沒在聽啊！」的其他人。我還要指出，研究者往往認為沉浸和臨場感是

不一樣的東西。他們通常將沉浸描述為十分專注於遊戲或被遊戲包圍，但當你體驗臨場感時，那感覺會像是你真的身處遊戲世界，就像凱文・弗林和《電子遊戲爭霸戰》的世界那樣。

我們不少人都靠著親身體驗而熟悉這種臨場感，但它也有經科學檢驗過。根據實證，在某種媒體上體驗空間臨場感的狀況，會和（好比說）人使用該媒體時感到的快樂程度有關。一般來說，體驗空間臨場感的人也會覺得他們與遊戲的互動會更容易、更直觀，也更方便讓使用者上手。舉例來說，2013 年在《電馭心理學、行為和社會網路》（Cyberpsychology, Behavior, and Social Networking）發表的一項研究，就觀察了人們玩角色扮演遊戲《上古卷軸 IV：遺忘之都》（The Elder Scrolls: Oblivion）的時候，體驗到多大程度的空間臨場感。結果發現，在許多遊戲段落中，遊戲帶來的快樂和空間臨場感十分相關。還有一項研究，調查了臨場感、技術和心流[1]（psychological flow）彼此之間的交互作用，以及各自之中的交互作用。研究發現，玩家玩《極速快感》（Need for Speed）這款賽車遊戲時感受的臨場感越強，他們就越有可能在自身技術符合遊戲挑戰時體驗到心流。然而另一項研究證明，遊玩《超級瑪利歐 64》這款平台遊戲[2]的玩家，在遊戲中感覺自己技術很好的時候，更有可能體驗到空間臨場感。而我們接著就會看到，空間臨場感和我們了解、設想一個複雜虛擬環境並暢行其中

的能力息息相關,而許多當代遊戲都包含了這種複雜虛擬環境。

所以,雖然我們不少人都能靠著自己親身的經驗,來充分了解到空間臨場感是什麼,以及這種感覺如何影響我們玩某款遊戲的體驗,但有一個更大的問題在於,這是怎麼發生的。電子遊戲的什麼特性有可能引發空間臨場感?有些設計者和研究者,好比說在維爾福和 Oculus VR 開拓技術發展的麥可・亞伯拉什(Mike Abrash)就主張,只能使用精細的虛擬實境(virtual reality,VR)技術才能取得臨場感。當 Oculus Rift 這類頭戴式虛擬實境系統填滿你的視野、回應你頭部的動作,並用聲音環繞你的時候,這種臨場感就會發生。「臨場感是一個強大到不可思議的感覺,」在 2014 年 Steam 開發者日(Steam Dev Days)大會上一次談虛擬實境的演講中,亞伯拉什向台下的遊戲開發者如此表示。「而且那是虛擬實境獨有的。任何其他媒介都沒辦法創造。」Oculus VR 花了幾百萬美元開發 Oculus Rift 虛擬實境頭戴組來作這類事情,結果非常不錯。根據在史丹佛大學營運虛擬實境實驗室的傑瑞米・拜連森(Jeremy Bailenson)所言,戴上 Oculus Rift 頭戴組並站

---

1. 心流理論是指當人極度專注進行某件事時,進入沉浸忘我的狀態。此時的效率、成果都會得到正面提升。
2. 平台遊戲是動作遊戲的一個分類,遊戲角色在畫面上的平台間跳躍穿過障礙,最著名的代表就是《超級瑪利歐》系列。

在一個虛擬懸崖的邊緣，有可能會引發非常真實的危急感覺。他最喜歡給參訪實驗室的媒體進行的示範，就是讓他們戴上精細的虛擬實境頭戴組，使他們感覺身處一個簡單的、空白的房間。接著，拜連森在鍵盤上敲了幾下，讓參觀者腳底下的虛擬地面如一片片瓷磚般傾洩下落消失，並觀察他們的反應。他很快就學會，第一時間就要去扶住那些對感覺作出反射回應而雙腿一軟的訪客們。這便是虛擬實境硬體可以帶來的空間臨場感。

另一方面，其他眾多遊戲設計者和研究者則主張，不一定非要用那種走在最前線的未知技術才能創造出臨場感。他們說，可以透過能激起玩家興趣的精巧設計和遊戲內容，而將玩家傳送到一個遊戲世界，完全用不到像虛擬實境頭戴組那樣精細的東西。就如我們接著會在本章看到的，為何連小而獨立的遊戲也能創造臨場感，其原因和最尖端的科技或虛擬實境都沒什麼關聯。

所以哪個陣營才是對的呢？在使玩家忘卻真實世界並踏向虛構領域一事上，比較重要的究竟是技術還是遊戲設計？心理學家研究過這問題，而他們針對臨場感的研究很有啟發性。但在我們深入技術還是設計的問題之前，值得花點時間來更加理解臨場感的概念，以及體驗臨場感的玩家腦中發生了什麼事。

「等一下,我人怎麼會在這裡?」——空間臨場感的模型

2007年,一組由瑞士蘇黎世大學(University of Zurich)的馬蒂亞斯・霍佛(Matthias Hofer)、韋納・沃思(Werner Wirth)以及來自德國漢諾瓦音樂、戲劇與媒體學院(Hanover University of Music and Drama)的提洛・哈特曼(Tilo Hartmann)領頭的歐洲研究者,想要測試發生空間臨場感的過程。研究者們頭戴遊獵帽盔(我們就姑且這樣想像吧),在葡萄牙和瑞士的野外獵捕大學生。一旦捕獲大學生並打了鎮定針之後(這邊也同樣是想像的),研究受試者就被放在電腦前面,而電腦正運行的程式,是有著稍微有點不妙的名稱「學習屋」(House of Learning)。在程式的虛擬環境中有一棟兩層樓的工作區,裡面有10個房間,裝滿了沃夫岡・阿瑪迪斯・莫札特(Wolfgang Amadeus Mozart)的生平展示。倒楣的受試者探索著屋內環境以及屋中關於這位古典名作曲家的展示,探索了10分鐘後,被貼上標籤、給予問卷,然後被重新放回野外。因為學習屋的所有房間裡絲毫沒有半隻機械巨魔[3]

---

3. 機械巨魔是《毀滅戰士》系列的重要 boss。

（cyberdemon），所以即便那並不能算個電子遊戲，但它仍能配合研究者的目的：測試他們對於「虛擬實境裡如何達到空間臨場感」的預想模型。

該團隊中好幾名成員已經進行了數年的研究計畫，而上述實驗只是其中一項研究。研究顯示，臨場感是在兩個大步驟之後產生的。首先，玩家（或者任何一種媒介的使用者）為自己取得的虛擬空間或虛擬世界產生一種心理重現或者一份心理地圖。接著，玩家開始認同遊戲世界是他們「人在何處」的首要參照依據──或者就如研究者所說的，「他們的首要自我參照框架」。

我們將這兩個步驟再拆解開來吧。流程一開始，玩家藉由觀察眾多提示（畫面、動作、聲音等）而建構了一個遊戲假想空間的心理模型，接著又產生了一些可能有助益的、對於該世界的假想。然後，一旦遊戲世界的心像創造出來，玩家就必須（有意或無意識地）決定，自己覺得是身處在那個想像世界中，還是在真實世界裡。要留意的是，這裡的選擇不一定是有經過大腦前額葉皮質蓋章批准的有意識抉擇。可以是下意識的、暗地裡的，從邊邊偷偷溜了進去，然後不斷進入又離開。

然而這些流程顯然並沒有出現在所有電子遊戲中，而且也不是每次都發生在每位玩家身上。包括上述研究在內，種種針對臨場感的研究證實，技術和遊戲內容可以透過幾種基礎技倆來促使

基本的空間臨場感誕生。我們就從這個方程式的技術面開始說起吧。

虛擬實境很 LUCKEY ──技術面的重要性

帕爾默・拉奇（Palmer Luckey）的故事聽起來滿像那種典型的宅宅神童故事。聰明且具備強烈好奇心的他，很小就對電子產品興致勃勃，尤其是跟電子遊戲相關的產品。拉奇是死忠玩家，一直都在尋找（有時候還會創造）能增進遊戲體驗的技術。他探索了許多不同的技術，但 18 歲時，他人卻是在美國加州長灘（Long Beach）他爸媽的車庫裡廢寢忘食地弄東弄西，想要在近期成為他新歡的那一類玩意──虛擬實境頭戴裝備方面，弄點什麼像樣的東西出來。拉奇大量收集了這一類頭戴式顯示器（head-mounted display，HMD），卻沒有一件令他滿意。但根據拉奇 2014 年接受《連線》（Wired）雜誌採訪所言，他想從這些設備中強化更多空間臨場感，因此想要掃除阻礙那種感覺的主要路障，例如螢幕閃爍、影像追蹤跟不上頭部運動而使人不適的延遲、畫面模糊，以及整體畫面品質等。於是拉奇忙個不停，直到有一天他在一個熱愛虛擬實境的狂粉們齊聚的留言板上宣布說，他完成了一台改善

了上述相關問題的頭戴式顯示器原型。

對拉奇來說很 Lucky 的是（終於可以用上這個諧音哏了），他貼出的文章讓 id Software 的約翰・卡爾馬克（John Carmack）注意到了。要是你想選出一個自 1990 年代中期到 2000 年代初期推動遊戲硬體進步最重要的推手，那你肯定會有足夠多線索證明那人便是卡爾馬克。由卡爾馬克等人共同創立、並由他本人率領進行技術開發的 id Software，靠著《德軍總部 3D》（Wolfenstein 3D）和《毀滅戰士》在電子遊戲世界中推廣了第一人稱視角。後來，卡爾馬克和 id Software 的同事靠著《雷神之鎚》系列，推動了 3D 顯卡、3D 加速、電腦網路以及遊戲其他領域的進展。卡爾馬克很習慣處在發展的風口浪尖，而且，雖然他猜測虛擬實境有可能是未來的大勢所趨，但還是需要像帕爾默・拉奇這樣的人來解決某些技術面的基本難題。他寫信給拉奇，問說他能不能拿到一台原型頭戴式顯示器。從小到大都是卡爾馬克和 id Software 遊戲粉絲的追星族拉奇，熱切地同意。

《連線》網站 Wired.com 上的同一篇文章描述了卡爾馬克如何改進原型並開始讓代碼在機器上運作，包括了遊戲《毀滅戰士 3》的其中一個版本。更重要的是，他開始讓相關科技業和電子遊戲業的人們注意起這個類別。情勢飛速進展，沒多久拉奇就匆忙成立了一間公司（他稱作 Oculus VR），並在 Kickstarter.com

展開一項群眾募資計畫，來籌措足夠的資金讓事情付諸實行。Kickstarter 募資行動整個爆炸成功。它替年輕的拉奇和他的新事業夥伴募來了將近 250 萬美元，而這群夥伴最終還包含了卡爾馬克本人。公司持續改進它的頭戴式顯示器，並在遊戲圈名聲響亮起來。

臉書創辦人馬克・祖克柏（Mark Zuckerberg）對 Oculus Rift 創造空間臨場感的能力驚嘆不已，驚嘆到讓臉書於 2014 年以不可思議的 20 億美元天價買下了 Oculus VR 公司。

在我動筆的此時，Oculus Rift 還沒有成為商品上市。（日後於 2016 年 3 月推出）索尼和其他公司也對頭戴式顯示器這類產品開始有興趣，所以誰會在這一塊獲勝——前提是真有哪邊能獲勝的話——，還要繼續看下去。但任何一款頭戴顯示裝置的最終成敗，都和我們針對空間臨場感的討論無關。先不管 Oculus Rift 和其他類似裝置在市場上的表現，它們闡明了技術無分遊戲平台都能創造出臨場感的多種方式。我們來更仔細地瞧瞧究竟是為什麼。

一款遊戲每經歷過上述的沃思兩階段模型，就會創造出空間臨場感，直到出現下面兩種情況的程度：要不就是更容易形成一個豐富的虛擬世界心理模型，不然就是更容易察覺不到我們和那世界之間的技術，以至於我們能把該世界接納為我們身在何處的

首要參照點。遊戲空間心像要豐富，首先要靠來自媒介的感官資訊栩栩如生。在電子遊戲中，這得要靠圖像、聲音的品質，甚至是觸覺反饋的品質，好比震動手把會帶來的反饋。

有些很初期的空間臨場感研究觀察了簡單的因素，好比說螢幕大小和解析度。採用 3D 電視那類技術或是玩任天堂 3DS 掌機的人，如果知道把第 3 個維度加進影像後一般來說都會促進臨場感（尤其是因為它讓該媒體更接近真實）的話，應該會沾沾自喜。而 Oculus Rift 那種用 3D 圖像徹底包覆使用者視野的虛擬實境頭戴式顯示器，甚至更會創造出栩栩如生的感官資訊。在 Oculus Rift 的例子中，居中傳達這種體驗的技術甚至會被移出你的邊緣視域之外，屆時就真的會消失無蹤。Oculus Rift 的開發者麥可・亞伯拉什於 2014 年 Steam 開發者日的演講中表示，當顯示畫面為高解析度（好比說，1080p 就比 720p 好）並盡可能提供最廣角視野時，要體驗臨場感就會容易許多。

其他研究者則提到，在創造一個豐富的心理模型時，「一個媒介如何吸引住我們的知覺」有其重要之處。在一款遊戲中看到一隻食人魔（ogre）緩慢笨拙地朝你逼近很不錯。若同時也聽到牠如雷的腳步聲就更好了。但在此之外，還能感受到手把隨著每個巨大步伐而震動，就是最棒的情境。虛擬實境頭戴組不只讓你接收身歷其境的視覺以及有方向的聲音，它們還會追蹤你的頭部

和身體運動，根據你在真實世界的方位來調整顯示內容。有些開發者甚至在實驗一種朝外的攝影機，可以看著你的手在幹麼，並把那種反饋複製進遊戲世界裡。但這種感官資訊的整合，可以用其他技術來達成。NaturalPoint這間公司作了一個叫做「TrackIR」的系統，這系統有一個安裝在螢幕上的追蹤器，會使用固定在帽子或頭戴組上面的反射器所提供的輸入資訊。這系統會追蹤玩家的頭部動作並據此來改變螢幕上的視野。又或者像是PS4的遊戲《惡名昭彰：第二之子》（Infamous: Second Son），它用手把上的喇叭和陀螺儀玩了一個聰明的伎倆，來把好幾條感官途徑聚合成一種體驗。在遊戲中的某個時刻，你的角色會用一罐噴漆在磚牆上噴出記號。要開始這個過程，玩家必須改變手把握法，來模擬拿著一罐噴漆，然後像要準備使用前那樣搖。手把內建的喇叭製造出軸承珠在噴漆罐裡的喀啦響聲，然後噴漆標記的圖樣就會隨著玩家隨意揮動手把而浮現在螢幕上。來自視覺、動作和聲音的感官體驗全體協力合作。

來自克里夫蘭州立大學（Cleveland State University）的保羅・史卡斯基（Paul Skalski）探索了控制器在臨場感中的這種作用，並主張，就「密切符合你在遊戲中的動作」以及「讓你能夠專注於遊戲而不是你手上的技術」這兩點而言，控制器比較「自然」。舉例來說，在《Wii Sports》的一場比賽中，像揮網球拍一樣揮動

任天堂 Wii 的控制器，就是非常自然的控制方式，就跟在賽車遊戲裡面使用方向盤控制器一樣。然而，利用鍵盤上的 WSAD 四個鍵來控制第一人稱射擊遊戲卻一點也不自然，對於不習慣的人來說更是如此。史卡斯基和同事猜測，更自然的控制器比較有可能促進空間臨場感，所以他們就把這猜想拿去檢驗。在一項研究中，他們讓志願者玩《老虎伍茲 PGA 巡迴賽 07》（Tiger Woods PGA Tour 07），他們要不就使用 Wii 控制器、讓玩家像真的揮高爾夫球桿那樣揮動手把來控制選手，要不就用普通手把的按鈕和搖桿來控制選手。同一篇文章裡描述了一項後續研究，也同樣讓受試者用鍵盤、手把、遊戲搖桿（joystick），以及方向盤控制器來玩賽車遊戲《極速快感：飆風再起 2》（Need for Speed Underground 2）。在兩項研究中，史卡斯基和他的夥伴都發現，玩家用比較自然的控制器（例如：Wii 控制器或者方向盤）玩遊戲時不只是比較享受而已，他們也指出自己有著更強烈的空間臨場感。為什麼呢？史卡斯基主張，使用更自然的控制器，讓玩家更容易取得「真正世界如何運作」的心理模型，因為他們熟悉那些控制器所代表的設備（高爾夫球桿或者車）。若使用以按鍵操作的手把或鍵盤，我們就得要費一點精神來想像高爾夫球揮動或者轉方向盤修正方向。而花在建立心理模型上的心力是越少越好。但創造一個豐富的心理模型並沉浸其中，就不是跟硬體有關。把

內容秀給我們的方式也是個關鍵。

　　控制器和感官途徑先不提，要是我們要用自己在電腦螢幕甚至是 3D 顯示器上看到的東西來形成一種精密的心理空間樣貌，我們還需要一點幫助。媒介得要藉由提供認知心理學家所謂的空間線索（spatial cue），來促成心理上該發生的事。《巫術：瘋狂領主的試驗場》（Wizardry: Proving Grounds of the Mad Overlord）和《德軍總部 3D》這類早期遊戲利用的是簡單的線索，好比用輻合線創造出空間深處的錯覺。在這些遊戲中，你會知道自己正面向一條走道的深處看去，是因為那些線條似乎會在遠方的一個消失點上收束。自從那之後，遊戲開發者就開始使用更多追加技術，好比說動態打光、景深操作、以及視差捲動，也就是背景中的物件比前景裡的物件移動得更慢。而且，可以朝三個維度自由移動的環境，所提供的創造世界視覺線索當然比像是 2D 橫向捲軸的環境更好。我們大部分人都看過紙本或電腦螢幕這類 2D 媒介上的視錯覺，那會欺騙我們的腦袋，使其覺得兩條其實一樣長的線會有一條比較長，而這種錯覺是由輻合線或者強迫透視這種電影老把戲所造成的。又或者，讓我們的眼睛和腦以反差的方式來感受顏色，可以讓一個亮白的正方形在周遭空間變色時看起來變成灰色。有效創造空間臨場感的技術也會這麼做，因為它用類似的方式把持了我們的知覺系統。它從非常基本的層次由下而上地涉入

再玩個一關就好了　217

了我們的腦，就跟現實本身涉入的層次一樣基本。這些感知線索以及對人腦的駭入，綜合起來清楚地展示了遊戲世界是如何形塑的，而形塑出的心理模型越是豐富、越是沉浸其中，人們就更有可能忘記真實世界，並將虛擬世界來當做他們身在何處的首要參照點。

但只有最尖端的技術和虛擬實境才能帶來臨場感嗎？你是否曾感覺過，自己被傳送到一個以更簡單的技術所創造的遊戲裡？或者，這樣說好了，你是否曾經感覺過，被拉進一個由一本好書或一部好電影所創造的世界裡？我知道我有過，而要了解如何辦到，我們就得先將頭戴式虛擬實境顯示器、幾十億美元的收購案，或者感知錯覺都暫時放一邊去。我們先來拜訪兩間在美國太平洋西北地區的普通房子——其中一間是真的，而另一間是虛擬的。喔對了，當我們抵達某座沉沒的水下樂園廢墟時，我們還得要短暫停留片刻。

先去趟銷魂城，接著再回到家：遊戲設計和內容的重要之處

史蒂夫・蓋諾（Steve Gaynor）早在帕爾默・拉奇開始搞虛擬

實際頭戴裝置的多年前，就已經起步往遊戲開發的行業頂尖力爭上游。蓋諾從 2005 年開啟了職業生涯，在多個品保部門工作，測試程式碼並尋找開發中遊戲裡的 bug。蓋諾無法滿足於在他人創造的虛擬世界中東翻西找，而把空閒時間都拿來玩開發工具，在第一人稱射擊遊戲《戰慄突擊》（F.E.A.R.）裡頭自製玩家關卡。那段經驗幫蓋諾從品保部門抽身，來到休士頓的 TimeGate Studio 工作，替《戰慄突擊》系列遊戲設計真正的關卡。此時蓋諾已不是在記錄幾何方面的錯誤並消除 bug 的測試員，而是在替一個遊戲世界設計他自己的小片段。在那之後，他又在因緣際會下回到舊金山灣區，在 2K Marin 做了更多關卡設計者的工作，之後更獲派替大受歡迎的《生化奇兵》（Bioshock）打造續作。

我認為，電子遊戲臨場感的討論只要沒提到《生化奇兵》就不算完整，因為它實在太適合作為這個概念的實際證明案例。《生化奇兵》故事發生在毀壞的海底城市銷魂城（Rapture）。那裡的場景看起來就像是某個抱著由哲學作家：艾茵・蘭德（Ayn Rand）所著的那本《阿特拉斯聳聳肩》（Atlas Shrugged），又喝了太多啤酒的大二生才會想出來的場景。然而，這概念乍聽起來很古怪但卻行得通。許多的玩家──包括我在內──都把自己踏出潛水球進入銷魂城的第一步，當作是遊戲史上最令人目瞪口呆的一瞬間。《生化奇兵》這款遊戲實在是精雕細琢又巧妙無比，使

其遊戲場景感覺就跟過去大部分第一人稱射擊遊戲會有的那些關卡或地圖有著天壤之別。銷魂城就像是個可以探索並體驗的一體世界。

2K Marin 的《生化奇兵》續作恰如其分地名為《生化奇兵2》（Bioshock 2）。蓋諾被派去協助設計當玩家踏入遊戲後最初造訪的場景：銷魂城內阿多尼斯豪華渡假村（Adonis Luxury Resort）的殘破廢墟。這個場景彷彿將《生化奇兵》的沉浸感和環境敘事能力這兩方面的設計理念一一羅列出來。殘破的旅館感覺就像某棟一度美麗但因疏忽和極端的野心而遭受嚴重毀壞的建築。粉紅色珊瑚和藻葉覆蓋了大部分廊道，而居住於當地的瘋人在那些尚未灌滿海水的牆壁恣意塗鴉。許多複雜的細節，只是為了讓那些廳廊感覺像是巨大社會裡的一部分而已，別無他用。廣告傳單、家具，甚至是廁所，都訴說了銷魂城淪亡的故事。就跟一代《生化危機》一樣，它遠比那年代大部分玩家習以為常的遊戲場景都還要詳盡且逼真太多。

蓋諾在《生化奇兵2》擴充下載內容《密涅瓦之室》（Minerva's Den）首次擔任領銜設計師，以及在延續該遊戲精神的續作《生化奇兵：無限之城》（Bioshock Infinite）的初期開發階段擔任領銜關卡設計時，都獲得持續強調「打造細緻世界」以及「玩家涉入感」的機會。然而，儘管蓋諾經手的是產業中最受人喜愛的遊

戲系列，他還是於 2010 年 12 月宣布和另兩名同事瓊尼曼・諾德哈根（Johnnemann Nordhagen）以及卡拉・奇蒙嘉（Karla Zimonja）會脫離原公司並成立一間獨立遊戲開發公司，叫 Fullbright Company。這 3 個人在奧勒岡州的波特蘭弄到了一間小房子，不只能在裡面工作，也能住在裡面。而更讓人感到溫馨的是，蓋諾的太太也住在那裡。後來揭露名稱為《到家》（Gone Home）的 Fullbright Company 頭號計畫，會運用從《生化奇兵》學到的經驗。《到家》的場景就跟波特蘭那間拿來營運公司的房子一樣，和空想水下都市有著天壤之別。

　　《到家》沒有要你去探索一座住滿居民的城市或者一座雜亂蔓延的沉沒廢墟，它直接要你去扮演一名經歷漫長旅途返家、卻發現原本普通尋常的新家居然人去樓空的年輕女性角色。推動你開始調查到底發生什麼事的，就只有主角妹妹留下的神秘字條。這是一個精細到難以置信的世界，而遊戲玩法完全就是從第一人稱視角探索房子，拿起物品並檢查，辛苦蒐集到跑完遊戲故事所需的資訊。儘管《到家》跟有著高預算的開放世界遊戲或者 Oculus Rift 華麗的虛擬實境如此不同，但它卻是我玩過最身歷其境的遊戲。它是一個教科書經典案例，展現了空間臨場感的心理學研究結果，如何能用來創造一種遊戲環境，讓你忘卻了自己和環境之間的技術層面，達到你真心感覺自己就身在其中的境界。

什麼心理學？你會問這個問題真是太好了！是的，你剛問了。我有聽到你問喔。我們就回頭去看我們那幾位朋友，也就是前面提到構思出「空間臨場感兩階段步驟」的馬蒂亞斯・霍佛、韋納・沃思以及提洛・哈特曼。由科技所創造的那種栩栩如生、深刻且有說服力的遊戲世界場景是很重要，但研究者也發現，媒介還有其他幾個面向，同樣也是引人入勝的關鍵。而《到家》這款遊戲就那麼碰巧地，提供了這些面向如何生效的教科書典範。

　　對於空間臨場感來說至關重要的一點是，遊戲創造的世界要有恆常穩定的表現且符合我們的預期。舉例來說，如果一款遊戲呈現視覺的表現方式不穩定，或者遊戲裡的事物並不如我們預期地那麼運行，那麼，遊戲中萬般精彩的視覺效果便有可能遭到破壞。針對各媒介的空間臨場感所進行的研究證明，遊戲世界中不協調的要素，有礙建構該遊戲世界的心理模型。這代表說，你不想看見任何提醒你說「喔對齁，這是電子遊戲」的東西。舉例來說，《到家》的使用者介面存在感很低，不會在畫面上浮出數字，連顯示你朝那個方向的羅盤都沒有。像《上古卷軸 V：無界天際》以及《極地戰嚎》（Far Cry）系列的使用者介面也同樣限縮，使遊戲內沒有太多要素能讓人意識到這是個人工環境。擾人的頭戴式顯示器、敵人頭上出現的損傷數字、成就通知、訊息通知、載入畫面，還有教學訊息，都會頻繁損害沉浸感。遊戲內的廣告

為何那麼令人分心,也是出於這個理由:在試圖潛入恐怖分子訓練營的同時,若得先看過25次亞當・山德勒(Adam Sandler)新電影預告,還滿能讓人出戲的。不過我也要指出,在那些廣告與遊戲世界並非不協調的例子中,遊戲中出現真實的廣告,其實是有幫助的。舉例來說,遊玩一款標榜「全美運動汽車競賽協會」(NASCAR)的遊戲時,當然要看到每輛車都被廣告商標貼得亂七八糟才有感覺;而棒球遊戲的外野大牆上,也要蓋滿真實世界運動飲料的廣告才更夠味。

然而,《到家》裡面的一切,看起來就像是你在探索的那種房子裡該有的東西。其中一招就是,遊戲發生在一個小場景內,但那個環境卻詳盡到了極致。你幾乎可以把所有東西都拿起來檢查——螢光筆、雜誌、票根、小裝飾品,提醒你爸媽還有在嘿咻的東西,隨便你想到什麼都行。不僅如此,你甚至還可以旋轉物件來貼近檢視。遊戲美術甚至還在適當的地方仔細複製了不同人的手寫筆跡。這可不是個只為了填滿空間而把同一種物件複製貼進去的世界。《到家》遊戲內大部分的零碎雜物都是獨一無二。

另外值得一提的是,如果要維持臨場感的話,遊戲世界得要持久。它不能像你一樣,每次碰到「載入中⋯⋯」畫面、「放入光碟2」的提示,或者「與伺服器中斷連線」的警示,就那麼起身離開。那看似是件小事,但如果遊戲能避免在載入新地圖

時出現暫停，或者在不得不暫停時找到一些聰明方法來掩飾過去的話，空間臨場感就更有可能存在。科幻遊戲《質量效應》（Mass Effect）裡沒完沒了的搭電梯是粉絲之間的笑柄，但這種過場確實藉此掩飾了載入新遊戲區域的這道程序，而且還常常讓玩家有機會能在無意間聽到遊戲中的主角：薛帕德中校（Commander Shepard）和隊員之間用來打發時間的逼真（而且常常很逗趣的）閒談。而其他遊戲，好比說《最後生還者》（The Last of Us），則會順順地從一個區域載到下一個區域，僅會在開始遊戲時讓我們看到載入畫面。製作《到家》背後的預算和人工限制，反倒產生出一整個體驗過程不會中斷的遊戲世界。

最後，互動性是打造電子遊戲空間臨場感不可或缺之物。能以可預測方式互動的東西越多，就越容易創造出心理模型。或許更重要的是，你的心智就越容易陷入「將遊戲世界的位置做為自己首要參照點」的習慣——那也正是空間臨場感的定義。要承認這段往事滿不好意思的，但在 1996 年那時，當我發現《毀滅公爵 3D》（Duke Nukem 3D）裡面的男廁馬桶可以沖水時，簡直驚為天人。這真是太神奇了！幾年後當我在 SEGA 的主機 Dreamcast 上玩動作冒險遊戲《莎木》（Shenmue），我很欣喜地發現，自己可以無限期暫停主角的個人復仇任務，並強迫他跟一隻待在瓦楞紙箱裡的小貓咪一直玩。網路漫畫「便士街機遊戲」也在一則

短篇漫畫裡將這個情境化為了永恆；當漫畫主角在漫畫中講到，「我是芭月涼。我將為我父親的死復仇⋯⋯但等我先陪這隻小貓咪玩過！然後等我喝完這瓶汽水！然後等我玩過這些玩具！」值得慶幸的是，當年遊玩《莎木》可以體驗到的那幾種互動性，自這款遊戲之後已經有了長足進展，而往往比過去的更加強烈。舉例來說，在《到家》裡面，你可以把遊戲中的任何東西都拿起、旋轉、檢查然後放下。字條以甚至在筆記本的紙以手寫呈現，空白處甚至還有小小的隨手塗鴉。史蒂夫・蓋諾說，他和團隊之所以選定 1995 年做為遊戲背景，是因為在他們的回憶中，當年是代表著上述那些物品還沒被電子郵件和簡訊所取代的最後時光。

一如你所預期的與遊戲互動是一回事，但是前述「莫札特之屋」研究的主要作者馬蒂亞斯・霍佛，卻針對他和他同事稱之為「涉入」（involvement）的關鍵概念作了詳述。涉入不只是單純的注意到，甚至不只是互動，而是針對遊戲世界的一種劇烈且長時間持續的專注以及心智處理程序。找到某種方法登上一座高山、探索毀壞的市中心購物區遺跡，或者制定一個洗劫某貴族宅邸的最安全方案，都是涉入。看一款遊戲能提供什麼、思考它提供之事物、並在遊玩期間運用這些事物後的最後結果，就是涉入。

涉入也包含刻意去探索一款遊戲的機制，也因此，十分著重系統的各種遊戲設計常常讓我們覺得自己真的身處它們的遊戲

再玩個一關就好了　225

世界裡。在遊戲設計用語中,「制度」(system,系統)指的是「遊戲如何運作」以及「你可以在遊戲中作什麼」的一套規則。舉例來說,在《上古卷軸V:無界天際》或《極地戰嚎4》這類角色扮演遊戲中,尋覓材料和道具來增進你的工藝技能,是那些遊戲之所以如此引人入勝的一個主要部分。這過程不只是你看到了什麼,或者你怎麼看,甚至也不只是你跟它互動而已。過程中,遊戲系統和遊玩過程更是在漫長的一段時期中占據了你的心理資源和思緒。

不過這也是要互相的。要了解涉入以及它與空間臨場感的關係,一個重要的地方在於,它取決於一名玩家想要涉入的動機。霍佛和同事所謂的「領域特定興趣」(domain-specific interests),就是從這地方開始運作。這個概念和「你有多投入遊戲的題材、場景、主旨或者其他面向」有關。你住在南加州(Southern California)嗎?如果是的話,《俠盜獵車手V》會令你更沉浸其中,因為有那一切熟悉的地景、文化標誌和當地人才懂的圈內笑話。你認為賽博龐克(cyberpunk)是有史以來最蠢的類型嗎?這樣的話,《駭客入侵》(Deus Ex)系列恐怕很難把你拉進那種世界裡。題材:第二次世界大戰──《狙擊之神》(Sniper Elite)、場景:殭屍災變世界──《DayZ》,甚至是探討主旨:艾茵・蘭德的客觀主義哲學──《生化奇兵》也有一樣的效果。霍佛的研究證

明,如果遊戲的某個東西刺激了玩家的某個特定興趣,那會導致涉入感增加,而那又將導致人沉醉於該遊戲世界。

現在也值得回頭去看看「我們在心理層面再現虛擬世界」的過程建構,並留意到哪些領域特定興趣可以讓那種過程更容易發展。如果你十分熱衷於克林・伊斯威特(Clint Eastwood)那一大串義大利式西部片,或者十分熱衷於現代軍武,那麼,在玩《碧血狂殺》(Red Dead Redemption)或者《決勝時刻:先進戰爭》(Call of Duty: Advanced Warfare)的時候,你就會因此特別容易能填補你眼前世界的空缺之處,也特別容易對這世界做出猜想。就算遊戲沒有讓玩家看遍遊戲世界的每一個小小細節,玩家還是會引用自己的知識庫,來強化心理模型的擬真程度。

同樣地,《到家》也很容易就讓人涉入其中。遊戲背景設定為1990年代中期,遊戲的目標玩家裡,許多人都對這個時間點有鮮明記憶,也因此會對這個時間點送上他們自己的記憶資產。而就如我們在第4章談遊戲懷舊時所提到的,這種情感有可能會讓人們專注、感覺良好,並想要涉入一種媒介。而事實上,這款遊戲本該就得要讓玩家涉入,因為能詳細跟玩家說明解釋的東西非常少,玩家得從所有建模精細的物品、字條和其他線索中辛苦撿拾資訊,來把遊戲的少量敘事碎屑拼湊起來。你得要搜尋資訊來源,弄清楚那些資訊起於誰的觀點,它如何按時序相符合,它

有多可靠，還要顧及許多其他因素。這些線索往往模糊不清，所以遊戲大部分的愉悅來自你讓這些線索在心中翻來覆去，並構築一條有道理的敘事。而且，因為沒有喪屍或納粹軍人或納粹喪屍軍人之類的東西，也就沒有槍戰場景或者讓人穿梭的迷宮來中斷涉入。遊戲有的就只是那些線索，其設計並沒有打算要你從中分心。

所以，到頭來，就引發電子遊戲臨場感而言，到底是技術還是遊戲設計比較重要呢？根據我研究本章主題所了解的情況，我不會給出模稜兩可的答案：我認為技術可能占了最大的分量。光是戴上一個頭戴式顯示器並體驗精心設計的虛擬環境，就可以把你的大腦騙到彷彿身歷其境般地做出反應。那個虛擬實境也不用多精細，甚至只要有空房間就夠了。然而，只針對遊戲的一個面向——不管挑的是技術還是設計——來仰賴它產生臨場感，會是目光短淺的行為。兩個面向都很重要，而遊戲開發者會採兩者兼用，來做出把你拉進它們世界的遊戲。虛擬實境、高畫質螢幕、操作起來自然流暢的控制器、動態追蹤以及環繞音效這類技術與適當的遊戲設計相結合，是空間臨場感事半功倍的基礎。設計者把手上可用工具及素材全數投入打造的遊戲世界，就會是我們最容易掉進去且永遠不想離開的遊戲世界。

本章攻略要點

- 大部分玩家稱作「沉浸」的東西，心理學家稱其為「空間臨場感」，因為學者總愛把這類東西弄得很複雜。
- 當我們不再注意自己和遊戲虛擬世界間差距的技術時，會出現空間臨場感。
- 給自己創造一個豐富而完整的遊戲世界心理重現，接著我們自己再把它當作「所在之處」的首要參照點來採納，便會助長空間臨場感。
- 那世界的心理模型越是栩栩如生、越是詳盡、越讓人熟悉，空間臨場感的潛力就越大。技術和遊戲設計的選擇都能對此有所幫助。
- 可以藉由科技欺騙你頭腦以創造出空間臨場感，它欺騙頭腦的層次，跟現實中透過環境的視、聽覺提示來欺騙腦的層次是一樣的。
- 如果能提供自然，並要求將你應當執行的活動以直接輸入的控制表現方式（如將控制器當作網球拍揮拍），也會提升空間臨場感。
- 遊戲設計利用玩家對場景的想像和熟悉協助補完遊戲世界，來協助創造一個豐富的心理模型。

- 持續、完善、可互動地展現一個遊戲世界,或者沒有那種會戳破幻境的非現實指示符號,對提升空間臨場感也會有所幫助。
- 鼓勵玩家涉入的遊戲也能提升空間臨場感。在這個脈絡下,涉入指的是大量且持久地專注於遊戲世界,以及對遊戲世界進行的心理處理。

CHAPTER 9

為什麼數位遊戲特賣會總是讓人失心瘋地花錢消費？

「我們也都是玩家,於是我們就開始思考說,讓促銷更好玩而且更像遊戲的最佳方式是什麼?……我們將『買遊戲』的這件事的本質上也打造成是一種遊戲。」

——奧勒格・克拉波夫斯基(Oleg Klapovskiy),
GOG.com 行銷副總裁

2011 年，連鎖百貨傑西潘尼（JCPenney）宣布，他們聘用了朗・強森（Ron Johnson）擔任新執行長。強森當時正因目標百貨（Target）和蘋果的銷售大革新計畫接連成功而風生水起，所以，久負盛名但正在苦撐中的傑西潘尼便找上他，希望讓自家百貨同樣成功。強森緊接著就宣布說，他要做的就跟之前蘋果銷售營運的改變方針差不多，他要傑西潘尼逛起來很開心，讓你待著待著就決定買個東西。所以公司採用新方針，重新設計了店面，還會動員一小支店員兵團在各樓層間執行這些改變。

這想法聽起來不錯，不過強森還打算改變一些細微但基本的東西，和典型的傑西潘尼購物經驗有關。到任沒多久，他就留意到公司賣的商品，有 75% 都打了至少 5 折。襯衫、皮帶、鞋子、小家電、寢具──不論是什麼，公司的標準運作程序就是在特賣會期間砍價，或者給準備好正確折價券的購物者們提供破盤折扣。或者兩者兼行。許多物品不知為何整年都處在降價狀態，也就讓「特賣會」的意義擴展到莫名其妙的程度。強森認為，這種誤導式標價法跟公司的新形象不合，而他覺得這破壞了公司與顧客的誠信關係。所以強森於 2012 年 2 月 1 日針對該公司幾百間門市全面發起「天天都公道」（Fair and Square Every Day）的標價方法。

公道標價也代表了會有幾件傑西潘尼顧客不習慣的事。其中

一個跟用「.99美元」結尾的「尾數訂價」（charm price）有關。於是本來賣 11.99 美元的襯衫變成了 12.00 美元。但真正的大改變，在於強森用力擺脫特賣會、優惠券和專搶便宜下殺的買法。店裡的每件東西都會標上公司認為的公道不二價。你不用靠優惠券來取得折扣，而你今天走進店裡也不用擔心錯過昨天的特賣會。為了宣告改變開始，公司推出了廣告，廣告中傑西潘尼的顧客卯足全力惡搞達斯‧維達，面對疊在一起的降價標籤和郵筒裡湧泉般噴出的優惠券，大喊著「不～～～～～～！」[1]。廣告的標語是「夠了真是夠了」（Enough is enough）。

但結果卻不是這樣。夠了其實還不夠。對傑西潘尼的顧客來說，拿到不想拿才叫夠了，但前提是你把價格降到恰到好處。要是不這樣的話，剛好夠的價錢就叫做賣太貴。重點在於，在傑西潘尼買了一輩子的顧客過去不只是巴望著特賣會、優惠券和搜刮便宜貨才來，他們也是為了享受這些活動而來。一條牛仔褲 35 美元是不是公道價並不重要。人們要的是標價 50 美元的牛仔褲，外加在限時減價 15 美元時得到它的滿足感。他們想要的感覺是，因為他們等到了特賣會並囤積了兩張 9 折優惠券，所以

---

1. 這個台詞哏出自 2005 年星際大戰三部曲《西斯大帝的復仇》（Revenge of the Sith）

自己更能掌控自己付了多少錢。他們想要那種在對的時間、對的價格搶到商品的刺激感，就算那很麻煩也甘願。簡單來說，強森忽視了專搶便宜貨的心理成因。結果就是傑西潘尼的銷售不如預期。持平而論，分析家事後來看，可以指出公道標價措施失敗的其他理由：手法拙劣的硬幹、沒能先在少量店家作先導測試，而且無法傾聽員工的意見回饋。但優惠的心理因素還是很吃重。光是 2012 年的第 4 季，銷售量就下滑了 32%──那可是 32% 呢──強森也因此被踢走，而新的管理層便讓特賣會和優惠券都照舊恢復了。

購買電子遊戲的人們，其行動方式往往就跟跑去買開學特價新衣以及攪拌器的傑西潘尼顧客一樣。我們之中不少人都喜歡特賣會，而遊戲業也想到了一些相當聰明且有效的方法，來向我們展示特賣會。消費者心理學文獻充斥著各種定價和特價研究，含括的產品幾乎應有盡有；但電子遊戲市場有個特別之處，就是購買行為越來越數位。透過網路的魔力，你可以買甚至租遊戲，讓你能把遊戲直接下載到主機或電腦上，或者讓你線上遊玩。至於手機和平板上的手遊[2]（mobile game），數位就是唯一的購買方式。

這種僅限數位的行銷是一個大半新鮮的領域，而且，儘管你過去對行銷習以為常的一些想法放到這邊還是有些關聯，但有些就不能直接運用於此，或者說沒辦法涵蓋這個新世界中把商品行

銷給顧客的所有方法。對發行者和零售者來說，數位行銷創造了一些新的機會，使他們能用心理學來讓你購買他們的產品。根據娛樂軟體協會的一份報告指出，2014 年有 52% 的遊戲銷售是數位銷售。個人電腦遊戲數位銷售平台的龍頭 Steam 一年會舉行兩次以上的特賣活動，屆時都會有眾多玩家因為大幅特惠而引頸期盼，同時又因為會買下不知道何時才會玩的遊戲而害怕不已。但 Steam 一點也不孤單。俗賣捆包（Humble Bundle）這間公司提供了每周遊戲組合包，顧客可以只付他們想付的價格（最低可達 1 分錢），但他們買了就可以支持慈善機構，而且如果有其他遊戲正好低於目前平均價的話，這些遊戲也會多塞到組合包裡。主打在第 4 章討論懷舊時的那類遊戲的 GOG（Good Old Game）也會舉辦「失眠特賣會」（Insomnia Sales），會一次砍一款遊戲的價格，而且如果沒有賣到一定數量，就不開始砍下一款遊戲。但如果你沒在好價碼時上車，它也不會在那邊等你。而且，雖然手遊頻繁使用會在後面其他章討論的免費模式及遊戲內購買，但蘋果和安卓這兩個行動平台的虛擬店面當然也會有特賣活動，也會仔細思考要怎麼呈現產品。

---

2. 隨著平板電腦加入行動裝置行列，中文慣用的「手遊」一詞，範圍也擴展到了手機以外的行動裝置。

所以我們就來看看一些最普遍的心理學銷售技巧，你下次滑頁面尋找新遊戲來買的時候，可能就會派上用場。首先我們來看看，在什麼樣的條件下，就連經驗最老到的玩家，也跟往年跑去傑西潘尼大特賣的購物者沒啥兩樣。

飢餓行銷以及心理抗拒

特賣活動很少會永無止境。如果你去查一下「特賣會」（sale）這個詞的定義，差不多就會這樣寫。優惠（bargain）往往只是「售完為止」，而研究明確顯示，「僅在有限時間內可取得」是一個非常有效的推銷話術，因為我們會更重視那些稀罕或是可得性有限的東西。舉例來說，萬代1987年的遊戲《家中教練：賽跑競技場》[3]（Stadium Events）是紅白機遊戲收藏家最趨之若鶩的一款遊戲。2010年，有一名女性在eBay上以13,105美元的價格售出了一款遊戲，基本上是不小心賣掉的。她只是把那款遊戲跟著車庫裡找到的一箱任天堂遊戲一起上架拍賣，第二天察看拍賣資訊時，完全不知道為什麼競價會飆到那麼高。《家中教練：賽跑競技場》為什麼那麼貴重？任天堂發行該遊戲沒多久就把所有卡帶下架並銷毀，好讓他們可以推銷另一款田徑運動遊戲。但有少

數幾份《家中教練：賽跑競技場》成功脫逃，讓它成為現存最稀有的遊戲卡帶之一。光是出於這個理由，它對收藏家來說就值這個價。絕對不是因為那款遊戲有多棒。

不過，這種心態並不限於著迷的收藏家。「因一件物品的稀有而評以高價」只不過是我們揮之不去的那幾種決策捷徑之一，因為它在我們的一生中都提供了一個準確度和心力之間的絕佳權衡。心理學家斯蒂芬·沃切爾（Stephen Worchel）和同事透過一項關於餅乾的研究說明了這個道理，這裡不是在講很多網站在弄的那種cookie[4]。研究者跟受試者說，他們正在參與一個測量人們對各種零售商品之偏好的實驗。就在滔滔不絕中的某一刻，實驗執行者猛力按下桌底的一個秘密按鈕。心理學家超愛秘密按鈕，但這個按鈕並沒有像平常那樣打開受試者座位下的陷阱暗門，而是喚來了第二位實驗者，帶了一罐餅乾過來。這第二位實驗者送上的餅乾根據受試者分派到的實驗條件而有所不同，有的可能是10片餅乾裝滿的一整罐，也可能是幾乎全空的罐子裡只有2片餅乾。接著，他們要受試者從罐中取出一片餅乾，咬一

---

3. 此處譯名是以日文版原名ファミリートレーナー ランニングスタジアム翻譯。
4. cookie 指的是網路瀏覽器所創建的資訊檔案。以記錄使用者的登入個資、使用偏好和購物內容等資訊，檔案都不大。作為下次造訪該頁面時的預載資訊，提供更便捷的網路體驗。

口,然後分享他們對於味道、吸引人的程度,以及餅乾應該賣多少錢等等的想法。跟那些從快滿的罐子拿餅乾吃的人相比,從只有2片的罐子拿餅乾的人會覺得那些餅乾比較好吃,比較值得擁有,也值得比較高的價錢。儘管兩個罐子裝的東西完全一樣,而且不過就是超市在賣的某一牌餅乾裡抽出的幾片,這樣的情形還是會發生。人所感受到的餅乾稀缺程度,不只影響了他們觀感中餅乾的價值,也影響了餅乾的味道和吸引力。

GOG.com 在他們半正規的「失眠特賣會」上運用了這種稀缺現象,產生了好的效果。在這些活動中,數位店面一次展示一款折扣殺很大的遊戲。好比說,你有可能買到打到兩折的經典遊戲《網路奇兵2》(System Shock 2)。但有個問題在於,宣傳活動那邊有一根像是血條的東西,舉凡有人撈到的話就會減少一點點。當血條見底的時候,就要開始賣下一個特價品了。對於那些價格殺很大的知名遊戲來說,血條在幾分鐘內甚至幾秒鐘內就會見底,所以購買者在驅使下會目不轉睛地盯著網站,以免錯過任何東西。所以特賣會才有讓玩家「失眠」這個稱號。不難想像,當人們眼見庫存越剩越少,就會有人失控地點下「立刻購買」去緊抓一款他們平常都會懷疑好不好玩或者不太熱衷的遊戲。他們不想錯過看起來像是便宜好遊戲的商品。

這種高估稀罕物品的情況,也會在其他的數位遊戲特賣會上

發生。儘管數位零售商提供的遊戲也不過就是一連串份數無限多的 1 跟 0，但它們還是能從稀缺效應中獲益，因為那種適用於實體商品的偏誤，也能適用於「機會」上。「時間有限！」的折扣之所以跟「售完為止！」的買賣一樣有效，就是因為人為稀缺。舉例來說，「俗賣捆包」網站會舉行每周特賣會，它們會把好幾款遊戲包在一起用極低的價錢賣出——事實上，價格低到你認為有多便宜就有多便宜。每一次交易都會跳出一個計時器，倒數著特賣期間還剩幾小時，還有一個「時間有限！」的警示。Steam 會在每日折扣中使用一個類似的計時器，而在一年兩次的特賣活動中，特價會以規律的 24 小時或 8 小時為一輪出現。

「缺少一次去做某件事的機會」的徵兆也會引發另一種心理效應，是我在談任務和目標的那一章討論過的「心理抗拒」。簡單來說，我們往往會賦予稀缺物較高的價值，而失去這些稀缺物的念頭，會讓我們覺得它們比更隨手可得的其他選擇要好。在針對該效應的一項研究中，一組心理學家研究了佛羅里達州的家庭主婦對於「禁售某幾款包含有害環境之磷酸鹽類的洗衣精」有何反應。面臨這種選擇喪失的人不只是買下更多該產品（不僅比得知禁售前買得更多，也比控制組買得更多），他們還評定含磷酸鹽類的肥皂比政府批准的其他肥皂更有清潔效果。這情況也屬於人類心智演變成「失去某物的厭惡感受強過獲得同價值物品

的愉悅感受」之後所產生的副作用，因為我們就算還沒拿下一個機會，我們也會覺得擁有那個機會。當我們之中有許多人盯著快要溜走的 Steam 每日折扣（Steam Daily Deal）或者 Xbox 遊戲賣場（Xbox Marketplace）特價會時，行為表現就跟佛羅里達的那些家庭主婦一樣。光是知道我們快要失去買某個東西的機會，就會讓我們不願意錯過它。萬一它再也不降價特賣了怎麼辦？事實上，遊戲幾乎永遠都會再次降價特賣，但在你親眼盯著機會消逝的那個激動瞬間，就算知道這點也改變不了什麼。你花在數位特賣會上的同一筆錢可以花在更多地方。你可以拿去買其他遊戲，縱使買到的數量比較少。你還可以買別的商品。但人造稀缺和心理抗拒有可能會讓你覺得，你會從那些很快就將無法取得的物品中得到更高的整體愉悅程度。

另外還有一個心理伎倆也強化了稀缺感的魅力，讓在數位環境中發動起來遠比在實體環境中要簡單太多。那就是你無法知道下款舉辦特賣的遊戲會是什麼。你也不知道它好不好玩。你就只知道會有個什麼東西。

隨機獎勵排程：現在有什麼正在特價？要買何不就……趁現在？

那種「一堂搞懂心理學」的課會涵蓋的幾種熱門主題中，有一個應該會是獎勵與懲罰的排程。如果你的目標是讓人們採納然後重複行為的話，給予獎勵是個關鍵，但那些獎勵的排程也非常關鍵。如果某人按下手把按鈕 10 次你就會給他一小顆餅乾的話，那基本上就是一個「固定時距排程」。但如果你在每次按了手把之後隨機給予或不給予一小顆餅乾的話，就叫做「隨機或變動獎勵排程」。一般來說，隨機排程是讓人將手把連打個不停的最有效方法。你可能打從在談掉寶的那章開始就一直記得這一切，而那並非偶然。特賣會正是玩家在現實生活中的掉寶體驗。

當你看見一款想要買的遊戲出現在 Steam 的每日折扣上，或者成了藝電同型服務 Origin 上的特賣品時，那感覺就像是拿到了一小顆餅乾。那是你不時察看店面的獎勵。事實上，在一年兩次的 Steam 特賣會中，每天中午去巡店看看新折扣是這活動令我最喜歡的事──僅次於每 8 個小時左右回去巡一下那幾個快閃特價。我很確定店主們事先就已經排好了特價名單，但遊戲的選擇在我看來就像是隨機的。而那些店長通常都很熟練地把東西排開，確保我整天都會回來網站上看看我會不會拿到大特價這種

獎勵。讓特賣會如此扣人心弦的就是這一點，而數位特賣可以比實體機構更輕易仰賴隨機獎勵，因為它們可以把架上商品一直換進換出，卻不用把價格用紅筆槓掉、不用改變陳列，也不用貼新標籤。附帶一提，線上零售商 Woot.com 曾經靠隨機獎勵排程和稀缺效應賺了一筆錢。網站在看似隨機的五花八門物品上提供時間有限的折扣。Amazon.com 也同樣用著它的每日「金盒（Gold Box）折扣」，在類別隨機的電子遊戲和其他千奇百怪的零售雜物上作著相同的事。

不過，有時候多款遊戲包成一捆福袋特賣的吸引力反而有限，甚至可能對零售商產生一點反效果。當你興奮地在某間數位店面找一捆特價福袋，卻發現那些福袋要不就是有你不想要的遊戲，不然就是有你已經買過的遊戲，這時候你會怎麼做？

少便是多的「俗賣捆包」

我前面已經提過幾次「俗賣捆包」的特賣會了。它提供的品項現在已經比較多樣了，但幾年前這個計畫剛開始時，還只是一整組（或者你要說一捆〔bundle〕也行）獨立開發的遊戲讓你隨便喊價一次買一包。舉例來說，2012 年有一捆就包括了《失憶症》

（Amnesia）、《地獄邊境》（Limbo）、《腦航員》（Psychonauts）、《超級兄弟：劍與巫術》（Superbrothers: Sword & Sworcery EP）、《堡壘》（Bastion）等等。想買這份捆包，看你想付1美元或100美元都行，但無論怎樣都會有一些收益交給慈善機構。

「俗賣捆包」大獲成功的原因就在於它結合了慈善事業以及給我、快給我、趕快給我啦等要素而具備吸引力。想付多少付多少跟福袋的概念合起來雖然很棒，但有一個簡單的心理現象，常常讓人們一開始不願意花他們本來會花的那麼多錢，也因此就不會讓慈善機構獲得那麼多錢。要看出其中的門道，我們就來談談餐具組。耶！居然是餐具組耶！

芝加哥大學（University of Chicago）的奚愷元（Christopher Hsee）進行過一次實驗，他要求一票研究對象想像自己正在參訪一間廉價商店，想買一套餐具組。就想像是餐盤、杯碗、茶碟等等的那一類東西。奚愷元跟受試者說，擺清倉品的桌上只剩兩套：A套組跟B套組。以下是兩個套組各自的內容：

餐具組A：

- 8個餐盤
- 8個碗
- 8個點心盤

- 8 個杯子，但有 2 個破損
- 8 個茶碟，但有 7 個破損

餐具組 B：
- 8 個餐盤
- 8 個碗
- 8 個點心盤
- 0 個杯子
- 0 個茶碟

　　以你高於常人的觀察力毫無疑問地向你揭露，A 套組包含了 B 套組的一切，而且還更多。的確，那些「多」的東西裡有些損壞了，但有些還完整。奚愷元要每一個想購買的人看看擺著這兩組餐具的桌子，並說出他們各會付多少錢買 A 套組和 B 套組。結果平均出價大約是 A 套組 32 美元、B 套組 30 美元。正如你所預料，購買者願意多花一些些錢來買 A 套組多出來的完好杯盤。

　　我知道這不意外。可是問題來了：奚愷元還讓另外兩個實驗組的購物者處在他所謂的「獨立評估條件」（separate evaluation condition）之下。有一組始終沒看到 B 套組而只能考量 A 套組，

而另一組則是沒能見到 A 套組一眼而只能考慮 B 套組。當實驗執行者問這些人願意付多少錢買眼前這唯一一套餐具組時，出價的模式就逆轉了：人們平均給 A 套組出價 23 美元，但 B 套組卻出價 30 美元。很奇怪，對吧？只能看見 B 套組的人願意付出比有看見 A 套組的人更多的錢。儘管 A 套組有更多的完好配件，這情況還是發生了。

奚愷元解釋這個「少便是多」現象的說法是，在獨立評估模式下，我們是藉由把選項──衣服、電子遊戲捆包、餐具組，或者隨便什麼──和該類別的一個參照點相比，來評估選項的價值。在上面的例子中，參照點是「一套共 40 個組件的完整餐具組」，但只有 A 套組用這個參照點。那些只看到 B 套組的人有著不同的參照點：一套 24 件的餐具組。接著，我們往往會貶低那些跟參照點相比之下較不好的選項。A 套組和 40 件餐具組這個參照點相比之下較差，因為它只有 31 個完好的組件。B 套組和自身參照組相比就是中性的，因為 24 個參照組件它都有。

奚愷元這篇影響力深遠的文章，還包含了另一個可以讓這觀點更明確的例子：人們見到 8 盎司的冰淇淋裝在 10 盎司杯子裡沒裝滿，會認為那比 5 盎司杯子裝到滿出來的 7 盎司冰淇淋還低價。儘管大杯還比小杯多裝了 1 盎司冰淇淋，人們卻還是這麼評價。為什麼呢？因為 10 盎司杯子裝 8 盎司的東西，感覺像是有

人在小氣。遜。但 5 盎司杯子裡裝 7 盎司的東西呢？喔我的老天爺啊，他居然就那樣再疊了上去耶。這樣超讚的！是冰淇淋派對耶！

一個選擇的構築方式，再次重要到足以推翻純邏輯思考，至少大部分時候是如此。人腦不喜歡孤立地思考價值或價格。大腦會找出參照點—— 40 件餐具組或者 10 盎司杯子——並思考價錢離那個參照點有多近。所以，我們就回來看「俗賣捆包」，然後打個比方說，我當時正看著我先前提到的那一捆內容：《失憶症：黑暗後裔》、《地獄邊境》、《腦航員》、《超級兄弟：劍與巫術》，以及《堡壘》。它們都是好遊戲，但我已經有了《腦航員》和《失憶症》，所以對我而言沒價值。它們就像破損的茶杯一樣。這種「5 個裡只有 3 個好」的比較，會壓低我對福袋的評價。而且因為我自訂價格，我甚至有可能願意付同樣的錢（甚至更多的錢）買一包只有 3 款遊戲但每款我都要的那種福袋。同樣的情況也可能發生在先前討論過的 Steam 福袋上，或者任一種數位下載服務的福袋上。

這種情況的解方，有可能是讓「俗賣捆包」的購物者俗俗地建立自己的捆包。一個「付你想付的價錢從這個清單中取 5 款遊戲」的買賣，或許會產生更高的價格。或者也可以用簡單方法，像是讓使用者在清單上把已經擁有或不要的遊戲取消打勾，所以

那些遊戲就會從螢幕上消失，就只留下一組購買者想要的遊戲，而可以從中形成新的參照點。不論哪種都只是理想中的解方，但「俗賣捆包」也想到了一個點子，就是如果福袋中有你不想要的遊戲的話，你可以把它當作禮物送出。這辦法幾乎是一樣讚，因為它確實讓那些不需要的遊戲有了一些價值。

我知道你們很難相信，我們就那麼容易被那麼違背直覺的方式操縱，但認清行銷者正為了我們的好處以及他們自己的好處而使用心理學，有時是件滿好的事。當然，他們並非始終出於善意而運用他們的知識，這一點你可以放一百個心。有時他們會在自己的遊戲中玩個專程設計的小把戲，來在把你整個拖下水之前，先把你拉下來一點點。

承諾與一致性：「我會買、我能買、我在買！」

一般來說，人都喜歡展現出一致性。一旦某人作了一個承諾或者表示了一種偏好，就會開始有一定分量的精神慣性，而他們會覺得有種壓力，要讓自己的行為符合自己的想法。羅伯特・席爾迪尼（Robert Cialdini）在他傑出的著作《影響力：說服的六大武器，讓人在不知不覺中受擺佈》（Influence: Science and Practice）

之中,描述他和一位朋友因為好玩而去了一趟「超覺靜坐」（transcendental meditation）入門課的過程。當講師教導如何進行飄浮在空中或穿牆等奇觀的進階課程時,席爾迪尼的朋友猛烈抨擊他,並揭穿他的聲明是不可能成真的瞎扯淡。神奇的是,聽眾中有許多人聽了席爾迪尼朋友說的話之後,還是繼續砸了 75 美元上進階課,即便都有證據能證明那是騙人的。畢竟,他們花了時間去上課,因此他們對於賣給自己的東西展現出一種無論什麼證據都改變不了的信念。對自己做過的事情懷抱信念,比改變過去更容易。如果這會讓你想起前面聊到迷弟迷妹們的第 3 章、討論人都想要避免認知失調的那部分,那你真的滿專心的。這裡發生的事情跟那相當類似。

因此,從這點來看,有沒有留意到 Steam 會在你的願望清單上的某個東西特價時發電子郵件給你,連在大特賣活動期間也發？我隨時都會把東西丟進清單,好追蹤我在特賣期間會想買的遊戲,而當我收到通知時,我都覺得有人在召喚我實現一個承諾。Steam 甚至有一個「朋友活動」頁面,你可以在頁面上看到其他人加了什麼到願望清單,所以你就知道,當你把東西加進自己的清單時,其他人有可能也在看。當你在特賣會期間於社群選擇（Community Choice）這個票選活動中投票時,Steam 也會指望你許下的承諾,假定你還沒擁有你票選的那款遊戲。在這些小競

賽中,你可以投票給你覺得下次該特價的遊戲。主動積極涉入、期望得到某種結果,並形成一種意圖,這樣代表說,如果你投的遊戲勝選,你就更有可能去買那遊戲。一旦你選的遊戲真的勝出,那感覺就像是個獎勵——就好像你贏了一場小比賽一樣——,所以你就更有可能去把好的感受和那款遊戲連想在一起。

我們對於一致性的偏好,也在我談進展型遊戲機制的那一章所介紹的另一個主題上起了作用,那就是「人為推進效應」。扼要重述一下,我們一旦開始朝一個目標前進,我們往往會想要完成它,因為它創造了一種心理焦慮。這種目標和其相關工作的資訊會比較容易記住,也能比較快想起。2013 年,維爾福在夏日 Steam 特賣會中就使用了人性的這種怪癖;它們採用了一個新要素:交換遊戲卡。活動的名稱是「Steam 夏季跑路特賣會」（Steam Summer Getaway Sale）,購物者每花 10 美元就會得到一張隨機的交換遊戲卡。必須要提一下,這些不是實體卡片。它們只是 Steam 平台上看得見的虛擬卡片。10 張想像中的卡片可以組合起來創造一個想像的套組,而你可以用組合起來的套組換得其他優惠。你只要知道消費者被指派了「透過購買遊戲來蒐集一套 10 張的卡片組」這個工作就好。

許多人在買遊戲的過程中至少拿到了幾張卡,他們也因此在並未真心有意的情況下,朝著集完一套交換遊戲卡的目標前進。

有些人感覺有充足的動力能去買更多遊戲好完成套組，或者至少試著和其他購買者交換卡片，而那就和我談人為推進效應時討論的研究一致。在夏日跑路特賣會中，把一款遊戲放進購物車，就會冒出一條進度條，顯示他們還要花多少錢才能得到下一張卡。光是讓某人看到自己已經開始了邁向該目標的進程，就足以創造某種對於尚未抵達目標的心理焦慮。Steam 還很聰明的一點，就是在結帳前展示邁向目標的進度，所以購物者又多了一個理由去完成交易。當然，一旦他們拿到卡，效應就會再度發生，因為他們現在已經開始在算，完成「夏日跑路紀念章」（Summer Getaway Badge）要用的 10 張卡片組已經集到哪幾張，並把手上已經有的一張張勾掉。這還真是雙重打擊啊。但那也只是三連擊之中的第二擊而已喔。再取得一擊，你就可以集滿三重打擊囉。

這些就是承諾、人為稀缺以及驚人特價的微妙伎倆，當下一款遊戲上出現這些伎倆時，你應該已經有辦法把它們認出來。朗・強森就是低估了這幾類體驗，才會把它們從傑西潘尼的標價指南中剔除。但還有另一個心理伎倆不僅更直截了當，還真的是直攻最低標──那就是價格。

被價格定錨給拖下水

定價是銷售者工具箱裡最基本的工具,而且對於嗜好是「玩遊戲」這種可能滿貴的產品的人們來說,定價往往是首要考量。當你看著特價活動網頁,或者線上商店的物品清單時,你可以確定說,它們在價格資訊置放、字型大小以及對某些細節的突顯上,都花了很多工夫。其中一個最簡單但又最有效的伎倆,就是先讓你留意到一個不是物品價格的數字,然後再把某遊戲實際價格或特賣會期間的折扣多寡等資訊告訴你。在討價還價中,「虛報低價」(lowball)是同一種概念的經典範例:先提一個真的很低的報價開場,這樣你就設好了局,讓你實際願意付的價碼相形之下看似更高。光是一個特別高或低的數字現身,就可以從下意識影響你對售價的評估。在心理學用語中,這叫做「定錨」(anchoring)。

在這邊舉一個簡單但巧妙的例子;就想想心理學魔法師阿摩司・特沃斯基(Amos Tversky)和丹尼爾・康納曼(Daniel Kahneman)所做的那個實驗(我是認真覺得他們就是魔法師)。兩名研究者要一組受試者評估這些數字的乘積:

$8 \times 7 \times 6 \times 5 \times 4 \times 3 \times 2 \times 1$

接著他要另一組評估這組的乘積：

$1 \times 2 \times 3 \times 4 \times 5 \times 6 \times 7 \times 8$

你們之中舉凡有小學教育程度且同時看見這兩行數字的人都會知道，因為乘法計算方式，這兩組算式乘積會相等。然而只收到從「8」開始那題的那一組，估出的數值平均為 2,250；而在題目開頭看到「1」的那些人，估出的數值平均下來卻只有 512。為什麼？因為一組定錨於從左向右看時第一個看到的較高數字，而另一組則定錨於較低的數字。（如果你想知道的話，兩組都離正確答案 40,320 非常遠。）康納曼和特沃斯基也能透過用大數字或小數字來修飾問題而啟動定錨，就算數字很荒謬也一樣。舉例來說，他們拿這些問題問一組人：「甘地是晚於還是早於 144 歲的時候死的？甘地死的時候他幾歲？」當第二組人只被問「甘地死的時候幾歲？」且沒聽到 144 這個數字的時候，他們猜測的甘地死亡年紀會年輕許多，因為他們並沒有定錨。

定錨是個頑強到不可思議的現象，就算那些數字的來源荒謬至極也一樣穩。康納曼和特沃斯基能靠著轉動一個被動過手腳只會停在 10 或 65 的幸運輪盤，來事先給人們一個大數或小數的預期心理。行為經濟學家丹・艾瑞利和同事也做了類似的研究，他

們在一場拍賣會上使用定錨，方法不過就是讓出價者寫下他們的社會安全號碼的最後兩位數而已。跟那些號碼最後兩位低於 20 幾的人相比，那些號碼收在 80 幾或以上的人，真的就願意為了葡萄酒和巧克力之類的東西，付出比前者多 346% 的價錢。

在特賣會期間，我們一直都會看到有人在使用定錨效應。在一年兩次的 Steam 特賣會上，維爾福提供了許多可以用大折扣買下的遊戲捆包。你可以只付 69.99 美元取得 id Software 製作的每一款遊戲，或者 Rockstar 的每一款遊戲，或者每一款主打松鼠的遊戲。仔細看看其中一個促銷，你就可以看到，Steam 的行銷大師們立刻就把捆包中假設每款遊戲都分開按原價買的零售總價列了出來。看起來可能會像這樣：

個別價：194.79 美元

捆包價：69.99 美元

上面那個說如果單獨買一共要多少錢的數字，就是你的定錨。許多人看見那個數字，就會把自己感覺中的捆包價值設定得比「如果先看到捆包售價或先看到個別遊戲價格」時高上許多。

從定錨來提個題外話，這種捆包策略會有效，也是因為它讓捆包中遊戲的真正價值模糊不清。《無價：公道價的迷思（以

及如何利用它）》（Priceless: The Myth of Fair Value〔and How to Take Advantage of It〕）的作者威廉‧龐士東（William Poundstone）在描述餐廳菜單設計的心理因素時，把這稱作「超值套餐」策略。買捆包比只單買物品便宜多少？那如果我改點超大份呢？再外加薯圈？喔，當我沒說吧。給我 3 號超值餐配可樂。同樣地，我可能會看著一大包數位發行的遊戲，並思考著我在別地方可以用多少錢買到那些比較舊的遊戲。我能否找到賣二手的，那要花多少錢？其中有沒有哪款能租或者借？折扣有沒有大到能彌補重覆購買既有遊戲的損失？還有，透過 Steam 而能玩到那些遊戲，讓我不用挖出我的骨董遊戲盒跟產品序號，這件事對我來說有多少價值？我們在任一時刻內的認知處理能力都是有限的，在心理學上這是不言而喻的道理；而當我們的腦為了思考這些問題而忙得不可開交時，我們能拿來思考自己實際上有多想玩捆包中某些遊戲的頭腦迴路就更少了。我們寧願緊盯一個提示價值的訊號，而不想做心理層面的苦工。在人生中的種種細微場合中，這種捷徑就已經夠有效了。問題就只是說，各種精心設計的情境都是為了去利用那種心理捷徑。

的確，每當你在一個售價旁邊看到一個「原價」，零售商就是在指望你用一個定錨來取代上述那種價值評估。Amazon.com 在遊戲特賣會上就會做這種事，方法是先秀出原價，但又在原價

上劃一樁。你也會在宣傳「XXX元起」的行銷話術中看到這種作法。舉例來說，索尼的PlayStation Now這項服務，就透過網際網路串流的魔法，讓使用者租用可以玩到遊戲的權利。他們提供了數種選擇，根據你要租的時間長度而加價。花4.99美元只租遊戲4小時可能是最便宜的選項；只不過大部分的人想玩這遊戲的時間會比那更長，也就需要付更多錢來做到那一點。但當他們瀏覽PlayStation store，會看到一個大按鈕寫著「租遊戲4.99美元起」。因為它比畫面上其他元素都來得大上太多也明亮太多，大部分人會先留意到那個4.99美元的數字，而那就定錨了他們對於該服務價格的感覺，讓他們比看見「最高29.99美元」更有可能點進去了解細節。

我們再來看一個被定錨滴水穿石滲入各種意想不到之處的例子，不過這個例子一旦你了解概念，看起來就很明顯。這個現象也影響了我們對於折扣的感覺，端看折扣是呈現為百分比（比方說75折）還是特定的折扣金額（好比說省下5美元）。舉例來說，你覺得下面哪一個聽起來比較好？

購買《模擬市民》降價80%：6.99美元

或者是……

購買《模擬市民》省下28美元：6.99美元

再玩個一關就好了 255

同樣的價格，多虧有了定錨，減價 80% 聽起來像是比 28 美元折扣更多，因為數字比較大。這就是你會看到 Steam、Origin 及其他數位銷售平台以百分比而非金額來強調折扣的原因。他們有可能會一併顯示折扣金額，或者讓金額比較好計算，但百分比的折扣幾乎都會選用明確的字型、顏色、背景或位置設計來加以凸顯。不過要留意的是，遇上電腦這類高價商品時，這種效果有可能會翻車。舉例來說，2,000 美元的 iMac 打折 25%，就不像省 500 美元那麼吸引人。但既然我們是在談遊戲這種和電腦相比算便宜的商品，百分比的效果往往比較好。

　　就如我前面提到的，標價還有其他各式各樣的細微差異，而行銷專業人士以及消費者心理學家已對它們有所研究。我前面討論的那些，只不過是在大型數位行銷特賣活動中買遊戲時最可能遇到的幾種。心理學上，如果要談能否徹底免疫於這些效應的話，只能說有備並不一定就無患；但下次你遇到大特價而開始堆積遊玩庫存清單的時候，或許你能稍稍緩解這些效應。然後同樣地，不要太為此擔心。購物者把邁向傑西潘尼的旅程變成了一場遊戲，買遊戲的樂趣可能有一半也是高喊著「打折啦!!!」然後對著螢幕砸出信用卡。你自己覺得開心就好。

本章攻略要點

- 消費者對特賣會有著非理性態度。許多人在專挑便宜貨的過程中,找到了不僅止於省錢的價值。

- 常有人利用人為稀缺,讓人僅僅出於抉擇時常用的「物以稀為貴」思考捷徑,而渴望某項商品。對數位產品來說,人們使用這招的方式是讓購買的機會變得有限。

- 「心理抗拒」讓我們在自認將失去購買某物的機會時,高估了該物的價值。

- 驚喜特賣會和搜索優惠,就是真實生活中的掉寶。前面有關獎勵隨機性的知識都能用在這裡。

- 「少便是多偏誤」描述我們可能替某物的價值採用參照點,然後讓那個參照點偏誤了我們的估價。一個例子就是,偏好從 4 盎司杯子裡滿出來的 6 盎司冷凍優格,勝過裝在 10 盎司杯子底的 8 盎司冷凍優格。

- 人們不喜歡宣告的意圖和行動不一致。願望清單和預購都利用了我們當初為了得到更低特價而先行購買的預先承諾。

- 「定錨」是一種強健的心理現象,讓你對行銷話術中的第一個或最突出的數字特別偏心。這往往是用來提高你對「某物值多少」或「某折扣有多低」的估計。

CHAPTER 10

遊戲和應用軟體如何用內購商城讓你無處可躲?

「這是書本裡最古老的花招。當你聽到『免費』的時候你的手就往錢包伸過去。」

——克里斯・安德森(Chris Anderson),
作家兼企業家

學者兼遊戲設計者伊恩・柏格斯特（Ian Bogost）曾經只為了針對臉書遊戲提出一種主張，就消滅了幾萬頭牛。2010 年初，在喬治亞理工學院（Georgia Institute of Technology）任職並探討電子遊戲與文化的教授柏格斯特，正思考著要如何準備一場在紐約大學（New York University）舉辦的辯論，他得要扮演「討厭休閒社群網路遊戲」的角色。柏格斯特所對上的其他遊戲設計者和學者，會主張這幾種在臉書上特別受歡迎的遊戲是產業的未來希望，而製作這類遊戲的人應該要為他們的貢獻獲得讚揚。你知道我這邊講的是哪種遊戲：像是《農場鄉村》或者《城市鄉村》（Cityville）那類的東西，安裝遊玩都免費，但也會在遊玩時立下障礙，並鼓勵玩家用課金[1]來繞過障礙，不然就去擄獲朋友們的關注並當成另一種貨幣來用，也能繞過屏障。

　　在 2010 年於舊金山舉行的遊戲開發者大會（Game Developer's Conference）演說上，柏格斯特描述了他是如何地不喜歡這類遊戲。他就跟其他眾多人士一樣，對於星佳（Zynga）製作的《農場鄉村》在最近一次遊戲開發者大會獲得「最佳社群／線上新遊戲」一直頗有微詞。許多人跟柏格斯特一樣覺得，那些根本不算遊戲。它們不過就是簡單的史金納箱，誘使玩家免費下載，然後以劣質的心理學來剝削同一批玩家，好榨出一丁點錢來。許多人顯然很愛這些遊戲，但遊戲的批評者說，不論玩的人有沒有察覺

到，這類遊戲都代表了遊戲產業界一個危險而且最終不會朝令人滿意的方向前進。向玩家先收取一筆費用並奉上完整遊戲，而沒有附帶條件的「加值」（premium）遊戲，跟那些提供免費下載（或者在某些情況下非常低價）但設計鼓勵玩家進入小額付款和其他遊戲內購買的「免費遊玩」遊戲，就是從此處開始分道揚鑣。順便提一下，我認為「小額付款」（micropayment）或者「小額交易」（microtransaction）這類詞已經不再精確了。免費遊玩遊戲提出的許多交易一點也不「小額」。賣方動輒拿附有 20 美元價格標籤的折扣來遊說玩家，有些遊戲甚至會販賣 100 美元或更高價的道具。

　　讓我簡短討論一個你或許已經知道的案例。2014 年初，藝電公布了該公司在免費遊玩這一塊的看板遊戲產品《地下城守護者手遊版》（Dungeon Keeper Mobile）。身為 1997 年經典戰略遊戲《地下城守護者》的免費遊玩重製版，該遊戲卻連基本內容都要在遊戲內課金才能通過。想要你的小惡魔清空 1 x 1 格的泥土，好讓你蓋一棟新建築嗎？除非你付錢加速，否則那就要花 24 小時。開場教學關卡的玩家導覽名副其實就是個魔鬼，它似乎能了

---

1. 「課金」(かきん) 源於日語「收費、徵收金錢」之意。在遊戲領域中指遊戲者透過支付現金換取遊戲道具、資源的消費行為，藉此獲得更好的遊戲體驗。

解隨著這種機制而生的爭議。到了某一刻,他會不動聲色地說,「偶爾呢,任務可能會考驗你的耐心,但誰說錢買不到時間?我手上就有最具爭議的解方,能讓那個計時器消失。」不是開玩笑的。接著那魔鬼會教玩家如何花錢來讓遊戲玩得下去。持平而論,大部分免費遊玩遊戲不會做到這麼過分,但《地下城守護者手遊版》遭到批評者痛斥為此類經營模式下提出的最差結果,差到發行商藝電縮手更新遊戲,讓它不那麼要求玩家掏錢。然而,人們依然持續感受著整個手遊界的掠奪式做法,批評聲浪也仍未停止。2014 年 1 月,蘋果和聯邦貿易委員會(Federal Trade Commission)達成約定,把 3,200 萬美元退給它 App Store 的顧客,因為這些顧客的孩子無意間(或者說,我們就老實面對吧,有時是存心但毫不在乎地)在家長未允許的情況下在遊戲內越買越多。

但我們先回到 2010 年以及伊恩・柏格斯特為紐約大學那場辯論會所做的準備。柏格斯特覺得諷刺比其他方法都更能表達他的論點,因此用辯論會開始前的 4 天時間設計出一款遊戲,被他稱作《點點牛》(Cow Clicker)。那是一款完整的遊戲,徹底包含了柏格斯特想批評的那一整套遊戲精神。《點點牛》是以遊戲內購買、社群網路、無意義的刷、計時器、虛擬貨幣以及炫耀無用道具為中心所打造。遊戲設計成這樣是要諷刺當時臉書上廣受歡迎的遊戲,而柏格斯特就只把辯論的大部分時間都拿來帶聽眾

跑一趟遊戲。這似乎清楚說明了他的主張。為了進一步散播這個想法，辯論會後柏格斯特真的在臉書上推出了這款遊戲，作為社會評論和學術實驗的結合。

《點點牛》的最終版本給玩家一片牧場，坐在中間的是一頭可愛的、大頭的，眼神有點死的牛。以下是《點點牛》的完整遊玩過程：

步驟①：用滑鼠點牛。

步驟②：聽你的牛哞哞叫，然後閱讀那則很有幫助的「你點了你的牛」訊息。

步驟③：等待 6 個小時。

步驟④：回到步驟①。

就這樣。遊戲裡幾乎就沒有別的事了。我說「幾乎」是因為，柏格斯特為了要讓遊戲搭上社群網路遊戲的設計理念，還替你在遊戲中納入了購買遊戲貨幣與使用貨幣的方法。你來猜猜看《點點牛》裡面的虛擬遊戲幣叫做什麼。真的啦，猜一下咩。你不猜我就不往下寫。答對了：叫做「哞財」（mooney）。結果到頭來雙關語也是《點點牛》遊戲精神的一大部分。玩家可以花 15 哞財來減少等待下一次點牛的時間，而許多玩家就這麼做了。玩家

也可以花哞財來替那隻初始預設牛養一大批可置換的裝飾外觀。有粉紅牛、方格牛、emo 牛、喪屍牛、共產牛、忍者牛，而且還不只這些。隨便哪個都可以買，而你的朋友也能仰慕你傑出的品味和購買力。朋友之所以重要還有其他理由。你可以邀請他們加入你的《點點牛》牧場，所以你可以看到彼此的牛，而且牧場上的牛越多，點牛的時候每個人會賺到的哞財就更多。柏格斯特創造了一個荒唐而無意義的遊戲，但對於「揭露他眼中社群網路遊戲的危險」這個目標來說非常關鍵的一點就是，他也創造了一個能讓玩家付費購買並在上頭花錢的真實合法產品。如果說他要打星佳的臉，那他用的就是真槍實彈。

但接著一件怪事發生了：人們開始真心喜歡上這款遊戲。隨著玩家總數增加到以千計然後以萬計，柏格斯特發覺他手上有了個科學怪人般的東西。更糟的是，這個科學怪人開始蹣跚前行，還要脅村民給它錢。當然，許多玩家是抱著挖苦的心態玩這遊戲，在臉書動態上分享他們的點牛行為來當作一個講社群網路遊戲有多無聊的圈內笑話，並替《點點牛》寫下 5 星的評論，讚美它在諷刺方面的優秀。有個人甚至寫了攻略，短到像是在開玩笑。但也有許多人是認真在玩它們的虛擬牛。他們認真點牛、送出請求、買裝飾道具。他們向製作者提出意見回饋，並要求追加功能。柏格斯特甚至開始收到一些公司寄電子郵件來，表示想要

插入廣告或者促銷優惠,來幫他把《點點牛》弄得更賺錢。

有一陣子,伯格斯特藉由增加新內容、新成就和新特色來讓這個實驗持續下去。但隨著時間過去,把這當成圈內玩笑而安裝遊戲來玩的人逐漸減少,留下來的多半都是一群真的很享受這遊戲的人。不僅如此,他們還花了相當大的一筆錢在上面。柏格斯特曾經試圖用極端荒謬之事來奚落《點點牛》玩家,而把「觀星牛」(Stargrazer)[2] 拿出來賣。這頭有裝飾的牛要價等同 25 美元,但牠不過就是初始預設牛把臉轉到另一邊而已。人們還是照買。

然而,這最終還是玩過了頭,而伯格斯特也察覺自己的生活正被他創造的惡搞所反噬。玩家們沒能把他傳達的主旨聽進去,或者說,就算他們有,他們也不在乎。所以伯格斯特決定摧毀他的作品。2011 年 7 月,他宣布倒數「世界哞日」(Cowpocalypse)的計時器啟動,而所剩時間不多。此時規則一反常態,每次玩家點了自己的牛,計時器就會加速,但玩家可以花更多哞財來重設計時器。最後關頭幾次猛拉尾盤讓《點點牛》多活了幾下,但最終世界哞日還是來到。伯格斯特最後還是開了個玩笑,他並沒有摧毀牛或者把遊戲關掉,而是讓所有的牛都進入了牛天堂,只留

----

2. Stargazer 指觀星者、占星學家,grazer 指草食動物,遊戲中以此作為押韻雙關。

下影子標示著牠們曾經站在玩家牧場裡的位置。嚴格來說《點點牛》這款遊戲仍在運作中。我剛剛才點了我的牛。但如今已沒有令人滿足的哞哞聲，也沒有可愛的小牛可以看──就只有虛空和空蕩蕩的空間[3]。

我有時會很訝異說，人們居然會在這些免費下載來消磨等公車、看病以及各種人生零碎空檔的小遊戲上花那麼多錢。每個月 Apple App 商店會加進超過 9,000 款新的應用軟體，其中許多是免費遊玩遊戲。《糖果傳奇》2014 年第 1 季賣棒棒糖槌子和加命等遊戲內道具賺的錢，就比任天堂同段時期所有實體遊戲片賺的錢還多。當然，大部分人從來沒替免費遊玩遊戲買過任何東西。要得到確切的數字很難，但 2014 年手遊大會（Mobile Gaming Conference）上報告的一項估計數字是，大約有 98.5% 的玩家從來不花錢在免費遊戲上。剩下的 1.5% 玩家有付點什麼，其中又只有更小部分的人會像眾多遊戲開發者口中的「鯨魚」（一個借用自博弈產業的名詞）那樣花錢。

「鯨魚」就是會在一款遊戲中投入大量金錢的大戶[4]。《紐約時報》2013 年的一篇文章扼要介紹了荷黑・姚（Jorge Yao），他神奇地連續 6 個月獨占《部落衝突》全球最佳玩家榜首。《部落衝突》是一款免費遊玩遊戲，讓玩家建造營地並前去襲擊其他玩家，取得獎賞和分數。玩家可以用真錢來購買虛擬寶石貨幣，

使它一直排在蘋果 App Store 和 Google Play store 的最賺錢排行榜上。荷黑‧姚搬到費城做著一份不滿意的工作而感受到一定程度的無聊後，出於好玩而投身《部落衝突》。不過，他比其他玩家更上一層樓，把遊戲排進每日例行工作內，來讓排名盡量上升。他有次跟《紐約時報》的記者說，他將多台 iPad 包在密保諾（Ziploc）夾鏈袋裡，讓他可以洗澡時一次應付好幾個帳號還同時玩遊戲。那的確堪稱盡心盡力，但如果要待在排行榜頂端，盡心盡力還不夠。有陣子荷黑‧姚每周會花 250 美元買該遊戲的虛擬寶石貨幣。

像荷黑‧姚這種大戶以及其他遊戲中的同一類人都確實存在著，但我想在本章探討的真正問題，跟這些位在極端分布的離群者比較沒有關係。我比較想談的是，我們這些其他人何時可能會在一款靠遊戲內購買或小額交易來支持的免費遊玩遊戲上花錢，因為，先不管那些「鯨魚」玩家，我們不少人都會受到慫恿而偶爾砸下少量真錢，以取得遊戲內的優勢或者虛擬的財物。這些遊戲典型的設計方法或者它們使用的銷售技巧之中，有什麼是仰賴基本人類心理學來促使買賣的嗎？有沒有什麼已經超出了我迄

---

3. 該網頁現已無法瀏覽。
4. 在台灣常見的同義詞為「課長」。

今針對其他經營模型所討論過的典型銷售技倆和技術？有的，是有。但我開始談它們之前，值得思考一下「首先為什麼免費遊玩的遊戲會如此受歡迎」以及「為什麼和加值或付費遊戲相比，它們在下載這一塊占了絕大多數」這些基本問題。

「免費」是個不理性的魔術數字

當你打定主意想在行動裝置上遊玩一款新遊戲時，你有許多選擇。蘋果 App Store 和 Google Play 商店一直引進新產品，甚至最簡單的一瞥也可以讓你一次看十幾款新東西。大部分都不用一毛錢，而那個趨勢還在加速。顧能（Gartner）於 2014 年進行的一項研究，預測這些商店中的應用軟體到了 2017 年時會有 95% 都是免費的。個人電腦上的遊戲也有這種免費類型多到不知怎麼選的情況。Steam 和 Origin 都有著蓬勃發展的免費遊玩領域。主機也開始免費送東西，送的往往是那些本來會照定價賣的遊戲，藉以誘使玩家簽署加入訂閱制服務，好比說 Xbox Live 和 PlayStation Plus 等。

如果你跟我一樣就愛問笨問題，你可能就會想知道，「為什麼人那麼喜歡免費的東西？」但比較貼切的問法是，為什麼那麼

多人明明只要多花一點錢——往往不過就是多個一兩美元——，得到的遊戲就會有更深刻的遊戲玩法、更好的遊戲設計、更佳的產值，而且還不會要求玩家一路掏錢給每幾分鐘就來上一次的不講道理的障礙，但他們還是選擇免費遊戲呢？或者說，如果談的是那些有著傑出產值的免費遊玩遊戲，你可能會想知道，為什麼它們的開發者決定要做成免費然後設置遊戲內購買，而不是不搞這套，直接把遊戲賣 4.99 美元或者 9.99 美元就好？免費遊玩遊戲不論是低劣的品質還是煩人的變現伎倆，都會讓許多人覺得它有著嚴重的缺陷。當然，也是有品質優良又善待玩家的免費遊玩遊戲。《爐石戰記：魔獸英雄傳》就是一個例子，另外像《英雄聯盟》或《遺跡保衛戰 2》這些電腦遊戲也是。但這一節我要談的是那種更常見而品質沒那麼好的免費遊戲。為什麼在某些情況下，消費者明知從付費遊戲中得到的快樂整個結算下來會更多（就算把價格算進去之後也一樣），卻還是選擇下載了免費遊戲來玩？

要回答這個問題，我們就來談談巧克力。居然是巧克力耶！

2007 年，克莉絲汀娜‧尚潘尼爾（Kristina Shampanier）、妮娜‧馬札爾（Nina Mazar）和丹‧艾瑞利在《行銷科學》（Marketing Science）發表了一項研究，調查了「人們認為 0 是一個價格」的這種說法到底還是不理性的古怪思考方式。他們進行了幾次研

究，來從不同角度審視這個題目，但整體的實驗設計則是，他們在麻省理工學院（Massachusetts Institute of Technology）校園內設立一間臨時商店，讓學生在兩種巧克力之中挑一種購買。造訪他們攤位的人可以買很平凡的好時之吻（Hershey's Kisses）巧克力，或者奢靡的瑞士蓮（Lindt）脆核巧克力。跟不熟瑞士蓮甜點的讀者提一下，重點在於那是款標榜高級的巧克力。這些研究者所選用的一口分量脆核巧克力，整包買下來的話一顆大概30分錢。好時之吻的大小也差不多，以巧克力來說也不算差，但大部分人不會用「奢華」、「高級」這一類詞彙來描述它們。此刻我去Amazon.com可以用大概每顆4分錢的價格買下一整包。

該研究中一次實驗的設計是，研究者貼出一則告示，上面寫「每位顧客限買一顆巧克力」，然後以一顆瑞士蓮脆核巧克力15分錢，或者一顆好時之吻1分錢來販售。不論哪樣都很划算，但有鑑於脆核巧克力的品質差異，買的人大部分（69%）買了比較高品質的產品。研究者從經濟學觀點解釋了這個不意外的結果，舉出了「人吃下一顆巧克力會獲得多大的愉悅感」與「花錢會體驗到多大的不愉悅」相減之下，兩者之間可預測的一種關係。打個比方說，瑞士蓮脆核巧克力會產生30點的愉悅值，但要花15分錢。好時之吻只會帶來5點愉悅，但只花1分錢。理性的人應該會以（來自吃巧克力的）預期愉悅值減掉

（來自花錢的）預期痛苦值，並選擇那個給他們留下更多愉悅值的選項。因此，瑞士蓮脆核巧克力會是比較好的選擇，因為它產生了15點愉悅值的淨值（30-15），但好時之吻只給受試者帶來4點的愉悅點淨值（5-1）。理性和巧克力成為了美味與縝密思考的天作之合。

然而，一會兒之後，研究者做了件狡猾的事。他們將兩種巧克力的價格都降了1分錢。所以現在瑞士蓮脆核巧克力14分錢，而好時之吻則免費。一個是免費遊玩（好吧，應該叫免費享用），另一個則是加值品。但它們都還是原本的巧克力，也都改變了等量的價錢，所以各自的愉悅性價比也沒變。舉凡徹底理性的人都還是會偏好瑞士蓮，因為它應該還是有著較高的愉悅淨值。但實際情況並非如此。當好時之吻改為免費時，人們的偏好整個翻盤：拿了東西的人裡面，69%選擇了品質較低但不用錢的好時之吻。

另外，為了避免你認為這一種不理性僅限於使用玉米糖漿和可可粉製成的產品，尚潘尼爾和她的同事也做了一個實驗，用的是Amazon.com的點數卡。想想這個問題：

你會想用1美元買10美元的點數卡，還是用8美元買20美元的點數卡？研究中的大部分人都選擇了20美元的卡，正確地留意到，那會產生12美元的淨利，但另一個則只會有9美元的

淨利。但研究者接著把每張點數卡的價格降了 1 塊錢，所以就變成要在免費 10 美元卡和 7 美元買 20 美元卡之間選擇。儘管 20 美元的卡只賣 7 美元，能讓選這個的受試者多得到 3 美元的帳面餘額，但每一個受試者都選擇了 10 美元的卡。

我們其實會在各處看見這種對免費交易的反應。當班傑利（Ben & Jerry's）的門市以發送免費甜筒來慶祝免費冰淇淋日（Free Ice Cream Day）的時候，人們會只為了拿到某個隨便哪天或隨便哪間冰淇淋店都只要幾美元的東西，而排上 45 分鐘的隊。許多漫畫書店都會在每年的免費漫畫書日（Free Comic Book Day）上吸引大批購物者，這些人會為了拿到通常也只要幾美元的漫畫而掃蕩各攤位。英國的國立博物館於 2001 年採取免費入場之後，入場人數就翻倍。而且，即便免費下載和免費試玩遊戲最終還是會以別的方法嘗試從你身上撈到錢，但下載遊戲的線上商城裡依舊都還是滿滿的這類遊戲。如果那個商城活動能指出什麼意義的話，那就是許多人似乎比較喜歡免費遊玩遊戲，勝過得要先付錢的加值遊戲。為什麼人對於免費取得的物品會有著大到不正常的反應？

一個可能的理由跟所謂的「前景理論」（prospect theory）有關。由丹尼爾·康納曼和阿摩司·特沃斯基所倡導的前景理論，其中一個主要的信條是，人們對於某物失去一定比例價值的厭惡

程度，會高過某物增加同樣比例價值的樂見程度。這種對損失的厭惡讓我們對一個交易中的任何損失都很敏感，就算是一分錢那麼微小的損失也是。習慣和心理捷徑在此刻都正在運作，理性評估則不見得有。康納曼和特沃斯基也做了研究而證明，因為損失規避，人們對於一個定局（好比說一場必定的勝利或者必定的失敗）的猜想會有非常不一樣的反應。在我們的抉擇中，那些絕對的事物被賦予了不成比例的重量。所以，當我們看見一個可能不用付上任何代價的交易時，因為那真的不可能是個差勁選擇，所以我們會高估這交易。而另一個選擇搞不好會比較好，但也可能不會。但嘗試好時之吻或免費遊玩下載遊戲總不可能要付出什麼代價吧。人們會將免費看得太重，因為它規避了任何損失的機會，而我們痛恨損失的程度，會超過我們對於等量獲益機會的喜好。

尚潘尼爾和同事主張，免費選項的這種「百利無一害」的特色，創造了心理學家所謂的「正向情感」（positive affect），就是「它讓我覺得爽」的比較繁複一點的講法。人們對於一個免於風險和代價的選項有一種正向情感反應，接著他們在決定要選哪個巧克力或者下載哪種遊戲的時候，會把「它讓我覺得爽」這件事當成一個抉擇捷徑來用。當尚潘尼爾測量那些在巧克力選項間做選擇的受試者們的整體幸福感時，她在那些考慮免費選項的人們

身上發現一個極高值。接著,為了測試人們會不會繼續使用那個正向情感來做抉擇,研究者又做了另一項實驗,強迫受試者明確地就「吃到奢華的瑞士蓮巧克力會得到多大的愉悅」以及「如果免費拿到好時巧克力的話可能會更快樂多少」這兩方面來思考。這麼做的想法是,把這個邏輯方法帶到他們關注的顯眼位置後,受試者們或許會比較不被0元標價的非理性快樂所動搖。結果正是如此:那些有仔細思考才做選擇的人仍舊偏好免費的巧克力,但效應確實變得比較弱。

我們對0元這個金額的非理性看待,也可以用來做好事。世界上有許多城市已全面禁止使用塑膠購物袋,因為和可再利用購物袋相比,前者的環境成本和垃圾問題都比較大。別的城市則採用比較軟性的作法,購物者每從店裡帶出一個塑膠袋就索取一點點費用。不論哪種情況,用意都是鼓勵購物者帶自己的購物袋來重複使用。當阿根廷於2012年末開始實施等同美元2.5分的塑膠袋費時,研究者便抓住了這個自然發生的罕見實驗機會。布宜諾斯艾利斯的某些超市會索取這筆費用,但有些超市不會。因此,研究者就能調查,在人們購物可以免費裝袋以及要付小筆費用裝袋的兩種情況下,各會有多少人自備可重複使用的購物袋。結果非常清楚明白:當塑膠袋免費時,有10~20%的人帶了自己的購物袋來,但當人們也不過就是多付幾分錢來買塑膠袋的時

候,便有多達 60% 的人帶了購物袋來。

這個效應也出現在某款電子遊戲的一個有趣小實驗中。2014 年 10 月,《你得要造艘船》(You Must Build a Boat)以及《10000000》等手遊的開發者盧卡斯‧雷德伍德(Lucas Redwood)發行了一款遊戲叫做《比你更聰明》(Smarter Than You)。它基本上是一款線上剪刀石頭布的遊戲,你和對手會做出一個選擇,然後有著試圖嚇唬彼此的選項。在每場比賽的結尾,遊戲可以用程式內購買來提供玩家一個給對方「發小費」的選項。你一按按鍵,就可以給對手 0.99、1.99 或者 2.99 美元的現金。會做這件事的除了想當好人之外沒有別的理由。

在一次接受《口袋玩家》(Pocket Gamer)網站的訪問中,雷德伍德承認發行遊戲時曾懷疑過給小費這個要素未必會紅。而它最後確實沒能流行起來。在同一場訪談中,雷德伍德說,會給小費的玩家根本連 2,000 人都不到,而且幾乎所有人都只給 0.99 美元。所以他試了個新方法:他讓人免費給小費。呃,應該說是有條件的免費。他加上了一個貨幣化選項,人們可以藉由看 15 秒的廣告影片來變現給對手小費。在免費遊玩遊戲中,看廣告來換取獎勵是普遍特色,但這裡不一樣的是,你撐過了廣告時間,而你的對手會得到好處。結果好到驚人。「多了這個選項之後,85% 的人會選擇看廣告,就只為了讓對手獲利。」雷德伍德向《口

袋玩家》表示。不用花錢就能給小費的這種行為比起微不足道的贈予 0.99 美元選項更受歡迎——根據花錢和獲利的線性關係來統計，兩種方式的獲利差距遠大於你所預期。

所以，不管理由是什麼，只要談到錢，0 元就是一個神奇數字。這當然就有助於解釋，為什麼有那麼多免費遊戲，以及為什麼開發者一直都會做這種遊戲。低風險和無風險讓我們快樂，並被我們拿來當作心理捷徑，解決「不知道要嘗試哪款遊戲」這種本來滿困難的抉擇。所以我們現在先跳到後面，直接來到進一步發展下去的結果，也就是我們的「免費」遊戲開始試著從我們口袋掏走錢的時候。什麼樣的狀況下，我們比較有可能會去做出一個衝動的、應用軟體內的消費購買行為？

衝動消費和自我耗損

從 1990 年代開始到 2000 年代初期的那段黑暗時期裡，你得真的搭上某種交通工具，然後騎車、開車到某間店去購買裝在光碟片裡的遊戲以及擴充包。在開始玩之前，你得要先回家、把包裝打開，然後執行「setup.exe」或者把光碟放進 PlayStation 裡面。當然，現在不一樣了。你可以從線上下載全部安裝資料，遊

戲還會陸陸續續地更新內容，提供新關卡、新的外觀裝飾道具，以及遊戲內的強化功能，來幫助你通過遊戲中特別難或者無聊的部分。如果你有信用卡，你就真的能在眨眼間完成你需要的小額交易，連將遊戲暫擺一邊都不必。

但隨著那種便利而來的，是衝動消費的潛在性。我們大部分人在遊戲以外的場合都曾衝動消費過，通常是發生在趁我們排隊等候時有意吸引我們注意的特價櫃，或者是基於 Amazon 所觀察到的情況而發生，好比說像是「買《聖杯傳奇》（Monty Python and the Holy Grail）的其他顧客也買了烤肉醬！」信用卡從 1970 年代開始廣泛使用，讓人輕易就能進行這種事前沒有計劃的消費活動，而且，就如我們接著會看到的，使用信用卡會讓衝動消費更有可能發生，而這都要歸功於某些心理怪癖。更有意思的是，遊戲內購買的買賣方式，以及現代電子遊戲──特別是在行動裝置和臉書上玩的休閒遊戲──推銷術語的設計方式，都鼓勵我們在事先沒有計劃的情況下消費。

當然，下載過任一款免費遊玩遊戲的人們，絕大部分都沒在那遊戲裡買過東西。就如前面提過的，只有大約 1.5% 的玩家曾消費過什麼。但那個統計中有把不能取用信用卡的孩童算進去，而我懷疑那多半不是在講讀著本書的各位。這邊同樣很難得到完全精確的數字，但把孩童使用者剔除掉後，消費者的比例應該會

逐漸增加。如果你談的是幾百萬玩家，就算只是 1~2%，以人數來說也是很龐大的數字。所以我們手上還剩幾個重要的問題：鼓勵遊戲內購買的遊戲能不能鎖定容易衝動消費的人們？它們會這麼做嗎？

兩個問題的答案都是肯定的。為了了解原因，我們先來簡單概述一個衝動消費的心理學研究。這會涉及到配置新電腦，以及在人們洗衣服的時候暗中調查他們。

在 1950 年代消費者心理學家剛開始研究衝動消費抉擇時，曾有過一種看起來頗怪異的作法。他們多半會去審視各種類別的產品，並試著決定它是不是一個會造成衝動的產品。一瓶百事可樂？那是一次衝動消費，因為你並不真的需要它。那要是換成一加侖的反共產黨消毒水呢？這個嘛，因為在 1950 年代它就跟砂糖和麵粉一樣是生活必需品，所以不算是衝動消費。研究者們先是從店家開始觀察環境因素，好比說產品在店內的位置、包裝特徵，以及一件產品的質地或氣味。然而，最終研究者想通了一件事，那就是不論在哪一排貨架上的任何產品都能夠出於衝動消費，真正有趣的事情是發生在購物者的頭腦裡面。接下來，研究者們把衝動消費描述成一種想要立刻購買某物的突發衝動，不論是行動的後果或代價都沒在思考。於是，研究者們開始調查起衝動消費者心智中進展的流程。然而要注意到，衝動消費跟強迫購

物或強迫購買不一樣，研究文獻一般來說會把後面這兩個詞保留給一種實際心理疾病。研究者們普遍認為，衝動消費會伴隨著其他強迫症行為一起出現，但我不打算在這邊討論那類行為。

在衝動消費研究中我認為與遊戲最相關的一條路線，處理的是「抗拒衝動消費需要使用意志力」的這個情況。有一些研究觀察了人格和這種行為的關係。這些研究大部分主張自律性和衝動消費有負相關。在人格心理學中，自律性（conscientiousness）就跟字面上意思一樣：一種人格特質，描述了人們有多深入細節、在自己的工作中有多滴水不漏，以及他們有多常進行事先策畫。結果發現，自律性高的人衝動消費的次數，往往不會像自律性低的人那麼多。他們會規劃購物、列出預算、然後堅守預算。研究者所發現的另一種和衝動消費相關的人格特質，就是人們面對壓力時往往是怎麼失控或維持冷靜。早期的研究者把這特質稱作「神經過敏」（neuroticism），但隨時間過去，他們改用了一個比較不批評人的用詞「情緒穩定性」（emotional stability）。情緒穩定性高的人也不那麼容易衝動消費，但那些較低的人可能會比較容易出現因情緒而來的衝動反應。也曾有些研究支持「情緒可以會對我們的購物行為有所影響」以及「某些人可能會用衝動消費來提振心情」等想法。

但不論你是誰，也不論你那一整組人格特質是如何地讓你佔

盡天時地利，在結帳隊伍中抗拒架上那一包糖果，或者在一款手遊的虛擬店面裡抗拒那個經驗值增加道具，都還是需要意志力。其中一些最有趣的衝動消費研究，發生在「意志力」以及「我們在購物經驗之前以及其間的行為如何能夠影響我們具備多少意志力來抗拒衝動」的背景脈絡下。我們都有這種用一個想要的行為（放棄或者點掉本來有可能會進行的購買）來取代一個不想要的行為（在我們明知不應該的時候讓步並買下去）的能力。有時候這很難，但有時候就不會發生。

根據《增強你的意志力：教你實現目標、抗拒誘惑的成功心理學》（Willpower: Rediscovering the Greatest Human Strengt）的作者羅伊・鮑梅斯特（Roy Baumeister）以及約翰・堤爾尼（John Tierny）所言，其理由和「意志力是有限的資源，將會被眾多心理活動給耗損」這件事有關。我們用於自我調節的能量，就像電子遊戲裡的魔力值一樣：所擁有的就這麼多，使用的時候會消耗掉，但隨時間過去會重新補滿。鮑梅斯特在他的書以及其他寫作中，也特別喜歡「就像累了的肌肉需要休息」這種比喻。這樣講也一樣說得通，但我們這裡談的是電子遊戲，所以我們就沿用魔力值這個比喻吧。

當你的意志力／魔力值減少時，你就極有可能比原本更無法自我調節，而你要不就會做出放縱的選擇，要不就是完全不做選

擇而去逆來順受。你也比較有可能放棄掉得持續努力或持續專注的工作。鮑梅斯特和同事稍微向西格蒙德・佛洛伊德那個老傢伙致敬了一下而把這種狀態稱為「自我耗損」（ego depletion）；佛洛伊德是最早談「藉由（他所謂的）『自我』（ego）來自行調節目光短淺的衝動」的心理學家之一。

幾乎任一種需要控制思考或情緒的心理活動，都會產生自我耗損。要在人的意志力防線打開破口的一個最簡單方法，就是跟他說「別去想白色的熊」就好。去啊。試試看嘛。別去想白色的熊。你剛剛是在想白色的熊，對吧？那別想了。這種需要努力的思緒專注如果做得夠久的話，會耗盡你自我調節行為的能力。在最早針對本主題進行的其中一項研究中，研究人員要那些試圖別去想白色的熊6分鐘就好的受試者去解決一組變位字謎──指的是可以還原為一個字詞的一組字母。和要不要想白色的熊都隨便的控制組相比，那些已自我耗損的人比較快放棄工作。如果你對於這份白色的熊工作有所懷疑的話，我得跟你說，在要求受試者觀賞悲傷或好笑的影片時抑制面部表情、記住數字、作複雜的數學問題、假裝對無聊的演說有熱情、在如何消費一事上做出複雜抉擇以及其他工作時，也都發現了類似的效應。

其他研究發現，我們在從事了耗盡心神的工作之後，自我損耗會強烈影響我們做出何種選擇，如果選擇帶有情感成分就更會

如此。在一項研究中，受試者投入大量心理資源來記住一個 7 位數數字。如果你試過不把電話號碼寫下來就直接去硬背的話，你就應該知道這個工作十分耗費努力和專注力。做完這件事之後，實驗執行者請受試者去思考一份甜點的兩個選項：要不就選一片奢靡的巧克力蛋糕，要不就選樸實不花俏的什錦水果杯。那些為了記住一大串號碼而耗盡自我調節資源的人，更有可能屈服於誘惑而選擇蛋糕。

另一項研究要受試者進行許多玩家可能都很熟悉的工作：透過一個網站來量身組一台電腦。受試者用戴爾（Dell）的網站 Dell.com 來做出一連串有關裝配電腦處理器、記憶體、顯示器、滑鼠、鍵盤、硬體和視訊卡的選擇。為了確保受試者認真看待這件事，研究者要求他們慎重考慮並能夠明確解釋自己的抉擇。如果你用過這類網站來安排一次複雜的購買並比對所有可能選項的話，你就知道那能多耗心力。在受試者完成了漫長的連串選擇後，研究者要求他們完成另一件需要集中精神和努力思考的工作：解決更多變位字謎。（心理學家出於某些理由很愛叫人解變位字謎。有夠莫名其妙的。）和控制組的人相比，經過了組戴爾電腦這段吃力流程的受試者比較快放棄變位字謎。同一篇文章記述的另外 3 項實驗證明，光是思考選項，並在消費品和大學課程中做抉擇，就讓人們更快放棄困難的數學難題、更會拖延，且一

般來說會允許別人幫他們做決定。這都是因為他們已經用掉太多心理能量和意志力。

所以不難想像這種自我損耗與自我調節的概念會怎麼套在衝動消費上。明尼蘇達大學（University of Minnesota）的凱斯琳‧沃斯（Kathleen Vohs）曾進行過數項關於自我損耗和衝動消費的研究，個個都指出了我們是如何有可能會對手遊裡看到的那幾種行銷話術起反應。在一項研究中，他們使用了「別去想白色的熊」的伎倆來削弱自我調節的資源。研究者接著給受試者10美元並請他們瀏覽當地大學書店評估要進的一些商品。受試者可以把10美元全部留下來，或者可以買那22種不同產品中的任一種，好比說糖果、口香糖、遊戲卡牌，以及馬克杯。和那些自我調節動力沒被耗掉的人相比，這些受試者更常衝動買下他們在開始實驗時並沒有計畫要買的東西。在那些有衝動消費相關人格特質的人身上，這種效應還會更強。

這項針對自我損耗的研究，對於電子遊戲內小額交易的意義在於，行銷話術的使用時機可以大幅影響你上鉤與否。「玩電子遊戲可能會大量消耗這種心理資源，」當我透過電子郵件和朗‧法柏（Ron Faber）聯絡討論這題目時他這麼說。他和其他人合著了上述有關衝動消費的研究，而他又繼續說道，「如果玩遊戲需要集中精神，你就會把注意力和認知的資源耗光。如果遊戲內容

刺激或者恐怖,你可能會用光情感資源,不論哪種情況,這都會讓其後的自我控制更為困難。」

的確,就連最簡單的遊戲也需要注意力、精神集中,以及認知方面的能力,讓你用來調節起初玩遊戲時可能不在計劃之中的衝動消費或其他抉擇的資源剩下更少。比較聰明的遊戲設計者會用這一點來得利。舉例來說,在人們輸了一場漫長的《漫威益智任務》之後跳出一個購買傷害加倍道具的選項並讓他重賽一場,應該會比在賽前做這件事要來得更有效,原因就只是在於,用來玩遊戲的心理資源就是抗拒那次購買所需要的心理資源。不僅如此,輸掉的負面心理可能會讓購買加倍道具一事更具吸引力,因為再試那一場來痛擊對手應該會緩解我們的心情。這種伎倆甚至應該能使人向朋友濫發協助請求,來玩一場合作進行的休閒遊戲。許多休閒遊戲會獎勵向朋友熟人發出邀請的行為,對方會不會覺得那種垃圾訊息很煩不重要。一位心神損耗殆盡的玩家,應該更有可能會想都沒想就直接把預設的選項一個個按過去來取得獎勵。

就跟前述實驗中那些組裝戴爾電腦的受試者一樣,在角色扮演遊戲中剛結束漫長創角過程的玩家,或者剛把隨便哪種遊戲的教學關卡跑完的玩家,如果在這時候看到可下載內容或者付費解鎖更多角色個人化功能,可能會比還沒創角就看到這些東西的情

況還要更容易受影響而消費。遊戲能趁你資源耗去時逮住你，時機占了很重要的因素。甚至連以非零售方式販賣的零售遊戲，也同樣適用這道理。當我在大商場買下《天命》的時候，店員試著向我推銷預購季票代碼，那可以讓我得到接下來幾個月中會發行的可下載內容。這時候想用行銷話術來打動我，其實效果不好。若在遊戲途中，趁我剛結束一場耗費心神的突擊任務或者多人戰役之後來說動我，就是好很多的時間點。如果你想抑制衝動消費，就要去留意每個你有反應的銷售提詞出現的時機點。抽身，喘口氣讓你的自我調節資源再生，如果得掏錢的話就再想想吧。

而且你知道嗎？或許你還是想花錢，而那顯然是 OK 的。並非所有的購買都出於衝動，將來也不一定都會後悔。我前面討論的自我損耗和自我調節理論，是以更廣泛的目標導向行為及動機為背景脈絡。這個背景脈絡假定的是，人有一種想要的行為，而他們需要用意志力來確保該行為發生，而不是他們不要的某件事發生。好比說花了身上沒有的錢去加快《部落衝突》中某單位的生成。但如果你本來就有意進行小額交易來支持開發者或更加享受遊戲，我們就不能說那完全是衝動消費。2014 年遊戲開發者大會上，余健倫和尼可拉斯‧杜申諾（Nicholas Ducheneaut）展示了一些針對《火線獵殺 Online》（Ghost Recon Online）玩家所做的研究，顯示那些在遊戲中花最大筆錢的人，有時其實是最理性而

最不衝動的人。

但就算你在不衝動的情況下決定購買某個商品，你花的錢可能還是會比你預期花的錢多。遊戲頻繁使用的虛擬貨幣，又多創造了一些心理詐欺案例。

遊戲中的虛假貨幣

如果你有嘗試過遊戲內購買的話，你就知道情況不只是掏出信用卡然後付個 99 分錢而已。事實上，遊戲可能會在教學關卡中費盡心力教你如何使用虛擬貨幣，好比說寶石、硬幣、藍色小精靈莓果（Smurfberry）、甜甜圈、水晶、碎片、大洋（bux），或者隨便哪個在遊戲開發階段的核心開發團隊中票選勝出的名稱。好啦，隨你便，總之你得把現金轉換成假的貨幣才能花。你會在這裡碰上第二個難題：加速那個新軍營的建築指令要消耗 50 顆鑽石（或者隨便換什麼單位都好），但你不能只買 50 顆鑽石。它們最少量也是 600 顆，一組賣 5 美元──或者最多 20,000 顆，一組賣 100 美元，還很實用地標上了「最優惠價」。因為你得立刻蓋好那間軍營，於是你接受 5 美元。所以你用信用卡付了 5 美元，幾秒鐘後你就有了一間全速運作的軍營，以及 550 顆沒用上

的鑽石。

在可預見的不久後將來,這就是會導致玩家消費超支的原因。而如今你將更有機率會再多花 5 美元下去。

在處理債務方面,我所聽過的一個最實用的建議,就是把信用卡冷凍在一杯冰塊裡。這樣的話,你如果碰到突然要修車之類的緊急情況還是可以用卡,但得要解凍這件麻煩事,但或許可以避免你進行非必需的瑣碎消費。這個建議非常中肯,因為從 1970 年代就起步的漫長研究歷程,證明了人們用信用卡會花的錢往往比用現金甚至支票花的錢多。1977 年,紐約大學的行銷教授伊莉莎白・赫許曼(Elizabeth Hirschman)讓研究助理們攔下 4,000 名正從百貨走出來的購物者。研究者詢問能否查看購物者的發票,而他們果然發現,使用信用卡的人們跟使用現金的購物者相比,往往是既買了更多物品,也花了更多錢。

你或許會想說,出手比較大筆的那些人,就只是手上沒那麼多現金,只能求諸信用卡。這想法不錯,但後續的研究發現,情況不一定是這樣。舉例來說,有一項研究設計了一場無聲拍賣會,受試者會出價競標波士頓賽爾提克隊(Boston Celtics)的籃球票或者波士頓紅襪隊(Boston Red Sox)的棒球票。在這種拍賣會上,受試者會寫下願意出多少錢,如果他們贏了的話,他們就會被叫進來付錢並把票拿走。在出價前,研究人員會跟其中一些受

試者說,他們最終得用現金付款,但也會跟其他受試者說,他們得要用信用卡付款。那些預期會用信用卡支付的人,投標的價碼平均下來是那些預期會掏出現金的人的兩倍。

為什麼會有這種事?這和使用信用卡比付現少了多少痛苦有關。在一篇堪稱分水嶺的文章《紅與黑:儲蓄與負債的心理帳戶》(The Red and the Black: Mental Accounting of Savings and Debt)中,心理學家德拉森・普雷列克(Drazen Prelec)以及經濟學家喬治・羅文斯坦(George Lowenstein)想出了一個關於「人們如何體驗購買的痛苦」的理論。普雷列克和羅文斯坦主張,任何購買行為的抉擇,都是以「預想中的愉悅能否強過預想中的痛苦」為基礎。與錢分離的不適感——普雷列克和羅文斯坦稱其為「痛苦」是有些過頭——可以減少購買的愉悅,有可能足以讓我們後悔,甚至打從一開始就避免去購買。但有一個東西可以減輕付款的不適感,那就是把購買行動和支付金錢的念頭截斷。使用信用卡至少就以兩種方式創造了這種截斷。

首先,信用卡在支付和痛苦之間加入時間,而斷開了兩者。當你刷信用卡(或者把你的智慧型手機在能用 Apple Pay 或者 Google Wallet 的設備上碰一下)的時候,你完全沒有變窮。在你付帳單之前,你的財產完全沒被拿走 1 塊錢。當然,最終你是會被信用卡債打臉沒錯,但購買和支付相隔了一段時間,代表你做

決定時對卡債的考量會減少很多。其他像是開銀行帳戶匯票，或者選擇讓對方之後再寄帳單等支付方式，都有著一樣的效果。

或許聽起來違反直覺，但預付或者購買店家信用額（好比說使用可重複儲值的點數卡），也可以產生一樣的效應，因為支付的痛苦早在你給點數卡儲值 20 美元的時候就已經發生了。在這種情況下，支付是發生在購買前而不是購買後，但兩者還是有時間區隔。後來再去花那份值 20 美元的額度，往往被認為是一種分離交易——不適感比支付現金減弱太多。多倫多大學（University of Toronto）的迪利普・索曼（Dilip Soman）針對本概念進行了頗為聰明的一場實驗，他派研究助理去自助洗衣店，探查人們會不會為了省錢而把白色衣物和有顏色的衣物混在一起洗。當時，自助洗衣連鎖店正要將機器從投幣式改成要求消費者先在卡片上儲值點數。自助洗衣店一把洗衣機換成插卡式，索曼就再度把研究員派過去，看看預付制會讓消費者更節省還是更不節省。他發現，轉換成預付卡就代表多了 20% 的人把白色衣物和彩色衣物分開，代表說他們多分了幾趟來洗，也就花了更多錢。另一項研究發現，獲得了 50 美元點數卡的人，比那些獲得 50 美元紙鈔的人更有可能花更多錢買某商品目錄上的東西。

信用卡降低消費痛苦的第二種方式就是，它們不會讓你明確感受到你付了多少錢。我們大部分人就只是簽了收據然後繼續

前行。事實上,如果是小額購買,很多地方根本連紙本收據都不給了。研究者把這種質性稱作「透明性」(transparency)。現金的透明性最高,因此花起來也最痛苦,因為我們花的金額最容易看見也最容易記住。舉例來說,赫許曼1977年那時的百貨購物者調查就發現,使用信用卡的人比較有可能會記錯自己花了多少錢。在有別於上述自助洗衣店研究的另一次研究中,索曼發現,讓受試者進行一項使用支票和現金的模擬購物實作,會讓他們比那些假裝使用信用卡的人更加有可能記住自己買東西花了多少錢。

遊戲內貨幣之於信用卡,就有如信用卡之於現金。也就是說,它們比信用卡還不透明,而且與支付的痛苦在時間上分離得更遙遠。當你在《瘋狂噴氣機》(Jetpack Joyride)花了10枚金幣買裝飾道具,或者在《點點牛》上面花10哞財買海盜牛的時候,遊戲迫使你預購一整包的金幣或哞財,就確保了該筆購買帶來的痛苦與使用該遊戲貨幣購買所需物品的快樂,在時間上必然會分離開來。事實上,因為你一開始就是用信用卡來買這些虛擬貨幣,所以還是雙重分離喔!更重要的是,花掉那些貨幣、鑽石或者太空大洋的舉動,遠比在便利商店花現金買咖啡或一條糖果來得更不透明。那5顆鑽石要多少錢?誰知道。你永遠找不到哪款遊戲會提供「1金幣=1分錢」這種簡單的匯率。這是因為遊

戲開發者夠聰明，知道不該把數字算得那麼簡單，以致於讓花費那麼透明。相反地，要搞清楚你花掉的藍色小精靈莓果值多少美元，得要用到計算機並花上一兩分鐘的思考才能算出來，而我們多數人不會去那麼做。因此，我們一旦持有虛擬貨幣，痛苦的部分就過了。花用它是不費吹灰之力的，大多時候是無痛的，而且完全絕緣於任何花真錢的感覺。

此外，你通常都會剩一些虛擬貨幣。道具的捆包和售價，通常都會設計成讓你永遠無法把手上虛擬貨幣的最後一毛錢花乾淨的模樣。所以當你想買某個東西但手頭上的寶石還缺 5 顆的時候，你只能再買。但你又得一次買 50 顆，而突然間你沒幹麼又有多了 45 顆感覺就像免費而且已經付過錢的寶石。因為真的就是啊。

然而，儘管單筆式的遊戲內購買是免費遊玩類型遊戲目前最流行的經營模式，但那並非唯一的模式。不是還有讓你取得加值內容及加值功能的期間訂閱制嗎？照這樣講的話，不是還有《魔獸世界》這類非免費遊玩遊戲或者 Xbox Live 這類遊戲服務所採用的訂閱嗎？有沒有什麼心理伎倆被遊戲開發商用來讓我們訂閱下去並維持訂閱呢？當然有啊。我們下一章就來瞧瞧那些伎倆。

本章攻略要點

- 《點點牛》這款遊戲裡充滿許多愚蠢的雙關語。絕大部分都還滿好笑的。

- 人們是用一種獨特的、格外不理性的方式看待「0」這個價格（也就是免費）。或許是它看似代表著交易中沒有風險或沒有造成損失的機會。而我們對必然的事物都有所偏好。

- 有些理論主張，自我控制是一個心理能量槽，我們得要從中汲取能量來做決定、進行要求認知能力的工作，並控制我們的行為。如果耗盡的話，我們就會容易接受現況，或者做出放縱享樂的決策。

- 因此，推銷話術的時機點就很重要。當你的自我控制能量槽偏低時，你就比較有可能做出衝動消費。這有可能發生在做完一連串抉擇或一連串需要認知能力的工作之後。

- 把失去真錢和購買行為截斷，讓我們對於與錢分離的這件事感到不那麼痛苦。信用卡，店內儲值以及存在於遊戲裡面的那種虛擬貨幣，都在製造這種情境。

- 透明度指的是，支付的方式掩飾你消費金額的程度有多小。現金是高透明度，遊戲內購買是低透明度。後者會讓人花費得更多。

CHAPTER 11

遊戲是用什麼方法讓你不斷從口袋中掏出錢來？

「此時此刻，我理智上是在試著勸自己不要砸 300 美元在一款大型多人線上遊戲上。但通常得要付月費的遊戲變得只需一次付清就完事，這樣的概念實在是太吸引人了。」

—— GiantBomb.com 的傑夫‧格斯特曼（Jeff Gerstmann）

談自己決定買《星艦迷航 Online》（Star Trek Online）

終生訂閱一事

只要你有付過線上遊戲的月費，你都應該要謝謝凱爾頓・芬恩（Kelton Finn）以及約翰・泰勒（John Taylor）這幾個電腦宅宅。1980 年那時——根據我的計算，那應該要算是 1970 年代——芬恩和泰勒都還是維吉尼亞大學（University of Virginia）的學生。他們是桌上角色扮演遊戲《龍與地下城》（Dungeons & Dragons）的粉絲，想要試試看能否把那種體驗中一些有趣的部分帶到正在萌芽的電腦技術中。電腦裡已經有一些簡單的文字冒險，但芬恩與泰勒想要仿效那種與其他人類玩家一起在地下城內艱難前行並探索危險領域的體驗。所以他們用了整個暑假創造了《卡斯邁地下城》（Dungeons of Kesmai），讓單一網路上最多 6 名的玩家，探索各種用簡單的 ASCII 電腦字元畫出的地下城。雖然算不太上是「大規模」多玩家，但至少是個開端。

《卡斯邁地下城》在校園裡相當紅，但芬恩與泰勒很快就發展出更遠大的抱負。他們成立了一間公司並開始製作續作，稱作《卡斯邁島》（Island of Kesmai）。結果你看，那個地下城原來是在一個島上啊。這東西實際上是會自行拓展的呢。這款新作是第 1 代的大幅加強版，能讓更多玩家連線到一個更大的世界裡面遊玩。他們接著與當年居於龍頭的網路服務供應者 Compuserve 簽下協定，而《卡斯邁島》便於 1985 年成為了第一個商業經營的線上遊戲。嚴格來說玩這款遊戲不用錢，但想要進來玩的人光是

為了能使用 Compuserve 的服務，就得付每小時 12 美元。這跟我們習慣的那種 12~15 美元的月費相比，實在是貴太多了。

《卡斯邁島》之後就有了其他開發者開發的其他遊戲，你或許比較熟悉這些──《絕冬城之夜》（Neverwinter Nights）（1991年，每小時 8 美元）、《網路創世紀》（1997 年，每月 10 美元）、《無盡的任務》（1999 年，每月 9.89 美元），以及《魔獸世界》（2004 年，每月 14.99 美元）。儘管仰賴遊戲內購買的免費遊玩遊戲近期相當成功，訂閱制的市場卻依舊龐大，而有些訂閱付費為本的遊戲依然存在且欣欣向榮。許多免費遊玩遊戲也提供混合式作法。《龍與地下城 Online》這款你要是在 1980 年拿給芬恩和泰勒看一定會讓他們震撼不已的遊戲，是免費遊玩遊戲且靠著遊戲內小額交易在支撐。但玩家也可以付月費來成為高級會員，額外賺取遊戲內獎勵、強化道具，以及折扣。

前面幾章我討論了驅使我們購買一次性索價遊戲的一些心理因素，也討論了那些仰賴遊戲內或應用程式內購買的遊戲。所以我們現在來關心第 3 種經營模式：以訂閱付費為本的訂閱制遊戲，以及那些按分鐘或小時來收費的非經常遊玩遊戲。還有那種需要訂閱的遊戲相關服務，好比說 Xbox Live 和 Playstation Plus，所以我也會把它們納入。到了這地步，你如果聽說行銷、推銷、販售這些訂閱制的人用了幾種基礎的心理學伎倆來增加業

續,應該也不會太驚訝吧。

維持現狀效應──都付了錢卻沒在玩

行銷商和發行商都知道,一旦他們讓你成了付費客戶,整段關係裡最困難的階段就已經過去了,而你停留下來的可能性就高過不留。我們之中有不少人,都曾經是到了某天才突然驚覺自己已經好幾個月沒登入《魔獸世界》這類訂閱制線上遊戲,卻還一直都在付錢給對方。或者,我們會讀著電子郵件,並收到來自微軟的一封滿心歡喜的訊息說,我們的 Xbox Live 黃金帳號已經自動更新,而費用已向我們的信用卡請款。我們會心想,「真的該把它取消了」,但我們實際上不會動手。一個月或者一年以後,我們又會收到通知並思考同一件事情。為什麼會那樣?

在我解釋之前,我們先來談談美國的 401(k) 儲蓄方案。因為呢,你也知道嘛,現在的小孩最愛談 401(k) 儲蓄方案了。幫不知道的人說明一下,這些儲蓄方案在美國非常普遍,讓雇員自動把工資的一部分存下來給退休時使用。這不僅僅是存錢為老年打算而已,這些方案還提供了其他的好處,好比說替這同一筆錢付比較低的稅,有時甚至能得到來自雇主的相對提撥。長期來

看，它就像是意外之財，所以如果你不想工作到老死的話，參加這些儲蓄計劃方案一般來說是聰明之舉。但那些計畫是自願參加的，所以缺乏長遠觀點的年輕勞工不會都參加這些計畫，而寧願把那筆錢浪費在電子遊戲、昂貴的咖啡或者《當個創世神》的T恤上。

想想以下這兩組雇員以及各組報名參與任一項401(k)儲蓄計劃方案的人數比例：

A組：49%參與儲蓄計劃方案
B組：86%參與儲蓄計劃方案

這差異很大，對吧？你猜得到為什麼A組只有49%的人決定為退休存錢，但B組相較之下有更多的86%的人決定存錢？或許B組都是企業管理碩士、經濟學家，或者有自我意識的電腦，比A組那些喝醉的黑猩猩更理性？才不。或許A組都是不擔心退休的小屁孩，而B組是一堆老灰仔？這樣猜有高明一點，但還是不正確。原因要歸結於文書作業。

這兩組是都2001年由布莉姬・瑪德里安（Brigitte Madrian）和丹尼斯・習亞（Dennis Shea）所進行的研究裡實際存在的受試者。這兩位經濟學家有興趣想知道，當401(k)方案的相關文書作業

中做了一個微小但重要的變更時會發生什麼事。兩組唯一的差別就是，A 組的表格會要求新僱員須主動勾選加入儲蓄計劃方案，但 B 組的表格則是自動把新僱員註冊到儲蓄方案中，除非他們撤銷這決定才會退出。換句話說，人們往往會接受預設的選項：A 組表格的原先預設是「不參加」（所以才需要主動勾選），而 B 組表格則是已經就預設「參加」。A 組的傻瓜們因為懶得在一份表單上的一個格子裡打勾，所以存的錢比較少。

在人們勾選（或不勾選）器官捐贈表格的這種例子中，預設選擇也可以救人一命。在奧地利，意外死亡的器官捐贈率是 99.9%，但在隔壁的德國只有 12%。根據一項研究，原因在於奧地利、比利時和法國等國的器官捐贈表上預設選項為「是」，代表說公民們得要勾選不參加才能跳出這項承諾。在德國、丹麥和英國，公民得要明確地選擇加入，才會成為器官捐贈人。這之中也可能有一些文化因素在運作，但文書作業的一點簡單改變，就代表著幾千幾萬顆沒有使用的眼球、心臟和肝臟能捐贈給醫療單位，並給予需要它們的人。

心理學家將這種不願意改變我們先前或預設決定的心態一個名稱：「維持現狀偏誤」（status quo bias）。這完全不僅限於財務規劃這個領域。它甚至是無處不在。那些掌管電視節目排程的人利用維持現狀偏誤，來讓觀眾不費力地從一檔節目接著看下一

檔節目,利用一檔收視率極好的穩固強檔來替接下來不管什麼內容的節目建立起觀眾群。網路往往能在這方面切中要點,這邊的觀眾會無縫接軌地從一檔節目的尾聲移動到下一檔節目的短暫前奏,連停下來看個廣告都免了。因為許多人一旦開始,就會持續收看相同頻道,儘管切去看別台明明就是件易如反掌的事。

當然,這也是遊戲公司比較喜歡你同意加入自動更新服務而不是使用預付訂閱或點數卡的理由。舉例來說,你可以用預付的點數卡付錢訂閱 Xbox Live Gold 或者 PlayStation Plus。然而,一旦訂閱期滿,你就沒那個心力出門再買張卡並輸入代碼了。至少,跟坐等訂閱制自動更新並向你的信用卡請款相比,你會覺得出門買卡太耗心力,而這就是維持現狀偏誤在運作。網飛或 GameFly 之所以會提供你若不主動取消就轉進付費訂閱的「免費試用」,也是同個理由。它們甚至把它掰成一種好處:「如果您喜歡網飛,什麼都別做,您的會員會自動延續。」真是感謝您替我留意呀,網飛!

但同樣也很重要且必須留意的事情是,當你正要簽署加入新服務時,給你送上的預設選擇也可經過設計,而去利用維持現狀偏誤。你下次加入哪個有多級別訂閱選項的東西時,最好停下來仔細看看。預先勾起來的選項常常都是最貴或者次貴的層級。這並不是意外,也不是它愛放哪所以就放哪。科技早就進步到能讓

再玩個一關就好了 299

網站簡單預設成什麼方案都不先勾起來,也就能要求你自己下了決定才能繼續往前進行。但它們沒這麼做,反而利用了「維持現狀效應」,而且應該會讓比較多人選了12.95美元方案而不是7.95美元方案。

同樣地,行銷商普遍都喜歡讓人去「勾除」選項,因為許多人懶得花一點吹灰之力把一些格子裡的勾勾銷掉,好讓自己不會收到垃圾電子郵件,或者避免在網頁瀏覽器上安裝上某些討厭的工具箱。舉例來說,我電腦裡的Java軟體更新器問我說,我要不要在我每次更新Java時安裝Ask.com網路瀏覽器工具列。當然,「安裝Ask工具列並讓Ask成為我的預設搜尋提供者」這個選項預設是勾著的,如果更新器在我女兒用電腦時跳出來的話,我後來想必得對著電腦發一頓脾氣,並把一些更動恢復原狀。

當你面對的工作更需要認知能力時,維持現狀效應甚至會更有效力。某項研究的實驗執行者要求受試者進行有關網球有沒有出界的困難判決,但每次要作判決時,都會先從兩種可能的判定中隨機挑一個出來當既定的預設選擇。你搞不好可以搶在我之前就發現說,人往往會固守隨機指派的那個預設選擇,尤其當判決困難時更會如此。甚至連「考慮去違背一個預設選擇」似乎都會增加前額葉皮質(和作決定有關的一塊區域)的活躍程度,並增

加該區域與腦丘底核（與受激勵之行為有關的一大塊灰質）之間的交流。換句話說，評估預設選項以外的某個東西，真的會需要更多心理能量。

但就如我們在前述美國的 401(k) 儲蓄範例所看到的，維持現狀效應也可以增進我們的利益。許多遊戲都具有內建的教學關卡、工具提示，或者其他提供給初學玩家的指示。這些輔助往往都可以關掉，但它們幾乎都是預設開啟，因為，如果它們預設關閉的話，就算遊戲讓玩家意識到那些輔助功能，大部分完家應該也不會費心去把它打開。而那接著會帶來挫折。舉例來說，《吉他英雄》（Guitar Hero）和《搖滾樂隊》（Rock Band）等遊戲不會預設新玩家要到教學關卡。這始終讓我覺得滿奇怪，而我玩《吉他英雄》第 1 代的時候因為跳過教學關卡，所以根本連搥弦和勾弦這些進階動作都不知道就幾乎全破了，發誓沒騙人。

所以，先不管有好處的場合，當你不想讓維持現狀效應過度影響行為的時候，你要怎麼防備它？首先，你可以使用預付訂閱卡而不是自動更新的訂閱付費。我使用這樣的一張卡來每年更新一次 Xbox Live Gold 會員，而那還有個額外的好處是，我可以在卡特價的時候買入，並保留到需要用的時候。此外，我也就不用每當這些服務有哪個被駭了就換一次信用卡。

除了使用預付卡以及在免費試用轉為付費訂閱前取消掉之

外,下次你填寫表單或同意服務條款之前,也要確保你有花時間仔細看過預設選項。尤其當那很花認知能力或者令人困惑的時候,你就更該仔細看過,因為人就是在那種時候最有可能屈從於維持現狀效應。思考一下:那些預設的選擇是對你最有利的選擇嗎?恐怕不是。

固定費率偏誤

2010 年 4 月那時,蘇格蘭遊戲開發商 Realtime Worlds 替它即將發行的線上遊戲《全面通緝》(All Points Bulletin)公布了定價模式。許多人期待著這款未來風的警匪對戰,但定價的相關公告卻包含了一個爆點。《全面通緝》直購價 50 美元,也會給你 50 小時的遊玩時間。過了頭 50 小時之後,你就得要以 20 小時 6.99 美元或者下個月不限時數 9.99 美元的價格,來額外購買遊玩時間。

聽了消息之後,有些論壇明顯是怒氣滿滿。這有一部分肯定是因為《全面通緝》過去完全沒有收月費,儘管對於大型多人線上遊戲來說,有月費也沒什麼奇怪的(在那時候,免費遊玩的大型多人線上遊戲才剛開始設法打進西方國家市場)。但這種虛擬

的焦躁不安，似乎還有另外兩個矛頭對象。首先，零售品所包含的遊玩時間不是傳統的 30 天無限遊玩，而是贈送一定時數。此外，20 小時 6.99 美元的遊戲時間似乎像是個不得不接受的價格，顯然是因為人們並不想按小時來算錢。該遊戲有傳統式月費訂閱制選項（我這邊的「傳統」指的是《魔獸世界》這類遊戲），但似乎被那些抱怨按時數算錢的人所忽視了。即便按小時計算的費率會讓許多休閒玩家省錢，但對抱怨的人來說，它就像是個遲早要進行的敲竹槓。

　　為什麼會那樣？為什麼有了吃到飽的選項，我們就會嫌棄那種計費式的、用多少付多少的定價呢？就像有些時候到頭來的情況那樣，心理學有答案。但我們先從手機開始討論再往答案靠近吧。

　　幾年前我需要一隻新手機，但我太太迫使我承認說，我其實沒有真的需要什麼豪華的東西。所以我去購物，而且，身為一個徹底理性的決策者以及稍微有一點點小氣的人，我選了一款要購買預付分鐘數、但買了就可以用的手機。手機直購要 35 美元，而我打電話每分鐘要付 10 分錢，每則文字訊息則要付 20 分錢。手機連帶有值 35 美元的儲值，那之後我每次使用就得付錢。聽起來耳熟嗎？那跟《全面通緝》一開始的定價方案並沒有多大差別。

我當初大可選一個 60 美元單月吃到飽的方案，讓我無限時使用手機，頂多趁我發無限次簡訊時休息一下。或者說，我本來也可能去找那種每個月會給我幾百分鐘的方案，就我的用途來說，那其實等同於吃到飽。那樣的話我就會有眾多同伴，因為我們大部分人用手機都是付了超過的費用。

2009 年《洛杉磯時報》（Los Angeles Times）上的一篇文章報導了一項研究，證明如果把「使用者每個月付了多少錢」以及「到了計費期間結束時他們的方案還剩多少分鐘沒用掉」都算進去的話，使用者平均每分鐘付了超過 3.00 美元。刊登在《資訊經濟學與政策》（Information Economics and Policy）期刊上的另一項研究發現，大約有 65% 的電信用戶如果採按次計費，其實會比他們選用的固定費率更省錢。但這不包含我喔。為我高人一等的理性萬歲！讚啦！

只是說，我始終覺得我的選擇不對勁，而用起手機讓我有點焦慮不安。不嚴重，但足以影響我對它的感覺。因為我知道，每次我把那東西滑開來通話時，我就得要每分鐘付 10 分錢。我很難想像我會跟在別州的姊妹談個不停。我都儘可能長話短說。別人要我傳訊息給他們的時候，我都會抱怨一下，而當我在外旅遊時，我其實會在臉書上盯著我太太等她上線，好要她用她的電話打給我。

我不自在的理由,是某個稱作「固定費率偏誤」(flat-rate bias)的東西。一般來說,來自西方文化的人喜歡固定費率,而不喜歡被計次計量(東方文化展現出對於固定費率有著低了許多的偏好)。該主題的研究於 1990 年代初期開始在電信業內出現,而在 2006 年時,阿妮婭‧蘭布萊赫特(Anja Lambrecht)以及本德‧史基樂(Bernd Skiera)這兩名研究者把該主題延伸到了數位時代。在研究過程中,他們調查並檢驗某網際網路存取供應商超過 1 萬名歐洲用戶的付費資訊,揭穿了固定費率偏誤為何會存在的一些特定理由。他們指認出固定費率偏誤的三個理由。

固定費率偏誤的頭兩個理由,合起來創造了一個有力的前置因素。首先,人們會高估自己認定中使用某一服務(好比說網路服務、手機服務或者線上多人遊戲)的用量。當蘭布萊赫特與史基樂要求用戶估計他們自認會用多少數據(好比說,「700~800MB」),然後又把估計值跟實際用量比對之後,他們發現,用戶一致地高估了自己上網會用掉的時間和數據量。這並不特別令人驚訝,因為其他研究發現,消費者一貫地高估自己使用一個產品或服務的量,尤其是我們重視的那些事情,好比說上健身房或在遊戲中有所進步。但蘭布萊赫特與史基樂還發現第二個造成固定費率偏誤的理由,那就是人們把這種訂價結構當成一種替出乎意料的用量高峰所準備的保險。選擇固定費率的受試

者，比較有可能會同意「為了一種知悉自己網際網路進階費用永遠不會超過當初協議流量而帶來的安全感，我願意付出比平均高一點點的金額」之類的說法。所以我們預期用的量會比實際多，並認為我們需要替可能用過頭的情況準備一個保險。

蘭布萊赫特與史基樂也替他們所謂的「計程車跳表效應」（taxi meter effect）找到了證據。對於任何一位曾坐在計程車後座、看著計費表的數字一秒秒增加而越來越不高興的人來說，這概念應該挺熟悉的。我們之中有許多人都偏好租車或者付定額來搭計程車，而不願忍受跳表。計程車跳表效應具體體現了一個更龐大的概念，而德拉森・普雷列克以及喬治・羅文斯坦這兩名研究者把該概念描述為一個心理會計策略。我在談小額交易的那一章有稍微討論過。其想法是，因為定額支付是一次付完，所以從我們心理帳戶提那個款的痛苦或不愉快也是一次忍完。然而一旦付了之後，我們在享受購買時往往會忽視它。就如普雷列克與羅文斯坦所言，它就斷開了，跟信用卡把支付的痛苦和拿到新東西的喜悅斷開的方法大致一樣。另一方面，計量的支付減少了我們對於一趟計程車或者一款大型多人線上遊戲的享受，因為我們在事件發生的同時頻繁體驗到支付的不愉快──或者說，不愉快的頻繁程度至少跟我們看錶或者看計程車跳表的頻率不相上下。

事實上，所有這些小小的提款，感覺起來好像會加總到高過

定額的總量。就像是 5+5 變成了 12 那樣。心理學家丹尼爾・康納曼和阿摩司・特沃斯基發現了他們所謂的「敏感度遞減法則」（law of diminishing sensitivity），而他們最終以包含這部分在內的開創性研究獲得了諾貝爾獎。基本上這描述的是，「某物失去一定數量時我們為此皺眉的對應次數」最終是如何地不再起伏。如果你隨便把哪個人的「痛苦」畫在 y 軸並把「代價大小」畫在 x 軸，那張圖的斜線一開始會很陡峭，但接下來隨著代價增加，線條會快速趨於平坦。所以，舉例來說，失去 10 美元跟失去 5 美元相比，其多出的不愉快體驗，會大於失去 1,010 美元跟失去 1,005 美元相比多出的不愉快體驗。也因此，我們會因為買條牙膏省下 30 分錢而感覺很棒，但應該會懶得為了省 3 美元就開車到街對面買平板電視——即便省下的錢是 10 倍。

敏感度遞減會造成計程車跳表效應，使我們偏好固定費率遊戲訂閱制勝過隨玩隨付模式。具體來說，我們在多次損失中體驗到的主觀痛苦，會強過等同多次損失加總的單一次大損失所帶來的痛苦，因為對損失的評估會一次次遭到重設。多跳的每一次表，都有可能被當作一個獨立的代價，而那些代價帶來的痛苦加總起來，會多過一次付完代價所帶來的痛苦。我們在遊戲中以小時計費而花掉的每個小時，也同樣會被分開來體驗。在那些情況下，等待一個公會成員把道具在清單裡挪來挪去有可能會很折

磨,更別說是等他離開鍵盤去找吃的。我們寧願被砍整個看下來似乎沒那麼痛的一大刀,也不想忍受隨時間一分一秒過去的千刀萬剮。就是這個法則,讓電子遊戲名人傑夫‧格斯特曼像本章開頭引言所講的那樣,花下 300 美元買了《星艦迷航 Online》終生訂閱制。乍看之下那很荒謬,但如果他假定自己會玩很凶,那就有道理多了。

順帶一提,對損失的敏感度會遞減,也是 GameFly 那種郵寄租借服務比一次租一款遊戲更加吸引人許多的理由。把我們所有要付的代價全堆成一大筆月費,並覺得付了那個價碼就擁有「無限」的租用品,會比一次租一款遊戲、租期還得按天數甚至周數去算來得更合我們意。網飛和 DVD 的情況也是如此。然而,從來不曾把遊戲或 DVD 擺上好幾天或者好幾星期才開始用的人,在我們之中又有幾個呢?

所以,裝備好這些固定費率偏誤及敏感度遞減的資訊之後,我們就繞回來看看《全面通緝》在 2010 年 4 月新聞稿上的其中一個標價,特別是「20 小時 6.99 美元」這個選項。Realtime Worlds 從來沒有發布銷售資料,但我的猜測是,出於固定費率偏誤,大部分人並沒有走那條路徑。感受一個又一個鐘頭流逝,同時心中想著又一個預付的鐘點再也回不來,實在是太痛苦了。相對地,那些多付了一點點的人就可以感覺不那麼痛苦,因為他

們只體驗了一次損失,而不是一大群較小但加總起來彷彿更多的損失。順帶值得一提的是,《全面通緝》不論哪種付費訂閱制方案都沒能成功。這款遊戲於 2010 年底停止營運,並在翌年以《全面通緝:重啟》(APB: Reloaded)為名重新發行,變成一款由遊戲內購買所支持的免費遊玩遊戲。詳情可見上一章(我猜應該就那樣吧)。

我還認為,這個固定費率偏誤多少能夠解釋人們為何會厭惡那些太頻繁提議進行小額交易的免費遊玩遊戲。如果我破每一關都要買一張增效卡或者強化道具,那些個別的、小的花費就會開始感覺像計程車跳表。結果,我可能就會開始尋找那種付一次定額就可以拿到全套的遊戲。如果遊戲走折衷路線,先讓你通過大部分關卡,但接著設下門檻或困難賽事,讓你在各次花費間重列自己的心理預算,就會更有效果。

最後,我們可能難以擺脫花了好幾個月甚至好幾年的訂閱制遊戲的其中一個理由是,如果停下來的話,感覺就像是過去所有的努力和時間都付諸流水了。你都有了那麼多好裝備,破了那麼多關,會了那麼多華麗的技巧。然後你就這麼一走了之?2010 年時,發行大型多人線上遊戲《科南時代》(The Age of Conan)的挪威公司 Funcom,向所有用戶發出了一條訊息說:「出於我們維修工作的一部分,你的帳號如今已被標記而要將你低於 20 等

的角色刪除，好進行部分的維修工作。」那封電子郵件接著繼續建議用戶：「現在就重新啟動你的帳號，以確保你的角色進程和名稱維持完好。」當我們考慮要離開一款遊戲世界會持續存在的線上遊戲，甚至是想著要離開我們在《農場鄉村》、《部落衝突》這類免費遊玩遊戲中建造的大片地盤時，會有一種損失厭惡的心理威脅著我們，而這裡出現的便是這種損失厭惡的更加駭人版。把東西放著不管，可能意味著你投入的心力會全部白費。決定當下此刻要不要更新訂閱制的時候，如果去權衡過往已經花下去的那些時間和金錢等隱藏成本，其實是不理性的。那些成本付出就不在了，而且永遠都不可能拾回。但人類已經變成會執著於每個抉擇的負面不利之處並厭惡損失，所以你在《魔獸世界》裡的食人妖薩滿，或者你在《農場鄉村》裡的一畝草莓田，通常都會活下來見證新一輪的帳單循環。

但同樣地，當我決定要不要繼續玩某遊戲的時候，真正重要的，或許是我的朋友在幹麼。從許多方面來說，我們甚至不需要行銷專業人士幫忙。我們一有機會，就會代勞他們的工作。下一章我們就來探討，我們如何對我們自己作行銷。

本章攻略要點

- 在獲得一項選擇時,我們偏向贊成接受預設選項。這叫「維持現狀效應」。這被用來讓你不加思索就更新訂閱。

- 說真的,你有沒有想過把錢投到 401(k) 退休方案或者類似的方案?你真的應該投看看。那會讓維持現狀效應對你產生有利效果。

- 人們偏好固定費率以及吃到飽的定價選項,因為每一次個別支付加總起來造成的傷痛,會高過大筆一次付清同等金額所帶來的傷痛。這有時候叫作「計程車跳表效應」。

- 這跟敏感度遞減法則有關。痛苦和代價的對應關係會隨著代價增加而逐漸扁平。舉例來說,代價從 1 到 2 美元的差別,會比從 1,000 到 1,001 美元的差別來得更痛苦。

- 以同等價值的東西來說,我們討厭失去它的程度會高過我們喜歡得到它的程度,這種心態常被拿來讓我們一直付訂閱下去(可參見損失厭惡、心理抗拒,以及稟賦效應)。

CHAPTER 12

遊戲如何令玩家自發性地彼此互相推銷？

「只要跟我說說你的朋友都是哪些人,我就能告訴你,你是個什麼樣的人。」

——俗諺,作者不明

臉書會對你做實驗。你很清楚這件事對吧？這個社群網路巨人曾發表一篇以其中一項實驗為基礎的研究論文，而在 2014 年夏天遭受激烈批評，原因就在於它操縱使用者情感的方法。由受僱於臉書的一名科學家與另兩名學者所進行的這項研究，稍微修改了 689,003 名使用者的動態消息，來顯示內容偏正面情感或者偏負面情感的朋友發文。這是靠電腦分析發文中的某些詞和片語，並把它分類為「快樂」或「難過」而達成的。啊，沒有什麼比電腦冰冷的、機械的電路更能識別出人性的喜悅和悲哀了。我喜歡去想像一個場景，科學家真的用了一個機器人，叫它去坐在小房間裡快速掃描嬰兒、政治冗文和拍得很爛的自拍照。分析完資料後，它垂下它金屬的肩膀然後說，「我能夠分類，但我卻無法……感覺。」科學實在有夠讚。

不管怎樣，臉書實驗的重點是，將研究的範疇從已經確立公認的情緒感染現象，擴大到社群網站的領域中。心理學家已從過往幾十年的實驗室研究中得知，如果你把一群人放到一個房間裡，他們的情緒狀態可以從一個人轉移到另一個人身上。在快樂或鬱悶的人身邊可以讓你快樂或鬱悶。舉例來說，有一項研究證明，大學新鮮人如果夠倒楣而配到一位有點鬱悶的室友，自己也比較有可能會變得悶悶不樂。臉書研究者想要看看同樣的事情會不會透過社群網路工具而發生在線上空間。所以在 2012 年 1 月

的某一個星期內,他們刻意隱藏使用者的朋友們所發的、感覺正面或負面的文章,因此讓他們的動態消息要不變得更歡樂,不然就變得更悶悶不樂。研究者接著收集了共300萬則以上的參與者個人發文,然後用同一個可憐的機器人來替那些文的情緒調性編碼。該機器人確實發現情緒感染會在臉書上發生,能證明的證據在於,看了比較多負面文的人自己也會稍微多發一些負面文,而看了比較多正面文的就相反。他們的結論是,你在臉書上看到朋友作的事情說的話,能影響你的情緒狀態。而臉書可以控制那些帶有情緒文章的輸出閥門。

呃,算是吧。值得一提的是,這項研究中發現的情緒感染效應其實規模很小。大部分人無須擔心自己只因同個高中的誰誰抱怨了天氣或者貼了特別夢幻的沙漠照片,就因此身陷狂躁或抑鬱中。要不是這項研究有著大量的數據點,這些團體之間的差別可能根本完全檢測不出來。但那其實不是這件事的重點,臉書之所以遭受那麼多批評與審查的也不是這一點。問題是在於,這項研究中的臉書使用者連自己有在參與都不知道。臉書的終端用戶授權協議書之中有一些模糊沒啥用的語言,談到所有使用者為了使用這服務所做的眾多妥協讓步之一就是同意參與這類東西,但事實是,沒有人會去讀這些協議,而且也沒人跟大家說臉書正試著操控大家的思考和情緒。他們後來也沒有再向受試者詳細說明他

們該知道的事項,但這種事後釋疑幾乎在哪都是心理學研究者的標準倫理作法。這就讓一些人警覺起來,用部落格和社論專欄來譴責這名背地圖謀的、把使用者對臉書的信任都丟一邊的狡猾操偶師。「這項研究令人憂慮地指出臉書為了各種目的而去操作使用者體驗的能力,」Forbes.com 的一名評論者如此寫道。

雖然這些批評者的指控是有些道理(我個人認為有),但宏觀分析,臉書並非獨一無二。我們在線上所見到的朋友動態,不斷地影響我們。舉例來說,我們在朋友的 Steam 活動動態上看到的每一件事、他們在蘋果的 Game Center 排行榜上的分數,甚至是陌生人貼在 Amazon.com 或 App store 的評論裡的星星數,都能略微引導我們對電子遊戲的看法、判斷及感覺。不僅如此,許多公司還會操控我們所看到的東西,好塑造我們的看法,並接手他們的工作,在我們自己人之間推銷他們的遊戲。要了解其方法,我們就稍稍往回到 1950 年代並觀察一下,某位社會心理學家如何輕易就讓整個房間的人都跟著他說,上其實是下,短的比較長。

社會證明：Youtube 實況主表示「《毀滅公爵》比線段 A 還要長。」

想像一下時間是 1951 年，而你是美國賓州斯沃斯莫爾學院（Swarthmore College）的學生。另外也想像一下你是白人男性，介於 17 至 25 歲間。如果你覺得很怪的話不好意思，但就如我說的：1950 年代早期的私立、精英學院。你的父母接受了良好教育、很有主見，並期望你追隨他們的腳步。目前為止都不錯，因為你的學術地位遠高過平均，而且你甚至在歐洲留學了一學期。很不錯，很合乎世俗。你同意參與一項關於視知覺（visual perception）的研究，而你一抵達進行研究的教室，便看見一群沃斯莫爾學院的同學共 7 人，已經坐在排得很整齊的兩排椅子上。

你在後排找了個空位坐下，實驗執行者就開工了。那時候還沒發明 PowerPoint，所以他把大家的注意力引導到教室前頭一個架子上的一組巨大紙牌。實驗執行者解釋說，左手邊這張卡上有垂直線。你看得出來那是真的。右手邊是另一張卡，上面有三條類似的線，但其中兩條的長度跟左邊卡上的線不一樣，但剩下一條就跟左邊一樣長。這些線被標為 1、2 跟 3。實驗執行者說，你的工作就是辨識出右邊卡上的三條線裡哪條跟左邊卡上的一樣長。在你看來這工作實在滿蠢的，因為答案有夠明顯，但管

它去的。你這邊越快結束,你就越早能回去做1950年代年輕男子喜歡做的隨便哪件事。可能是彈你的吊褲帶然後說「他奶奶個熊!」之類的。我不知道。這方面的紀錄不是很清楚。

的確,這工作到頭來就跟你想的一樣簡單。實驗執行者展示了第一組線條,而你的同學們就一個接一個聲稱,確實是線2跟左邊卡上那條線一樣長。輪到你宣布答案的時候,你同意說,沒錯,很明顯是線2。下一組大家都正確地說是線1。然後這次又是線2。然後這次是線3。

等等,搞什麼?線3?為什麼每個人看了這組新的三條線,都說是線3跟左邊卡上的線一樣長?你往前傾過去瞇起眼看。線3明顯不是正確答案。在你眼裡看來它比較短,而不是跟左邊一樣長。但接連6位同學說出有別於你眼中所見的結果,而現在輪到你來給答案了。「呃,」你開了口,在教室前頭看著畫線的圖。「線⋯⋯3?」實驗執行者在他的寫字夾板上寫了點什麼,但接著就繼續展示下一組線圖。又一次地,即便你眼見為憑,但你周圍的人仍一致地給出看來是錯的答案。而又一次地,到了要回答時,你又跟他們的回答一致。不然咧,你是有資格出來爭喔?

社會心理學家所羅門・阿希(Soloman Asch)和研究助理在斯沃斯莫爾學院進行的,就正是這種實驗。事實上,他將該實驗修改成好幾個不同版本進行過,但其結構整體來說仍如上所述,唯

一沒說的是,就只有教室裡的另外 7 個人其實不是其他受試者。在每次試驗中,那位唯一的真正受試者並不曉得,其他同學都是跟實驗執行者合謀的演員。他們的工作是講出明顯錯誤的答案,來看看那 122 個真正的受試者各自會怎麼辦。大部分受試者——在某些版本的實驗中高達 75%——至少有一次會去順從眾人的看法,並給出明顯不正確的答案。此外,在實驗的事後釋疑訪談中,受試者往往會把他們當初的選擇合理化,說如果別人都講了跟自己第一時間觀察相反的結果,那麼自己的第一時間觀察應該是錯了。他們不是在假裝看到別種模樣而已。他們真的看到別種模樣了。

若要談從眾、屈從權威、同儕壓力的話,這些研究會符合我們對人性其他方面的眾多認識。我們常常願意仰賴同儕甚至是無關的陌生人來替我們定義現實。你覺得《宅男行不行》這類電視節目為什麼要有罐頭笑聲?你覺得星巴克的咖啡師為什麼還沒開店就會先裝幾張美元跟零錢到小費罐裡面去?你覺得電子遊戲發行商和它們的公關公司為什麼對遊戲最初的評分那麼執著,甚至偶爾還會試圖火速壓制負面評論?

最後這件事在《永遠的毀滅公爵》(Duke Nukem Forever)於 2011 年上市之後真的發生了。該遊戲因為一再延期導致開發期長達 15 年,又吹過種種到頭來都一場空的牛皮,而在遊戲圈惡

名昭彰。有鑑於這理由，再加上發售前玩過的人所描述的那種了無生趣印象，《永遠的毀滅公爵》似乎是個一上市就等著被痛打的沙包。的確，當遊戲上市後，大部分的評論者都在評論中猛批這款遊戲。Metacritic 這個匯聚評論的網站，很快就算出它有著54 分的平均評分，在動筆此時仍維持這評分[1]。跟其他遊戲相比，那算糟。相當糟。這些負面的初期評論，讓雷德納集團（Redner Group）的詹姆斯・雷德納（James Redner）感到不悅；那是當時負責《永遠的毀滅公爵》的公關公司，公司獲派的工作就是炒作該遊戲。詹姆斯・雷德納在氣頭上判斷錯誤，而用公司的官方推特帳號回應說「太多人的評論太過頭了……我們將依據今天的怨恨來審核誰下次拿得到遊戲誰拿不到。」先不管文法和標點是否正確，其意涵非常清楚：那些給予遊戲負評的人以後會碰不到遊戲和資訊，但那些給正評的人可以接觸到更多東西。值得稱許的是，雷德納很快就發覺自己錯了，並在推特上發了一篇公開道歉，說自己情緒發言，當初應該私下聯絡那些給予惡評的作者才對。而《永遠的毀滅公爵》的發行商值得稱許的則是，他們不讓雷德納集團繼續擔任他們的公關公司，而發行商也拒絕對該推文負任何責任。

但雷德納為遊戲的初期評論抓狂，是否有合乎情理之處？那些初期評論者有沒有可能個個都像所羅門・阿希實驗中的演員那

樣,影響了後來每個考慮買遊戲的人的看法?就算《永遠的毀滅公爵》因為先前那段惹人厭的過往而不算是個好例子,但對其他遊戲來說,那些小石頭般的初期評論,有沒有可能造成類似《永遠的毀滅公爵》那樣的負面意見大山崩?

這問題的答案無須我們去猜。馬修・沙加尼克(Matthew Salganik)、彼得・多茲(Peter Dodds)以及鄧肯・瓦茲(Duncan Watts)於 2006 年某一期的《科學》(Science)上發表了一項研究,研究中他們展示了如何單靠控制「其他顧客在做什麼」的資訊流,就操縱了一個音樂下載市場。研究者在線上募集了超過 14,000 位受試者,並給他們一份不熟悉的歌曲和樂團清單。受試者一邊聽那些歌,一邊在一個量表上替它們評分,就很像 Amazon、iTunes 或者 Google Play 在用的那種 1 至 5 顆星評分表。受試者也獲得機會能下載任何喜歡的歌曲。處於受制條件的受試者就只知道這些。他們沒有獲得「哪首歌有多受歡迎」這項額外資訊。但處在實驗情境下的人就有。他們的歌單有其他歌有多常被下載以及從 1 到 5 的評分是幾顆星等準確資訊。實驗執行者甚至設置了 8 個不同的實驗「世界」,各個世界的下載數和

---

1. 《永遠的毀滅公爵》截至目前評分為 49 分。

評分能夠獨立演變發展。就把它們想像成一個個別樣宇宙，Fred Finkledinger 的《I've Got the Fink》在其中一個宇宙裡可能受歡迎起來，但在另一個宇宙卻徹底失敗。也該留意一下我捏造歌曲和歌手名稱的本事有多差。

實驗執行者發現的結果一如預期：有了一首歌的評比及下載次數等社會資訊，會影響它變得更紅或者更不紅的程度。在歌曲受歡迎程度方面，實驗組這邊的兩極化情況，往往比一堆受試者都完全接觸不到社會訊息的控制組要嚴重許多。在實驗組中，受歡迎的歌曲往往會極端受歡迎，而不受歡迎的歌曲也會極端不受歡迎。在後續研究中，實驗者發現，如果他們依據目前下載次數來把歌曲排名（就像你在許多遊戲、書籍、電影或其他媒體的「最常下載前 50 名」或者「目前最熱門」清單上會看到的那樣），可以強化這些效應。一首歌在那樣的情況下還可以變得更受歡迎或者更不受歡迎。據推測，這可能是因為人們多半會把自己的抽樣限定在熱門榜中，而那又會讓熱門榜歌曲固守在榜上。有趣的是，實驗所設置的 8 種獨立宇宙，會有生命般地發展出各自獨一無二的金曲和爛曲榜單。某首歌可能只因為一群初期聆聽者喜歡或不喜歡那首歌，並用他們初期的評分和下載次數影響了後來的聽眾，而在某一組受試者中爬到榜首，但在另一組中慘兮兮。

然而，在這項研究中，沙加尼克和同事們讓歌曲市場自然

成長而不去干涉。那可不可以提出假的社會訊息,並人為地鼓吹某一特定媒介的名氣或打壓其名氣,來影響該媒介的命運?當然辦得到。另一項研究為了證實這一點,而在許多電子遊戲粉絲應該都很熟悉的一種脈絡裡利用了評分和社會訊息,那就是網站討論區。你應該有在用那種有讚/倒讚系統來讓使用者評價彼此評語的留言板,或者至少遇過一回。如果你的發文包含了認真推敲的論點、或者機智地戳到一個痛點,或者有貓在吃一片西瓜的照片,那麼你就有可能從其他讀者得到「讚」這種分數。如果你說蠢話、使用粗言粗語,或者昨天已經有人貼過貓吃西瓜照片但你今天又重貼的話,你就有可能被倒讚痛擊。一篇發文的分數就只是讚數減掉倒讚數而已。

列夫‧穆奇尼克(Lev Muchnik)、西南‧阿拉爾(Sinan Aral)以及西恩‧泰勒(Sean Taylor)想知道初期的讚與倒讚會對這種環境底下的發文的長期分數有什麼影響。初期的讚或倒讚,能不能造成他們所謂後續讀者的「社會集群」(social herding),而讓某一篇發文始終備受祝福或者永世不得翻身?為了得知結果,他們跟一個大型新聞匯總網站合作(但他們並沒有明白指出是哪一家),並在 5 個月內微妙地操作了 101,281 則個別的用戶評論。每則發文要不就被冷落(重要的控制組);要不在發出來的那一刻預先放了一個讚,要不就是預先裝了一個倒讚。接著他們就靠

回椅子上看網站的使用者會做什麼。

在5個月內,讀者們給了308,515個讚或者倒讚。預先給發文埋下讚果然如預期地有效:看到最初的讚,後來的使用者就比較有可能給發文又一個讚。就跟音樂下載的研究一樣,這種涓滴往往也一樣會變成穩定的水流。平均來說,預先給讚的文章的總分(計算方式是從讚數扣除倒讚數)增加了25%,拿到超過10分(在研究者對該網站的歸納中,這算是相當高的分數)的可能性高了30%。看來,早早拿到讚,你的留言就會往名人堂邁進。

這就是詹姆斯・雷德納之所以對《永遠的毀滅公爵》的初期評分如此不高興的原因,也是每間公關公司、電子遊戲發行商、開發商,甚至某些粉絲之所以見到自家遊戲剛亮相時表現很好或很不好都會非常情緒化的原因。當初期評價被公開、被量化,並讓其他人能取得的時候,就會相當重要。別人做的說的事情,真的可以影響你覺得某東西看起來是怎樣,或者你覺得它有多好。為了與其對抗(或者利用它,依情況而定),遊戲發行商和公關公司有時會花錢把高知名度的遊戲評論者送去參加豪華的上市派對。發行商也出於這個理由,而開始跟那些當紅的「一起來玩XXX」YouTube影片的拍攝者以及圖奇實況主共事,這些人甚至可以比那些靠文字或剪接過的短片吃飯的評論者更快開始提供社會訊息。

在 2014 年動作冒險遊戲《中土世界：魔多之影》（Middle Earth: Shadow of Mordor）的案例中，負責該遊戲上市前推廣的公關公司甚至過分到讓某些評論者和 YouTube 名人先玩到遊戲，但前提是他們同意一些像是搭時光機過來的所羅門‧阿希會寫出的合約。聽話的 YouTube 評論者可以提早一周玩到遊戲，但據報導所言，他們必須遵守合約中所寫的、有助於確保只呈現正面評論的限制條款。根據取得了一份合約複本的《逃避現實者雜誌》（The Escapist）遊戲評論者吉姆‧斯特林（Jim Sterling）所言，合約寫著「影片將推廣該遊戲的正面觀點」。合約接著應該還會告訴評論者說，他們不得展示出任何「bug 或故障」，而應該專注於故事以及遊戲獨一無二的特性。基本上他們指示了實況主和評論者要怎麼寫一篇正面的評論，而且根據斯特林所言，公關公司不太可能把該遊戲的複本送給任一個不簽合約的人。

然而，發行商和開發者有時會嘗試以更切實符合倫理的方式，來解決這種初期社會訊息的效應。它們可能會要求評論者延後發表，好讓評論者得到的遊戲體驗更接近一般玩家在人人都能買到遊戲時會得到的那種體驗。這種情況越來越常發生在那些需要在發行日當天進行更新的遊戲上，但也會發生在那些仰賴大批玩家在發行後一起上線的遊戲上。舉例來說，Bungie 這間遊戲開發商，就勸評論者等 2014 年的線上遊戲《天命》推出之後，

再發表他們的感想。該公司也勸顧客把早期評論都當作初步印象來看待，因為當全世界還只有少數人能在發售前玩到遊戲的時候，那些評論者是沒辦法像遊戲所設想的那樣去玩這款本來就該要是多人遊玩的遊戲。「對我們來說，這是第一次———一個全新的體驗」，Bungie 公司發言人在 Bungie.net 官方留言板上如此寫道。「這也有些風險。我們早已預料到接下來會看見，決定在上市前仔細評估、但沒有時間或耐心搭上我們這趟漫長美好旅程的各位，將在首日就發表評論。」他們最不想要的，就是潛在的顧客被負面（而且最後看來並不公正）的第一印象給嚇跑。

不過，也可以綁架這種社會資訊來對付遊戲公司。2008年藝電推出戰略遊戲《孢子》（Spore）的時候，裡頭包含了 SecuROM，一個讓許多人覺得限制太多且不保護消費者的數位版權管理系統。大致上來說，你只能在 3 台電腦上安裝該遊戲，而且每幾天就要讓它透過網際網路來向 SecuROM 伺服器驗證。遊戲發行沒幾天，就有人因應這措施組織了一個鬆散的抗議活動，成千上萬人湧入 Amazon.com 的《孢子》頁面留下 1 星評論。就連幾年後我動筆的此時，該遊戲的 3,335 則評論中還是有 2,598 則是 1 星。過去曾在開發《孢子》的公司工作的克里夫・哈里斯（Cliff Harris）在一次訪問中公然表示，「從公關的觀點來說，那是一場大災難。」初期的 1 星評論連環轟炸，傷害了遊戲的整體

評價。

所以我們往往會望向別人來尋求「要想什麼」的資訊，而就算我們不看他們，他們還是會影響我們。但結果發現，人們不只是在他們做什麼或說什麼的時候才影響我們。有時候，我們光是只看著某人，就有可能在驅使下去拿起某款遊戲甚至花錢在上面。

在這方面，有些人比其他人更有影響力，尤其是在社群網路遊戲中，例如那些在行動裝置平台上很多人玩的社群網路遊戲。

社交鯨魚協定：目前在美國 50 個州皆是合法的。

2014 年 10 月，我受邀在華盛頓州西雅圖舉行的行動遊戲論壇（Mobile Games Forum）上發表演說。一直都打算去趟西雅圖的我答應了演說邀約，內容大幅採用本書前面談「排行榜與高分榜中的社會比較和資訊修飾方式可以促使玩家彼此競爭」的那一章。就當天會議流程的進行來看，我很明確地就像是個邊緣人。就如名稱所顯示的，行動遊戲論壇聚焦於手遊和社群網路遊戲。其他幾位講者談到了遊戲設計，但看起來有許多穿著業內慣例服

裝和時髦髮型的人不斷講著變現、觸及人數、玩家獲取、行銷、品牌發展、流程管理、分析學、市場相關性、追蹤、用戶忠誠度、漏斗分析、產品作為服務，以及進入亞洲市場之類的主題。換句話說，在手遊業工作的人們，似乎對於「玩家如何彼此交流」以及「他們如何能被拉攏去對彼此推銷遊戲」都感興趣到了極點。那真的很有意思。

顧問公司「忍者度量衡」（Ninja Metrics）的執行長迪米崔・威廉斯（Dmitri Williams）認為玩家與其他玩家彼此交流的這個概念相當重要。有傳播博士學位的威廉斯，已經撰寫了不少學術文章談論電子遊戲心理學以及玩家如何彼此溝通和散播消息。威廉斯和另一位學者賈迪普・斯利瓦斯塔瓦（Jaideep Srivastava）成立了「忍者度量衡」來幫助遊戲開發展以及發行者在手遊市場中競爭。他們強調的其中一個概念是「社會價值」（social value）。遊戲發行者和行銷者傳統上關注的是，一名玩家替自己買東西，能產生多少交易金額。那很重要沒錯，但威廉斯和同事留意到，顧客也因為能讓其他玩家花錢而有價值。在忍者度量衡網站上，他們把這稱作「社會價值」，而那些讓許多人願意花錢的人被稱作「社交鯨魚」（social whales）。如果某人只花了 5 美元在一款手遊上，但拉了 3 個本來很省的朋友讓他們每個花上 10 美元，那它對於遊戲發行商來說，價值就遠不只 5 美元。

雖然忍者度量衡的研究是為了支持一間企業而作,也因此沒有給同儕審核以及讓公眾使用,但公司網站的白皮書聲稱,該公司認為只有10%的玩家是社交鯨魚,但認為他們對總花費的影響力,是介於10~40%之間的某個數字。根據威廉斯的說法,創造更多社會價值的關鍵,就是玩家間的交流。也就是說,玩家得要和彼此互動。「我們如今已看到,社會價值會根據遊戲類型不同而較高或較低,」他說。「遊戲機制的社交性質越強,社會價值就越高。」

我們在談的會是手遊裡的哪種社交機制呢?我們就來談談把樹修剪成駱馬造型的園藝,看看有沒有可能是這個吧。幾年前有一天,當我在臉書上隨便看看朋友的狀態更新時,有一則特別慌張的發文吸引了我的注意。「臉友們看這裡,」發文開頭這麼寫。「看在上帝的分上,不要再把《農場鄉村》、《黑手黨戰爭》(Mafia Wars)、《吸血鬼》(Vampires)或者你在玩的隨便那款爛東西的禮物和邀請寄給我。我一點也不需要。快給老子住手。天啊。」

你們如果是那種在臉書或智慧型手機上玩休閒遊戲玩到八面玲瓏的人,或許會對此感到同情。你們曾經多少次查看過自己的通知並心想著,「哇,你送我一頭⋯⋯虛擬山羊,謝啦,算是吧。」的確,這些社群網路遊戲的開發商不遺餘力地把「贈與」

想像物品一事弄成了遊玩的核心要素。在《農場鄉村》的鼎盛時刻，每5位臉書使用者就有1位安裝這遊戲。《農場鄉村》的垃圾通知實在是太煩人，以至於在很大程度上促使了臉書決定修改遊戲邀請和送禮通知的運作方式，好讓這些功能不那麼擾人。但這種特色依然在各式各樣的遊戲中欣欣向榮，而且是那些遊戲鼓勵玩家彼此互動——或者就如行動遊戲論壇中某位演講者無疑會說出口的，「驅使消費者交流」——的主要方式。今天早上，我在手機上就收到一個來自《漫威益智任務》的通知，說我的某位朋友送了我什麼免費的遊戲內貨幣。為什麼人們會這樣禮尚往來啊？

答案跟社會心理學中一個最強大的習慣有關：「互惠性」（reciprocity）。當人們給了你什麼，你會感覺需要回饋什麼東西；就那麼簡單。或者，你就像上一段那位發了臉書狀態更新的我朋友一樣，對他們大吼。但你通常會想互惠。有些演化心理學家認為，因為它鼓勵社會形成——並強行實施——互利規範，而且是演化上的優勢。人們認為遵守這規範是種善行，而其他人想要回報這種善行。破壞這規範將是一種攻擊，會替你贏得別人的惡行作為回報，好比說躲著你，或者一拳打在你身上。

行銷者和有見識的商人一直都在利用互惠效應。《一角前行》（March of Dimes）每年都會送我一套可愛的回郵標籤，讓我

能用在耶誕卡上。標籤本身是一份贈禮,但並非出於巧合地,它們也會一併懇求你捐助該單位。想表達的主旨很明確:「嘿。我們剛給了你一些免費的東西耶。你應該以一筆捐款來報答。」心理學家羅伯特・席爾迪尼(Robert Cialdini)於 2001 年在《科學人》(Scientific American)的一篇文章中解釋了美國負傷軍人會(Disabled American Veterans)如何用同一種技巧來把該組織的捐款請求成功率從 18% 增加到 35%。

當超市給你新上市起司餅乾的免費試吃,或者當電子遊戲開發商送出免費 T 恤換取人們前來參加活動時,也運用了同樣的技巧。我並不是說,你會遭受洗腦而不得不以買餅乾或者給遊戲正評的方式回報,而是說你至少會比本來更去多想一下這些念頭,而那有助於在整個大群體中提高有誰付諸行動的可能性。許多組織──包括一些遊戲網站和遊戲雜誌──甚至會借助「不收禮」的行為守則,來防範互惠效應。舉例來說,遊戲網站 Polygon.com 就有公開倫理聲明說,在某種程度上,「我們的寫手不會接受價值超過 50 美元的禮物(包括餐飲在內)。」

但《農場鄉村》、《漫威益智任務》、《部落衝突》,以及其他眾多仰賴互惠來促使玩家交流的免費遊玩遊戲要怎麼看?這些是免費遊戲,沒錯吧?大部分的禮物也都是免費的,對吧?多半來說,是沒錯。但製作了《農場鄉村》以及其他眾多類似遊

戲的星佳公司,還是想要新玩家加入,且希望既有的玩家能留下來。這些遊戲裡面的禮物對於遊戲中接受這些禮物的人來說有用,所以看見一個「你收到了一個禮物」的通知,會鼓勵你去登入遊戲並把它拿來用。而且,光是點連結其實就會開始讓新玩家一路下去安裝並玩那款遊戲,而那就增加了星佳的數字。接著,互惠效應鼓勵你以回送禮物來回報,而那就創造了一棵果樹、牲口以及企鵝雕像的互贈循環。更糟的情況是,某天你將發現,要是你不讓這個贈禮迴圈持續運作,你就會因為害朋友把遊戲內的金錢浪費在買本來指望你送給他當禮物的道具,而害到你的朋友。你這沒良心的傢伙。

這是一個有效的機制,能讓人們始終不斷登入這些遊戲,而不是改去玩別的遊戲。通知會告訴你說,你必須登入好回贈禮物,而你登入了以後,可能也會玩上那麼一陣子。這就是烹調出習慣的食譜。你甚至可以送禮物給還沒玩這款遊戲的人們,鼓勵他們加入遊戲當你的鄰居或隊友來回報你。很快地,在一場心理學與農業的不神聖結合下,農場會雨後春筍般地從各處冒出頭。

但人們之所以喜歡分享並炫耀擁有的東西,並非只一個理由。這樣講有點直白,但有時候你就是想要某人來羨慕嫉妒你的農場、殖民地或者你剛蓋好的那個隨便什麼東西。你想要他們看見你擁有什麼,並對於你藉由策略性地放置草莓叢而排出髒話一

事點頭稱讚。同一套說法，也完全適用於那些讓你炫耀裝備和裝飾品等東西的遊戲。到頭來，羨慕嫉妒是玩家能藉以產生交流的另一個重要機制。

嫉妒到令人覺得眼紅

「羨慕」的負面意義是「嫉妒」。當你有某件我要的東西而且我希望情況不是如此的時候，我會感覺到嫉妒。這往往讓人想起某個眼睛發綠的怪獸[2]（green-eyed monster）在角落生悶氣，忿恨地想著事情有多麼不公平，以及總有一天他們會有報應、絕對會發生的。但研究嫉妒本質的心理學家辨識出兩種不同的嫉妒，它們以不同的方式來促使我們拉近那種差距。當我想藉由摧毀或奪走嫉妒之物來消除我們之間的差距，就是惡意嫉妒。這會把你拉到我的層級。惡意嫉妒通常發生在「我覺得你不配擁有你擁有之物」的時候。如果目標只是運氣好或者透過不公平或非法手段取得某物時，我們比較有可能體驗惡意嫉妒。另一方面，良性嫉

---

2. 在莎士比亞的《奧賽羅》裡頭，將嫉妒之心被比喻為綠眼怪獸。

妒就比較有志氣。當你有某件我想要的東西，但我覺得那很酷，所以反而是把自己提升到你那個層級來消除這種差距，這時就會發生良性嫉妒。當我覺得你是花了一番工夫，或者覺得你本來就該得到你所擁有的事物，這時就比較可能出現良性嫉妒。

惡意嫉妒對於涉入其中的人來說通常是壞事，因為它關乎挫折，而且足以導致惡意破壞以及不公平感。過度體驗這種情緒的玩家，如果無法或者不想重新調整比較對象的話，或許也可以光靠離開遊戲來矯正情況。但近期的研究證明，良性嫉妒和其涉及的向上社會比較，能幫助我們對自己感覺更好，並促使我們改善表現。眼見另一位《部落衝突》玩家蓋起令人讚嘆的防禦工事可能會讓我們眼紅，但那也可能會讓我們覺得自己應該也辦得到，而讓我們更有動機去嘗試。「把你自己跟某個境況更好的人比較，可以讓你得到如何成功的資訊，」著有《大家都有罪？瞭解人性七大罩門，掌握你的成功優勢》（The Science of Sin: The Psychology of the Seven Deadlies and Why They Are So Good for You）的墨爾本大學（University of Melbourne）社會心理學家賽門・拉漢（Simon Laham）表示。「藉由觀察他人成功的秘訣，並改變你對於可達成目標的期望。」

聰明的遊戲設計者隨時都會鼓勵這種嫉妒。舉例來說，社群網路遊戲《辛普森園區》（The Simpsons: Tapped Out），就會每次

都給予經驗值和遊戲貨幣，來鼓勵你每天拜訪其他玩家的城鎮。而且，參訪時你當然會在現場看見其他玩家所完成以及買下的各種有趣且令人嫉妒的東西。看看那一整片建築。他們有豬油小子甜甜圈（Lard Lad Donut Shop）耶！還有嗨翻之王音樂用品店（King Toot's Music Shop）耶！超棒的。你因為變得眼紅且和其他玩家來往而獲得獎勵。之所以會有那麼多人認為《上古卷軸 IV：遺忘之都》（The Elder Scrolls IV: Oblivion）向玩家索取 2.5 美元費用來給坐騎裝上華麗裝甲是個荒謬的設計，也是出於這個理由。《上古卷軸 IV：遺忘之都》是款單人遊戲——就只有你會看見那匹馬的裝甲，不管它看起來多讚都一樣。

研究者發現，當我們做這種向上比較時，我們往往會尋找並發現目標和我們之間的相似之處，因為我們有著對正面自我形象的偏好。這不只拓展了我們對於自身能耐的察覺，也誘使我們更看重自己——如果他跟我一樣，而他成功的話，那我應該也可以。要是我們能辨認出（或者去假設）自己跟對方在一種顯然關乎該項工作表現好壞的特質上有其相似之處，那也十分有幫助。舉例來說，蒂爾堡大學（Tilburg University）的尼爾斯・范德文（Niels van de Ven）、馬賽爾・吉藍伯格（Marcel Zeelenberg）以及利克・彼特斯（Rik Pieters）曾做過一項實驗，使不同的受試者體驗不同種的嫉妒。接著，他們讓受試者接受測量創造力和智能的遠距聯想

測驗（Remote Associates Test，RAT）。遠距聯想測驗顯示三個詞彙，然後要求做測驗的人想出一個連接三者的詞彙。這邊舉個例子，「瑞士／蛋糕／茅屋」的正確答案會是「起司」。因為有「瑞士起司」、「起司蛋糕」，還有「茅屋起司」（cottage cheese）。下面這個比較難囉：「影子／圖表／滴」。要放棄了嗎？答案是「眼睛」（眼影、視力表（eye chart）、眼藥水（eye drop））。

遠距聯想測驗會用於這種研究是因為，如果某人當下沒有立刻想到某一問題的答案，等他受到激勵而繼續坐在那想得夠久之後，通常都會想出答案。范德文與同事發現的是，在一個人進行遠距聯想測驗之前先讓他嫉妒成功人士，會使他在解決難題的時候，比那些先體驗了良性嫉妒或者完全沒體驗嫉妒的人堅持更久。而且此處的情況可不是他們跑去嫉妒別人在遠距聯想測驗中的表現；他們就只是在閱讀描述此人及其成就的文字而已。向上去比較別人，往往會連帶讓我們覺得自己整體更有能力，而那又促使我們更努力嘗試我們正在嘗試的那件事。當然，如果嫉妒的目標跟我們類似，而他在進行的工作正需要一種和我們自己嘗試做的事有關的特質，那會有所幫助。你或許還記得談競爭和高分的那一章給我們的啟示。其他關於嫉妒的研究發現，當你嫉妒的人跟你類似時會更激勵人心，但如果他取得寶物或獲得讚美的方法恐怕辦不到或者不切實際，就不會產生效果。

如果你覺得,看著某人炫耀他完成格外困難的遊戲內挑戰而得到的獎勵,能讓我們假想自己也能做到同樣的事,那並不會多誇張。因為那人基本上就跟我們差不多,完全沒有做什麼我們做不來的事。或者另一種情況是,我們可能會更有動力去進行遊戲內購買,來減少嫉妒。范德文、吉藍伯格以及彼特斯所進行的另一項研究發現,良性嫉妒甚至可以激勵我們付出一筆「嫉妒溢價」去取得產品。在他們的研究中,被弄到會去嫉妒別人 iPhone 的受試者,跟不嫉妒的控制組相比,願意多 64% 的金額去購買一隻新手機,來縮短他們因為嫉妒小玩意而產生的差距。這就是迪米崔・威廉斯那套社會價值的赤裸版:人可能只因為正與擁有令其嫉妒之物的某人互動,所以就跑去花錢。有趣的是,研究中另一組體驗了惡意嫉妒的人──也就是說,他們認為那個人不配擁有 iPhone 並希望他們沒有──願意付更多錢來購買一隻黑莓(Blackberry)手機,藉以減低嫉妒,同時讓自己與他們蔑視的人有所區別。

　　所以下次你望著一個對手,想要給你的角色買一套更好的裝備,或者預購擴充包來拿到獨特武器的時候,想想前面談過的一切。設計者可能花了很大的工夫,來確定你會關注那玩家非常特定的某一面,而其最終目的就在於,讓你因為覺得有點嫉妒,而花更多錢或時間玩遊戲。然而,就跟前面提過的一樣,如果你玩

得開心並持續控制住這種心態的話，或許那全都不過是遊戲體驗的一部分。而且你還會讓下一個人嫉妒你。

本章攻略要點

- 情緒感染描述了情緒狀態如何從一個人傳遞到另一個人身上。它甚至可以透過社群媒體發生,雖然恐怕沒那麼有效。
- 我們的判斷、看法甚至對現實的感覺,都可以被周遭人們的描述所影響。這被稱作「社會證明」。如果有夠多的其他人似乎都認為短的那條線才比較長,那麼你可能就會跟著大家說出一樣的答案。
- 社會證明也可以操縱那些獲得用戶評價之產品的熱門程度。那些獲得高分評價的比較有可能持續獲得正面評價。也因此,初期評論比後來的評論還重要。
- 說到這,能否請你花一點點時間,在你最愛逛的線上購書網站上給本書一個好評?可以的話就太棒了。感謝你。
- 「互惠性」是我們感覺要回報他人給予之恩惠或禮物的衝動。許多社群網路遊戲都用這來讓我們散播連結和邀請。
- 當你有某個我有的東西,而我也要精進自己來獲得它的時候,我會感覺到的一種情緒是「良性嫉妒」。這很能促使人達到目標和持續玩遊戲。
- 多虧了嫉妒觸發的社會比較流程,嫉妒也可以單純讓我們覺得更有能力。我們偏好進行有這種效果的比較。

PART 4

關於遊戲本身

THE GAMES THEMSELVES

CHAPTER 13

是我們打造出遊戲的虛擬化身，還是虛擬化身形塑了我們？

「凡人終將變成自己所假扮的東西。」
——克利夫・斯特普爾斯・路易斯（Clive Staples Lewis）

在 USA 電視台（USA Network）影集《火線警告》（Burn Notice）的其中一集裡，前間諜麥可・衛斯登（Michael Westen）利用一個在你家附近辦公用品店賣 2 美元左右的小玩意，潛入了一間守衛森嚴的設施。「間諜跟騙子一樣，知道寫字夾板在工作場所就跟萬能鑰匙一樣好用，」在他拿了這玩意而堂堂直入某辦公環境並偷走一些重要資訊之前，衛斯登對觀眾這麼說。儘管他那套「當你是個間諜……」的老生常談已經聽到煩了，但他這次沒講錯。衣服和配件就是有這種威力。

但不要因為我穿著實驗袍並拿著自己的寫字夾板，就真的相信我說的話。心理學家倫納德・比克曼（Leonard Bickman）早在《火線警告》的寫手下筆的幾十年前，就在自己於《應用社會心理學期刊》（Journal of Applied Social Psychology）發表的研究中證明，衣著穿得像警衛的人比較容易能讓隨機路人聽從奇怪的要求，像是把一個紙袋撿起來或是給另一個人 1 角錢。好笑的是，比克曼有設計過一個實驗情境，是要提出要求的人打扮成牛奶送貨員，但人們往往就不那麼常聽從他的要求。可能是因為他們太忙著想知道牛奶送貨員到底是什麼工作吧。由別的研究者所進行的另一項研究，讓一個人站在繁忙的路口，接著就明目張膽違反「禁止穿越」信號。根據他穿的是西裝還是藍領的衣服，就會有更多人或者更少人隨著實驗主事者走入危險中。當他穿著西裝時，會有 3.5

倍的人跟著他走，就彷彿他是某位不守交通規則的花衣吹笛手那樣。

　　下判斷時，人腦總是尋找著捷徑，而如果你穿著或攜帶著某些提供了那種思考捷徑的物品，就往往會被拿來用。衣服——尤其是制服——是根深蒂固的地位、權威和專業指標。不論到哪裡，找工作的人都知道，當你穿著幹練的西裝，面試官對待你的態度會跟你穿健身短褲和運動背心大步走進房間不一樣。醫院的病人多半會仔細聆聽穿白色長袍的人的建議，因為那些人可能是醫生，而那個穿灰色工作服的傢伙可能只是在去替販賣機補貨而已。有一天有個戴消防帽的人闖進我辦公室，要我從桌邊退開。我立刻聽從了，當下假定他是在作消防安檢，要尋找相互串接的延長線或者遊民生起的火堆。到頭來他就是在做這件事，而我根據他穿著所作的假定是正確的。也就是說，以後這種名副其實的人幾乎都得屏除在某些基本有線電視網的間諜影集和大學心理實驗室之外。但服裝的威力有時候更加細微而巧妙。有時我們是被自己的服裝所欺騙的人。

　　舉例來說，2012 年由哈尤・亞當（Hajo Adam）和亞當・賈林斯基（Adam Galinsky）進行的研究，徵求參與者穿上以下兩種服裝中的一種：要不選擇醫師用的實驗袍，要不就穿白色的畫家工作服。接著實驗要求受試者作一個需要專注細節的工作。他們

得要仔細審查幾組幾乎一樣的圖片，好記錄下兩者之間的細微差異。你可能在等看牙時翻閱的益智遊戲書籍或雜誌中，玩過類似的「大家來找碴」。那些穿醫師實驗袍的人，不論是跟穿畫家工作服的人相比，或者跟那些只是看著旁邊椅子上掛著實驗室袍子的控制組相比，在這個專注細節工作上表現都更好。更有趣的是，在這3組裡面，那些穿畫家工作服──與創造力、無拘無束的職業有關的服裝──的人，在照片間找到的差異最少，因而在這項工作上表現最差。

但最有趣的一點我到目前為止都還沒提到，那就是，實驗袍和畫家工作服其實是完全一樣的衣服。兩種都不過就是較大的白色外套，讓受試者套在他們的其他衣服上。唯一的差別就是，有人跟其中一組說他們穿的是實驗室袍，並跟另一組人說他們穿的是畫家工作服。情節急轉直下吧！

亞當和賈林斯基的研究清楚地證明，就算只在我們的外觀上作出表面變化，也可以影響我們的行為、我們的態度，甚至是我們的思考。那些穿實驗室袍的人讓自己的心智受騙，而去用一種更有系統的、更細節導向的態度來思考。在心理學上我們稱這為「促發」（priming），因為體驗一種念頭或想法會促發連帶想法，並讓那些想法更有可能被想起來。穿上不同的衣服，並將特定的意義賦予那些衣服，就會使人們覺得自己是那種會在細節導向的

工作上表現良好的人,然後他們便真的如此——研究者稱這種概念為「穿衣認知」(enclothed cognition)。

要是想得更遠一點呢。如果我們不是只套上實驗袍或戴上安全帽,而是變高呢?或者變漂亮呢?或者說,如果我們變成食人魔會怎樣?或者有著巨大二頭肌的植物怪人?會提這幾件事是因為,那和我們在電子遊戲中選一位角色來代表自己的行為並沒有那麼不同,而研究證明,虛擬化身(avatar)——也就是,我們在遊戲內的代表——就像穿不同的衣服一樣,可以影響我們的想法和行為。這些效應甚至能夠持續到我們放下手把或推開鍵盤之後。

那位就連膝蓋骨都完美無瑕,「帥氣度」5顆星的夜精靈正是我本人

我們就把話講明吧:如果是因為遊戲那麼要求的話,要解釋我們為何選哪個虛擬化身就很簡單了。我們決定要看起來像一個妖精,是因為我們想要讓術士的角色特性最大化,而妖精可以幫智力數值 +3。或者我們在玩一款軍事主題的射擊遊戲,所以我們別無選擇,就只能看起來像個穿迷彩軍裝的肌肉大兵。但一如

既往地，事情往往沒那麼簡單，或者說，我們也可能會碰上「要想讓外觀看起來像一種妖精戰士」的選擇。也有一些虛擬的遊樂場，讓我們在其中有著完全不受限於遊戲機制的外觀選項。《模擬市民》系列作和《闇龍紀元：異端審判》創角時，在眾多要素上都有滑動式調整和設定，而給你相當大的自由度。你可以根據自己的喜好，來控制鼻子的寬度、下巴的深度、兩眼的間距、耳朵對齊與否、嘴唇的顏色、皮膚的色調、額頭的斜度、髮型、眉毛的弧度，以及各式各樣的顏面刺青要刺在哪。你想要你假想中的匪徒虛擬化身是個閃閃發亮、沒有五官臉孔，光滑到能反光，還穿戴著紫色淺頂軟呢男帽和戰鬥靴，一副時髦模樣嗎？《黑街聖徒》（Saints Row）系列就絕對能讓你那麼幹。

或者你可以創造出更接近每天早上照鏡子時看到的那個人。Xbox One 的遊戲《Kinect 運動大會：對抗賽》（Kinect Sports Rivals）使用主機的攝影機和動作追蹤軟體，根據它看見的內容來創造你自己的外觀，而讓「將你的外觀數位化」又往前推進一步。該遊戲的虛擬化身創造過程幾乎就像是科幻場面：玩家站在自己的 Xbox One 前面，把自己的頭上下左右轉，好讓攝影機好好看清楚。眾多多邊塊狀物時時刻刻在螢幕上漂浮聚合，以一種很契合的未來風格來創建你的外貌。當你提供了足夠的資訊，而遊戲準備要揭露你的數位版臉孔的那個「噠啦～」的時刻，多虧

了該系統的準確度,而相當地酷炫。先不論遊戲自動分派給每個人的體格都是運動員體格這件事(畢竟它是款運動遊戲),那個虛擬化身就跟攝影機看到的十分相像。Xbox One 的招牌風格有種卡通味,但它們的成品大致上來說認得出是本人,而且看到遊戲中那個看起來很像你的人在逐浪、打保齡球或者打網球,還是非常令人讚嘆。

所以,創造一個電子遊戲的虛擬化身,是否就有如隨時想要便可立即改頭換面,並把所有能攜帶的、用來化身潛入的寫字夾板都帶在身邊?當我們透過虛擬化身來與他人交流時,穿衣認知的現象是否能應用於此?虛擬化身像我們自己還是像別人有沒有差?答案以上皆是,但有鑑於技術和我們的自我感覺(sense of self)之間的相互作用,所以還要附帶一些重要的說明。

要開始了解其方法,首先我們就來看看「外觀如何影響態度和行為」的一種古早心理學理論的全新運用。

站在你面前的我又壯又魁,快將你口袋裡的錢全給我掏出來

余健倫出生於香港,在那裡打著電子遊戲度過童年,然後

在 14 歲那年搬到美國。他具有傳播博士學位，並在電子遊戲業巨擘育碧當了好幾年的研究科學家，研究心理學和其他社會科學如何充實研究設計，然後他和他的研究夥伴尼可拉斯・杜申諾創立了自己的諮詢公司。余健倫這種資歷的人會選擇這種生涯看起來滿奇怪的，但他的學術生涯其實是從電子遊戲開始的。1999年，當余健倫還是哈弗福德學院（Haverford College）大學部學生並在大學電腦實驗室工作的時候，他替兩位以「人格與遊戲類型」當作畢業專題的學長安裝了一份電子遊戲。那款遊戲是《無盡的任務》，雖然它不能聲稱是第一款大型多人線上遊戲，但可以說它的成功讓這個類型爆發，並替《魔獸世界》、《上古卷軸Online》（Elder Scrolls Online）、《激戰》（Guild Wars）等遊戲鋪好了路。當未來的歷史學家回顧《無盡的任務》時，他們會感到悔憾的，或許不是當歷史學家耗費了多少人生，而是玩這款遊戲耗費了多少時間。

　　進行這研究的兩位學長對《無盡的任務》的感覺就只是「喔⋯⋯」這樣，但余健倫不論是身為玩家還是身為學術新人，都深受這款遊戲所吸引。他開始與哈弗福德學院的其他人共事，來研究《無盡的任務》的粉絲如何玩這款遊戲，以及如何在這個虛擬環境中如何和其他玩家互動。這時候還是全球資訊網的早年，線上調查和網站技術都還在萌芽階段。經由網際網路取得人

們的資訊,需要不少的巧思,並要把HTML碼組接起來架出你個人的網站。上述這些余健倫都做了,並開始在線上對《無盡的任務》玩家收集資料,來了解他們的群體統計、個別人格,以及玩電子遊戲之動機。

畢業後,余健倫繼續研究,架了一個稱作代達羅斯計劃(Daedalus Project)的網站,用來當作研究的資訊交流所,以及新參與者的入口網站。在申請了幾間研究所後,他來到了史丹佛大學的傳播計畫。他在那裡開始與傑瑞米・拜連森等研究者共事,一起研究虛擬現實的環境,以及我們在遊戲內虛擬化身的外觀如何影響我們。許多方面來說,這都自然而然地延續了當年他設計出《無盡的任務》玩家線上調查而展開的研究,但他如今得以接觸史丹佛大學技術最先進的虛擬實境實驗室,備有價值3萬美元的頭戴式顯示器以及眾多開放空間。我們接下來會看到,他善加利用了它們。

余健倫和傑瑞米・拜連森對於「我們的虛擬化身如何影響遊戲內行為」的研究,源自於所謂的「自我知覺理論」(self-perception theory)。這個在社會心理學上堪稱分水嶺的概念,是由從物理學家轉心理學家的達里爾・貝姆(Daryl Bem)於1960年代率先倡導的。理論說的是,在任一個情況下,我們在某種程度上都會去思考,第三者會怎麼看待我們的外觀和行為。我們接著會改變我們

自己的信念和態度,來符合這個想像人物對我們的期望。我們會作出的結論是,我們的行為想必是被自己的態度所導致,而既然改變態度往往比改變我們當下或過往行為的現實來得容易,所以會被改變的就是態度。但也並非都是如此。其他眾多研究證明,如果態度或信念夠難動搖的話,人們可能會故意忽視或者淡化自己的行為來調解這種不協調。但精神面來說,改個態度往往就比較有效。舉例來說,某個從一架狀況好到不能再好的飛機上跳出去的人可能會心想,「我是在跳傘,所以我是那種尋求刺激感的人。」他應該是對的。至少能說,為了他的生命著想,我希望他是對的。

弗里茨・史特拉克（Fritz Strack）曾對這理論作過一項聰明的研究;受試者獲得一支原子筆,研究人員則會吩咐他從兩種方法中選一種來把這支筆叼住。有些人得噘起嘴唇來夾住,其他人則要張開嘴唇用門牙叼住。你搞不好猜到了,前面這樣會騙受試者作出皺眉頭的動作,後面這樣會讓他們微笑。當研究人員要他們評價一部漫畫的爆笑程度時,那些被迫微笑的人和那些被迫皺眉頭的人相比,覺得漫畫好笑許多。他們的行為儘管是被迫的,卻影響了他們對眼前所見之物的態度,使他們對一些很蠢的圖畫咯咯笑。

這種「先行為後態度」的效應也可以用更微妙許多的方式

來把持,而且至少在一個案例中,是靠裸體女士們的幫助達成的。北卡羅來納大學(University of North Carolina)的史都華・瓦林斯(Stuart Valins)在男性參與者翻閱《花花公子》(Playboy)雜誌中間插頁裸照的同時,在他們身上掛上一台隨心跳頻率發出嗶聲的顯示器。當研究者利用他們對機器的掌控來偷偷假造心跳加速時,受試者也認定自己必定是對當時在欣賞的那一位模特兒有感覺。我們先感受我們看起來像什麼樣或者正在幹麼,然後我們結論出我們的態度和信念為何。但到頭來發現,行為甚至並非絕對必要。光是想著我們在他人眼中看來如何,常常就能影響我們的態度,而那又能回頭來影響我們的行為。有時那就跟戴上一頂黑帽而非白帽一樣簡單。

馬克・法蘭克(Mark Frank)和湯瑪斯・吉洛維奇(Thomas Gilovich)藉由研究國家美式足球聯盟(National Football League)以及國家冰球聯盟(National Hockey League)的運動員,而證明了這種效應。他們特地觀察穿黑色制服的隊伍對上穿其他顏色制服的隊伍,來看看那些穿黑衣——通常跟惡人的服裝有關的顏色——的隊伍,有沒有被判比較多次的犯規以及相關處罰。透過一連串聰明的實驗,他們得以解開事件的因果鎖鏈,證明了不只是裁判會偏向對深色服裝的選手不利,甚至也不只說穿黑色球衣的隊伍會招致比較多的違規而已。研究者甚至還進行了一項實驗,讓受

試者隨機穿上白色或黑色的制服,接著觀察到,給他們一份派對遊戲清單來從中選擇的時候,後者往往傾向於比較暴力的活動。法蘭克和吉洛維奇主張,這些行為可以追溯至自我知覺理論:我穿黑色。人們預期我好鬥。我好鬥,所以我應該要選能去用鏢槍當面射擊某人的派對遊戲。就算這整串思路都不具意識,結果還是這麼展現出來。

現在回來談余健倫,以及他對於遊戲內虛擬化身如何影響我們行為的想法。余健倫在一些早期研究中,大幅利用了社會認同理論和前面描述的研究,並把它應用於一個全新的脈絡中:了解人們如何根據自己套進什麼虛擬化身來行事。像這種時候,穿著他們最拉風的褲子的科學家們就喜歡用「沉浸虛擬空間」和「電腦中介環境」這類片語,但我們基本上就是在講電子遊戲和虛擬實境。在余健倫最早的一項實驗裡,他讓受試者穿戴精良的頭戴式顯示器,讓他們在一個簡單的虛擬空間裡感知並移動。這個頭套包含了一個有動作感應器的巨大灰黑色活動罩,且有一套與使用者頭部貼合的高畫質顯示器,可以直接對個別眼球呈現影像。這跟談沉浸的那一章所討論到的 Oculus Rift 頭戴組沒有太大差別。在余健倫的設備所創造的虛擬世界裡,就只有一個虛擬房間,另一位由別人控制的虛擬人,以及一面虛擬鏡子。

鏡子扮演了重要的角色,因為它顯然就跟房間一樣都不是真

的，所以研究者想把受試者虛擬化身的「反射鏡像」顯示成任何樣子都可以。分派給受試者的虛擬化身分成醜、普通和有魅力這三種，但事實上，余健倫是讓受試者在鏡子上隨機地看見其中一種鏡像。余健倫感興趣的是，這會如何影響受試者與虛擬房間中另一個人的互動。受試者遵從指示去探查自己的鏡中虛擬化身樣貌後，研究人員又要他們去接近房間裡的另一個虛擬化身，並跟虛擬化身的本尊聊天。這個虛擬化身是由一位研究助理所操控，會在對話開始慢下來的時候遵循一套簡單的劇本讓對話一直進行下去。

　　研究揭露，一位使用者的虛擬化身有多大吸引力，影響了它的行為舉止。和那些使用醜陋虛擬化身的人相比，分派到有魅力之虛擬化身的人，會站得離房間裡另一個人比較近，而且會揭露更多自己的私人細節。接著，在使用同套設備的一項後續研究中，余健倫發現，虛擬化身身高較高的使用者，在與另一人從事簡單的協商行為、決定要接受還是駁回「兩人瓜分一罐錢」的最終交涉時，會比較自信有主見。一般來說，虛擬化身比較漂亮比較高大的人，會比那些被套上醜陋矮胖虛擬外表的可憐蟲更有自信而外向——而那正是比較高比較漂亮的人在真實世界中往往會發生的事。且就像在真實世界那樣，我們先觀察我們的虛擬化身，接著我們會稍加推斷我們的特徵，然後我們就繼續根據我們

再玩個一關就好了　353

感受到的期望來行事。

余健倫和拜連森把這種自我知覺理論的特殊運用方式稱作「普羅透斯效應」（Proteus effect），名稱來自可隨意改變實體樣貌的希臘神祇。普羅透斯效應相信，虛擬化身不只是裝飾而已。虛擬化身改變了使用虛擬化身者的認同，因為玩家根據自己的外觀去推論別人期望自己有什麼態度，然後就比較有可能去改變自己的態度與行為來與其相符。

其他眾多研究也以此為基礎來開展。舉例來說，漢諾威大學（Hanover University）的克里斯多福・克林姆特（Christoph Klimmt）和同事發現，在經歷一場《決勝時刻》戰役之後，玩家比較有可能把「我」或者「我自己」這些詞跟「士兵」或者「手槍」聯想在一起，但玩了一場《極速快感》的人們比較會把自己連到「競速」和「駕駛」這一類的詞。拜連森和同事進行了研究，證明受試者在玩了化身超級英雄的遊戲之後，他們比較有可能會從事助人行為，好比說清理實驗主事者假裝製造的髒亂。但如果轉過來看這一切的陰暗面，拜連森和他的同事甚至證明，當要求女性玩家控制一個服裝更有性魅力的虛擬化身時，可以使她們更在意自己的身體意象，甚至變得更能接受強暴迷思（rape myth）（例如：「強暴受害者若是有喝酒或跟對方調情，自己就也有些責任」這樣的說法）。

必須要重申,普羅透斯效應會有效,是因為它讓我們自己有了對於「人依據外觀而被他者期望該如何表現」的期望。有時這可以大幅揭露玩家本身以及他們帶進遊戲的各種偏誤。舉例來說,展現余健倫該主題研究結晶的《普羅透斯悖論》(The Proteus Paradox)一書,就描述了一個針對《魔獸世界》裡性別扮裝與補血所做的研究。余健倫好奇的是,所謂「女性玩輔助角,是因為她們應該比較樂於助人的天性,以及她們照料身處危難他者的傾向」的這種刻板印象是否站得住腳。我已經先講了:這叫刻板印象。為了進行這研究,他在該遊戲上使用了第3方修改程式,讓他可以追蹤到有多少女性玩家選了以魔法和其他療法來替其他玩家補血的角色。余健倫什麼也沒發現——女性玩家不管使用什麼虛擬化身,都沒有比男性玩家更可能想當補師。但有趣的地方來了:玩家的性別跟補血行為無關,但虛擬化身的性別和補血就十分相關。也就是說,不論是男性還是女性玩家,舉凡用了女性虛擬化身,就會更常去實現補師的刻板印象。不是每個人都這樣,但光是隨機取樣,人就比你預期的還多。余健倫主張,這是因為,要拋下我們真實生活中的偏誤很難,而兩種性別的玩家都在誘導下,讓自己的行為舉止符合他們感覺是那種期望的東西,就算他們自己並不接受那種刻板印象也一樣。

下次你玩遊戲時,想想這代表著什麼意思,尤其是玩那種能

自由選擇外觀的遊戲時更值得去想想。在某些情況下,「你覺得別人根據你的虛擬化身而會對你有什麼期望」有可能會微妙地影響你實際上怎麼行事。而有著不同世界觀的另一個人,有可能出於相同道理,卻表現出完全不一樣的行為舉止。當然,自我知覺理論和普羅透斯效應並沒有說遊戲控制了你的心智並讓你像玩偶一樣起舞——除非說(我覺得啦),你試著用肉身去複製自己的虛擬化身在《舞力全開》(Just Dance)或者《勁爆熱舞》(Dance Dance Revolution)裡的曼妙舞步。遊戲的要求會對我們的行為投下最強的影響力——如果我們得要好鬥或有手腕或很會躲才能獲勝的話,我們就會那麼辦。但我們套上去(或者塞進去)的那層虛擬皮囊,可以微妙地影響我們,並以某種方式來引導我們的行動。且別以為行銷部門那些傢伙沒留意到這件事。

喔,快看,你的士官長正在「DEW 一下」。[1] 你是不是也覺得有點渴了呢?

以「在主機自身系統介面內利用虛擬化身」而聞名的主機,並不只有任天堂的 Wii 和 Wii U。微軟推出的 Xbox 360 和 Xbox One 主機也使用活潑討喜的虛擬化身來問候你,並跟你朋友提示

說你現在在進行什麼活動。有鑑於此，許多人甚至在大方向的特徵上，會將自己的虛擬化身做得像自己。那麼來想像一下，有天你正在 Xbox One 的主頁上東找西找，注意到你在那個系統介面裡的虛擬化身正舉著一罐「Cassina 牌」軟性飲料，並在那邊笑得像個笨蛋一樣。你覺得你會比較可能記住那個品牌，然後下次去超市的時候多拿個幾罐嗎？由葛雷絲・安（Sun Joo-Grace Ahn）和傑瑞米・拜連森進行的研究主張得知，你確實會這麼做。在他們的研究中，研究者以數位方式修改了人們的照片，呈現他們拿著各種虛構品牌汽水的模樣。其他照片則只展示一個軟性飲料瓶子以及一個「喝 Cassina！」的要求——顯示方式都跟其他照片一樣，差別就只在於有沒有受試者拿著那瓶子。儘管每位研究參與者都清楚知道照片修圖變造過（畢竟，他們從來沒擺 pose 拍過那樣的照片），但他們往往會對那個假的品牌表達出一種輕微的偏好，就只因為他們看了一張描繪自己拿著它的圖像。在第二個實驗中，葛雷絲・安和拜連森讓受試者真的進入一個虛擬實境中，他們的虛擬化身在裡面穿著一件 T 恤，上頭的圖樣宣傳著

．．．

1. 原文「Do The Dew」和士官長，分別是前言所提到的飲料品牌「激浪」的廣告口號，以及聯名遊戲《最後一戰》（Halo）的知名角色。Do The Dew 在台灣廣告中稱為「大膽作自己」，但在台灣廣告中，動畫角色喝飲料時提到的「DEW 一下」似乎更有原本的味道。

其中一款虛構品牌。真沒想到,當受試者的虛擬化身穿的 T 恤印有 Nanaco 或 Fentora 這些虛構軟性飲料品牌的標誌時,受試者便會再一次顯示出對這幾個牌子的偏好。覺得這很不尋常嗎?其實並不會。微軟的遊戲主機已經在賣或者贈送有貼牌的衣服和配件給你的 Xbox 虛擬化身穿。或許下次你到購物中心時,就更有可能去留意前一天看到自己虛擬化身穿的那牌帽子或 T 恤。這正是行銷商如此期望的。

其他研究者給人們看他們自己穿著某一品牌衣物的照片,而發現了類似的結果。密蘇里大學(University of Missouri)的瑞秋·貝雷(Rachel Bailey)、凱文·懷斯(Kevin Wise)以及保羅·伯斯(Paul Bolls)所進行的一項研究,觀察了孩子對於稍微假扮成網路遊戲的糖果和垃圾食物廣告有什麼反應。他們之所以感興趣,是因為凱澤家庭基金會(Kaiser Family Foundation)於 2006 年所進行的一項研究發現,它所調查的零食網站中,有 73% 都具有某種以廣告為本的遊戲。舉例來說,網站可能會請孩子們去玩一款仿打地鼠的遊戲,他們會在遊戲中狂熱地點擊從一片田地上迸出來的「雀巢推推冷凍樂」(Nestle Push-up Frozen Treats)冰品。貝雷、懷斯和伯斯發現,如果這些「廣告遊戲」讓玩家量身打造遊戲內的虛擬化身,玩家會更因遊戲而興奮,他們會更清楚記得垃圾食物的品牌,而且他們會聲稱自己更喜愛這遊戲。

真正令人不安的是，其他虛擬化身、代理人或者形象甚至不用看起來跟我們一模一樣，也可以讓這種效應產生。就算某張照片裡的人看起來只是稍微跟我們有點像，研究者還是發現，我們往往會更喜歡它而更關注它。拜連森和同事曾作過一項實驗，給人們看政治競選的候選人小布希（George W. Bush）以及約翰・凱瑞（John Kerry）在 2004 年美國總統大選辯論前不久的照片。他們要受試者邊看照片邊針對各候選人提出看法。不過，拜連森和研究團隊利用軟體，稍稍改動了其中一些投票者看到的小布希或凱瑞的照片，而讓這兩人在面部結構上混有一些跟投票者相似的地方。這不是什麼鬼斧神工，就只是在這個滑動調整桿上輕推一下，在那個數值上微調一下，就跟玩家在《模擬市民》裡面創造虛擬化身一樣。跟那些看著照片上候選人被混到更像別人的人相比，那些看著照片上候選人的臉更像自己的人，更有可能說自己會支持該候選人，但前提是他們並非已是某一候選人的死忠支持者。就連臉跟男性政治人物越混越像的投票者是女性時，這效果依然存在──或者反之亦然，在使用時任參議員希拉蕊・柯林頓（Hillary Clinton）照片的後續研究中，情況就是這樣。在另一項研究中，拜連森和差不多同一批研究者證明，如果提出某一論點或提議的虛擬代理人經過設計，而會去模仿說服對象獨有的臉部表情和頭部動作的話，對象就會比較容易接受該論點或提議。在

這項研究和總統候選人研究中，受試的一方都沒能夠留意到發生什麼事。想像一款用到了 Xbox 的 Kinect 感應器、PlayStation 4 Camera 或者你電腦上網路攝影機的遊戲，將一個數位發言人稍稍做了點改變，而讓它和你有著一樣的鼻子斜度、下巴形狀，以及顴骨寬度。現在你想來一罐 Cassina 的提神飲料了沒啊？

現在，請你平心靜氣地逗弄這堆虛擬的蜘蛛……

然而，關於虛擬化身對玩家行為之影響的研究結果，只不過是五花八門的「我的天啊，它們可能在操控你的心智！」之中的一部分而已。舉例來說，精神科醫生長久以來都在使用心像化（mental visualization）來當作一種治療恐懼症和社交障礙的技術。舉例來說，醫生可以哄勸那些怕蕪菁怕到死的人，去想像自己坐在菜市場裡這樣一箱恐怖的根菜旁邊。反覆進行這種精神演練後，患者會越來越適應這種刺激，而更能夠應對它。推特帳號 @HiWeAreSpiders 就採納了這個概念，他們透過網上各處的蜘蛛們所發出的（常常都搭配照片的）友善推文，來嘗試幫助人們處理蜘蛛恐懼症。該帳號推文通常都以「抱一個！::)」[2] 作結，而

它的自我介紹寫著「嗨！我們是蜘蛛。太多人誤解我們⋯⋯抬頭看看。」人透過這種止於鍵盤前的、與微笑蜘蛛進行的想像接觸，最終可以掌控自己的恐懼。這跟自我知覺理論是同一個原理：我正在和蜘蛛們互送推文，因此我就是那種不怕科技強者蜘蛛的人。可以放心回去沖澡了。

　　以所謂「社會學習理論」為中心的研究工作也類似地證明，我們可以藉由觀看其他人進行有益的新行為，而受到鼓舞並採納這些行為，而且對方跟我們要是越相似，就越有可能成功。波士頓學院（Boston College）傳播系的研究員安妮・秦（Seung-A Annie Jin）以任天堂 Wii 的虛擬化身以及《Wii Fit》這款健身遊戲（和本章前面提到的《Kinect 運動大會：對抗賽》是有一點像）作了一系列的實驗。而任天堂 Wii 主機（以及後續機種 Wii U）上的虛擬化身，就恰如其分地叫做「Mii」。這就創造出「某人 Wii U 上的 Mii」[3] 這種尷尬的稱呼，你很難正經八百地唸出口。身為科學家的安妮・秦，穩穩地跨越了這種愚蠢稱呼並發現，能把 Mii 創造成近似自己理想中體型的玩家，一般來說會感覺與那個虛擬化身更有所連結，並覺得自己更能夠在那個小小虛擬傢伙的

---

2. ::) 是蜘蛛的表情符號。以冒號和括弧來借代蜘蛛的四顆眼睛和親切笑容。
3. Wii U Mii 發音念起來就像是「我們、你、我（we you me）」。

再玩個一關就好了 361

行為中產生變化。這是「感覺起來玩體育遊戲時，會比較有互動性和身歷其境感」的一種比較帥的講法。事實上，當參與者對於理想自我和實際自我的感知有著巨大出入時，這種相關聯最強。

傑西・福克斯（Jesse Fox）和傑瑞米・拜連森進行了另一項研究，給參與者裝上了一個頭戴式顯示器以及一組控制裝置，讓他們在一個簡單的虛擬環境中找出方向行進。有些人接著會看到一些虛擬化身，臉上貼有自己臉孔的逼真影像，但其他人要不就不會見到虛擬化身，要不就會見到一個面孔不熟悉的虛擬化身。實驗執行者有和每個人講起身體活動的重要性，並要求他們進行一些簡單的運動，然後又請他們一直運動到自己想停下來為止。福克斯和拜連森透過一連串以這套設備為基礎的實驗發現，當人們看到跟自己長得很像的虛擬化身在如實反映那些運動時，他們往往會運動得更久。當他們看到虛擬化身在鍛煉的過程中瘦下來時，情況更會如此。日後再問起時，在那些愛運動虛擬化身的臉上看到自己面孔的人甚至表示說，自己在解散回家之後，還去了健身房報到。

我不是想害你下次幫遊戲內虛擬化身調整髮型時恐慌症發作，而是希望你記得，在遊戲讓你可以自行改造虛擬化身外觀的情況下，你的選擇不光是透露了你這個人，也可以無意識地影響你螢幕內外的行為舉止。但如果看到自己的虛擬化身犯下暴力行

為，你是否該感到同樣憂慮？上面這問題，或許就是最普遍令人好奇的心理學與電子遊戲重疊之處，所以我們下一章就會來談。

本章攻略要點

- 「穿衣認知」這個理論，探討的是我們穿的衣物如何影響我們的想法以及對自身能耐的假設。這可以延伸至電子遊戲的虛擬化身，而當我們能量身打造虛擬化身時更是如此。
- 我們往往會依照自己心目中「別人根據我們在虛擬世界中的外觀而期望我們作出的表現」來行事。這稱做「普羅透斯效應」，而它是「自我知覺」的理論在電子遊戲和虛擬世界的一種具體應用。
- 眼見某個重現著我們自己的人作出一些行為，能夠影響我們的行為和態度。舉例來說，如果我們看到一個重現我們的人在使用某產品，我們有可能會更偏好該產品。
- 就算該虛擬化身只跟我們有一點點相像，這種情感還是能夠發生。
- 這個現象也可以用來使我們獲益，好比說用於治療和運動計畫。

CHAPTER 14

人為什麼會喜歡暴力電玩？
我們是否該為此感到憂心？

「我喜歡電子遊戲，但它們真的很暴力。要是有一款要你去拯救在其他遊戲中彈的角色的遊戲，我會超想玩它的。它遊戲的名稱應該會叫作《火線醫院》（Really Busy Hospital）。」

——迪米崔・馬丁（Dmitri Martin），喜劇演員

我曾經在莫斯科某機場殺害了一整批無辜的平民。實際上，這件事是發生在電子遊戲裡。動視作品《決勝時刻：現代戰爭II》裡的某關任務「別說俄語」（No Russian），名稱是來自遊戲裡的反派在槍擊行動開始前一刻給的警告。弗拉基米爾・馬卡洛夫（Vladimir Makarov）是俄羅斯激進革命人士，打算進行大規模屠殺並嫁禍給美國以及北大西洋公約組織，來煽動群眾暴動。因此他在任務開始時，就警告自己的手下只能說英語而不能說俄語。而讓遊戲更具戲劇張力的是，我那時在遊戲裡的虛擬化身是一位美國中央情報局間諜，因為要在這場大屠殺中避免被揭開臥底身分，而面臨極端衝突局面。我得要設法玩下去，不然就會被揪出來宰掉。任務開始時，馬卡洛夫的隊員和我開始緩緩走過札卡耶夫國際機場（Zakhaev International Airport）並開火。旅客、機場勤務人員和觀光客紛紛尖叫著求饒，並試圖在那些無情槍手面前保護家人。但全都徒勞無功。我記得當時曾想著，遊戲中種種處決行動那種冷靜而沉著的本質，十分能讓人聯想起真實世界裡，發生在1999年的科倫拜高中（Columbine High School）槍擊事件。

　　而我人就在那參與其中。嚴格來說，我其實不用對任何人開槍，就能完成「別說俄語」任務。把槍口指向馬卡洛夫或者其爪牙的話就會立刻導致任務失敗，但你可以旁觀這場暴力行動而不必參與，除非你想。或者如果你覺得這樣太超過了，也可以跳過

整個任務。遊戲在開始新遊戲的流程中，以及在「別說俄語」任務期間的任何時間點，你都能點選這個選項。不僅如此，要是你跳過的話，也完全不會錯過任何分數、成就、獎盃、武器解鎖，或者其他結局。但就如我剛說過的，我玩過了整個關卡，還有幾百萬名買了《決勝時刻：現代戰爭 II》的其他玩家也都玩過了（我是這麼假定的）。我仍覺得自己與那些虛擬謀殺有所共謀，因我得允許那些謀殺發生，而這整段經驗跟打爆機械巨魔、異形或者甚至敵方人類士兵相比，都感覺起來更暴力且不道德。

我不是唯一對過去 30 年電子遊戲暴力和槍戰的加劇感到驚訝不快的人。關於心理學和電子遊戲如何互動的研究，總是被「電子遊戲會不會在遊戲以外導致暴力」的質問所主宰。談話節目主持人或媒體人曾經好幾次找上我，問說暴力遊戲得為校園槍擊、刀械攻擊或者類似的悲劇負上多大程度的責任。我通常會婉拒，因為問題的誘導性實在太強，即便這事有著諸多細節，對方仍一再要求我去支持某一特定觀點。美國的這些道德恐慌又尤其有著漫長歷史，其間人們總聲稱真實或者想像的災難起因於漫畫書、流行音樂、電影、桌上角色扮演遊戲、電視，甚至是廉價小說。不可免俗地也會輪到電子遊戲來揹這個鍋。

主流媒體中肯定有不少單位會同意。2013 年，《傳播期刊》（Journal of Communication）發表了一項分析，談過去 30 年裡，美

國最流通的25家報紙的540篇「以媒介為主題的」文章如何描述「暴力」。根據研究者所言，53%的作品主張使用暴力媒介會增加暴力行為，但只有9%會跟讀者說沒有這樣的關係。（有38%的持平報導對該主題表達中立立場，或者說兩者關係未知。）擁護兒童福祉的政治人物和團體，也常常捍衛暴力遊戲造成暴力行為的想法。在沒有第一手經驗來緩解這些人的情況下，這種故事和公關活動透過各種心理機制而固著在人們的信念中，好比說「熟悉偏誤」（familiarity bias）。也就是說，如果透過戲劇化和重複來讓事情變得更好記住，我們往往就會覺得事情是真的。有一個調查發現，從來沒有或者很少玩電子遊戲的年長（65歲以上）的美國人，相信暴力遊戲導致暴力行為的人數可能有其他人的6倍。

這理所當然讓多數玩家不悅。享受第一人稱射擊遊戲及其他暴力遊戲的我們，並不想因為我們偶爾會在虛假的莫斯科機場一帶用虛擬步槍擊發虛擬子彈，就被貼上見習殺人犯或者反社會預備軍之類的標籤。有些研究發現，那些自認為玩家的人，遠比其他人更有可能會去懷疑——甚至敵視——那些主張暴力遊戲有負面效應的科學研究。就如我在談迷弟的那章描述的，有項實驗甚至發現，如果實驗者跟受試者說他們正在參與一項關於電子遊戲暴力的研究，那些自認是玩家的人就比較有可能會去壓抑展

現侵略性的想法，嘗試暗中破壞填字工作的結果。那些不將自己當成玩家的參與者，就沒有嘗試讓自己看起來不容易產生暴力念頭，而當實驗目的是以一些無關乎電子遊戲暴力效應的詞彙來描述時，玩家也都不會特地去掩飾暴力念頭。

當心理學家以一種不偏誤、有受控制的方式來仔細研究這個問題時，得到了什麼結果？是不是因為證據明顯證明就是如此，所以那些主流媒體的報導才都表示有因果連結？玩家有什麼正當理由去翻個白眼，聲稱這一切不過又是一場道德恐慌嗎？如果人們在這個主題上已經洋洋灑灑地寫過那麼多文章，螢幕上有那麼多像素為了這主題亮了起來，我們想必可以訴諸科學找到明白的答案，對吧？很不幸地，沒辦法。真抱歉。就如我們接著會看到的，心理學家們對這主題的看法依然是天差地別，只不過他們通常（但也並非一直都）免受誇誇其談的言辭和道德憤慨所擾。爭辯雙方的結論被各種但書和限制嚴重拖垮，以至於電子遊戲暴力效應的相關學術討論往往變成在討論研究中使用的各種方法各有那些優點，而沒有著眼大局去討論效應的產生。

從此看來，我們的討論理所當然要從一個孩子欣喜痛打一個小丑的故事開始講起。

社會學習和侵略性劇本：對暴力遊戲不利的觀點

1961年，阿爾伯特・班杜拉進行了社會心理學史上最重要的其中一場實驗。研究過程中，實驗者把來自史丹佛大學幼兒園的72名孩童個別帶到房間裡，安置在角落，然後囑咐他們去玩一些印章和貼紙。同時，一名大人在孩童明顯可以看見的情況下來到房間的另一個角落。在那個角落等著他的，是一些別的玩具，包括了一尊5英呎高的「波波玩偶」（Bobo doll）。這是一種充氣玩偶，打扮得像是小丑，但有著加重的圓形底部，所以就算被打趴也會像不倒翁回復直立姿勢。在孩童看著的同時，大人會持續暴打波波玩偶，就好像在重現昆丁・塔倫提諾（Quentin Tarantino）的哪部電影一樣。他們揍它、踹它，甚至用槌子痛擊它。對目睹這件事的小孩來說這看起來想必很古怪，但話說回來，當你只有4歲大時，你隨便哪天遇見的絕大多數事物可能都會歸類為「怪事」。所以他們就只是看著，臉上可能會有一種「哇，這可不得了」的表情。

實驗第二階段，研究者把孩子帶到另一間房間，然後請求他去玩一些更吸引人的玩具，好比說消防車、噴射戰鬥機，或者是可以換裝的娃娃。他們跟孩子說想玩哪個就玩哪個，但他們一挑

出最喜歡的玩具,實驗執行者就會介入,拿走那個玩具,然後說出類似「不行。這個不是給你這種小孩玩的。拿來」之類的台詞。這目的在於讓小孩稍微生氣,因為,你猜等下他又被帶到下一間房間時,會看到什麼?沒錯:波波玩偶。研究者有興趣想知道,這些稍微不悅的孩童在多大程度上會對這個玩偶模仿他們幾分鐘前看到暗樁所展示的好鬥行為。果不其然,這些孩子遠比那些只見實驗執行者忽視玩偶的控制組更有可能去發動波波暴擊。

班杜拉的實驗很重要,是因為它一反當時盛行的想法,也就是,人類只能透過直接體驗懲罰或獎勵來學習。它證明我們也能根據我們所見別人的作為,以及觀察他們因此下場如何,來學習新行為並形成新信念。雖然班杜拉的實驗並不是毫無瑕疵與侷限,但這種「社會認知學習」的想法自此起飛升空,並產生了眾多追加研究和改進。在「暴力電子遊戲如何教導人們在真實生活中好鬥暴力」的各種模型中,最常被研究的那幾種都源自本實驗。

舉例來說,一般攻擊模型(General Aggression Model,GAM)是研究電子遊戲暴力效應時,人們最常援引的社會認知學習模型。它整合好幾項關於人們如何在環境中學習、發展和處理資訊的理論,同時提供了短期和長期接觸電子遊戲暴力的結果預測。一般攻擊模型先承認個人因素(好比說,我天生易怒)以及情境因素

再玩個一關就好了 371

（好比說，有人正對著我吼）都會在任何時刻影響我們的內在心理狀態。一般攻擊模型接著說，玩暴力遊戲這類情境因素會啟動和暴力相關的知識結構——也就是相關連概念構成的網路。這些知識結構裡的節點，舉例來說就包括了簡單如「刀」或者「受傷」之類的概念。藉由想著這些節點的其中一個來將其啟動，接著就可以接連傳遞到其他相關的節點，好比說「刀」可以透過精神聯想而串到「刺」。玩暴力遊戲也可以啟動其他重要的內在狀態驅動器，好比說情緒（如憤怒或沮喪）以及生理反應（如心跳加速或肌肉緊繃）。這些情緒和生理狀態接著可以彼此循環驅動。而且有證據證明，這些內在狀態也可以在我們的聯想記憶中啟動思緒或想法。整體來說，像這樣啟動一個相關思緒或行為來從旁啟動一個思緒或想法，就稱作「心理促發」（psychological priming）。但說來奇怪的是，一般攻擊模型的作者們通常來說並不使用這個詞。

但最重要的地方來了：根據一般攻擊模型顯示，聯想記憶結構啟動後，也會透過相連方式類似的連結，而觸發心理劇本。劇本這個詞就跟字面意思一樣：一套不只控制我們該如何對一個狀況作出反應、也控制我們該注意什麼，以及如何應付模稜兩可資訊的指示。我們可能會有一套侮辱別人的劇本，或者一套攻擊別人的劇本，或者一套安撫別人的劇本。就像看著波波玩偶被連擊

的孩子一樣，我們可以透過觀察來取得這些劇本，並用知識架構形成聯想。玩暴力遊戲啟動知識結構所產生的情境輸入，跟那種劇本的關聯越是緊密，那些劇本就越有可能變得顯著，並操控我們對於「情況是如何」以及「我們在這情況下該有什麼作為」的評定。

所以，根據一般攻擊模型，玩暴力遊戲，好比說《真人快打》（Mortal Kombat）會啟動包含了「與我們看什麼、做什麼以及感覺什麼有關的概念」（好比說，受傷、出拳和生氣）的知識結構，而那些知識結構又會啟動相關的劇本（好比說「來戰啊！」），這在天生比較好鬥的人或者體質比較焦躁不安的人身上甚至更可能發生。

所以，那就是暴力電子遊戲的短期效應。那長期效應呢？根據一般攻擊模型，當人反覆取用並操演那些劇本的時候，劇本就會令人習以為常且自動運作。接下來，當我們面對的真實生活情境會啟動同一種知識結構時，我們就更有可能會跑這幾套劇本，而不是其他非暴力劇本。在狀況模稜兩可或前所未有，使其他可選的非好鬥劇本不會啟動的時候，這種情況又尤其可能發生。如果一個暴力劇本發動起來比一個非暴力劇本更強烈的時候，那就會有人要被揍，媽媽也會被好好問候一番。一般攻擊模型的擁護者甚至主張，隨著時間過去，這種劇本啟動和後續行為的循環，

會在我們的人格以及社會互動選擇中產生改變，讓我們更有可能會發現自己身處「好鬥看來是正確回應」的情境中。而遊戲基本上就使我們漸漸習慣使用侵略性行動來處理各式各樣情境，即便我們沒意識到也會如此。因此，模型的擁護者認為遊戲是暴力行為的一個風險因素，跟貧窮或來自失能家庭不相上下。

有些實證支持一般攻擊模型，或者至少支持模型的其中一部分。許多想要測試這模型的實驗，都把玩暴力遊戲的受試者和玩非暴力遊戲的其他人做比對。他們通常會觀察，玩暴力遊戲的玩家有多容易點起暴力念頭，那看起來就像是種好鬥相關知識結構啟動時會發生的事。舉例來說，2004年，一般攻擊模型的首要建立者克雷格・安德森（Craig Anderson），就提供各種非暴力遊戲，像是冒險遊戲《迷霧之島》（Myst）或彈珠檯遊戲《終極3D彈珠檯》（3-D Ultra Pinball）或暴力遊戲，像是格鬥遊戲《快打旋風II》或者第一人稱射擊遊戲《馬拉松2》（Marathon 2），來讓受試者玩到其中一款。玩完之後，實驗執行者會要所有受試者進行一項演練，用字母填空來把詞拼出來。舉例來說，他們會看到「EXPLO_E」，然後被要求填字母造詞。在這個例子中，那些剛玩完《快打旋風II》的人更有可能想到「爆炸」（EXPLODE），但那些玩《迷霧之島》的人就比較有可能想到「探索」（EXPLORE）。研究者主張，這是「玩遊戲會先行促

發暴力的念頭和知識結構,而且玩暴力遊戲會比玩非暴力遊戲更快觸及這些念頭和知識結構」的證據。其他研究者讓受試者替含糊的故事主軸設想結局,結果那些玩暴力遊戲的人想到的結局,即便沒有理由要有更多侵略和傷害,但還是出現了這樣的結果,因此他們也做出與前述類似的主張。

其他研究則望向更遠處,超越了心理狀態而望向實際行為。用來做這件事的最知名工具就是泰勒競爭反應時間測試(Taylor Competitive Reaction Time Test),受試者在引導下相信他們正在對另一間房間裡的某人進行噪音轟炸。實際上根本就沒有人在接收這些可怕的聲音,但受試者不知道。這個測試的原始版本其實是讓受試者使用令人痛苦的電擊,而不是令人不適但到頭來無害的白噪音,但我們顯然已經不能再做這種事了。謝謝你啊,研究倫理!在暴力電子遊戲的脈絡下使用這種測試的研究,會讓一組人玩一款暴力遊戲,然後去跟控制組或者玩非暴力遊戲的一組人比對送出噪音轟炸的長度和強度。其他研究則將好鬥行為操作化,定為「一個人替另一個應該討厭吃辣的人準備一盤食物時,會使用多少辣醬」,或者「人會把別人彩券中獎的機會破壞到什麼程度」。

值得一提的趣事是,這些研究當初使用的遊戲要是能跟許多人家中找得到的遊戲一樣暴力的話,可能會取得更明顯的結果。

如果研究讓孩童（或者說在上述案例中，讓大人）接觸到的場面跟某些遊戲場面一樣真正駭人的話，各大學的內部審查委員會幾乎絕對不會放行。在我所知的範圍內，沒有哪項研究會讓孩子控制螢幕上的動作來，像是《特種戰線》（Spec Ops: The Line）那樣用白磷燒殺無辜民眾，或者像是《俠盜獵車手Ｖ》那樣用鉗子拔人牙齒來刑求人。此外，這裡頭許多研究甚至不是用兒童來當受試者；他們出於方便，常常使用大學生。所以從某方面來說，他們所處理的人群，甚至常常還不是據稱處於風險之下的那群人；他們用於研究的遊戲，甚至還常常不是那幾款最引人擔憂的遊戲。

但情況還不只是暴力行為那麼表面。也值得一提的是，在適當有益的情況下，一般攻擊模型預料會出現的是利社會行為而不是暴力行為。有些研究證明，人們在玩了一款需要合作行為或協助行為的遊戲之後，更有可能做出利社會的行動。舉例來說，有一項研究證明，為了保護隊友而打殭屍所產生的利社會想法，會比只為娛樂而用同樣武器打同樣敵人來得更多。另外兩名研究者讓受試者玩益智遊戲《百戰小旅鼠》（Lemmings），引導一群旅鼠平安度過危險地帶。跟那些玩暴力遊戲的人相比，這些受試者更有可能在真實生活中幫助別人，如撿起掉下的鉛筆、志願多做研究，甚至出面幫一位看起來像是被前男友騷擾的年輕女性調

解。這些結果並未反對「電子遊戲造成暴力」這種論點,反而是扶持了一般攻擊理論,因為啟動利社會知識劇本的機制,跟啟動暴力知識劇本的機制是一樣的。事實上,可能是一般攻擊模型最強力擁護者的克萊格·安德森,最近開始把它稱作一般學習模型(General Learning Model,GLM),來反映這種更廣義的看法。

除了這些個別的研究(以及其他眾多研究)之外,安德森還和7位同事在備受尊崇的《心理學公報》(Psychological Bulletin)的2010年某一期上,發表了一篇針對暴力電子遊戲之效應的整合分析。他們在該分析中把該主題幾十年來的研究結果結合起來,並用複雜的統計技術來觀察,這些資料若視為一體時會顯示些什麼。他們的結論是,這些資料毫無疑問地證明有這種關連。作者們表示,玩暴力遊戲是可能出現「好鬥行為增加、憤怒念頭增加,以及對他人同理心減少」的一項顯著風險因素。即便有「暴力行為有相當多種潛在的成因」且「玩暴力電子遊戲本身只代表著微量到中等的暴力行為風險」這幾個但書,他們似乎仍對此非常確信。「我們相信,到最後辯論可以也應該要跳脫『玩暴力電子遊戲是不是好鬥行為的因果風險因素』這個簡單問題,」作者們在文章結論中寫道。「科學文獻有效且明確地證明了答案為『是』。」

看來塵埃落定了,對吧?這個嘛,別急。2010年統合分析

的結論，以及一般攻擊模型的正確性，在研究這個主題的心理學家之間完全稱不上普遍共識。目前為止我才呈現了其中一方看法而已，而在 2010 年，來自那一方的論點也沒能讓一群穿著飄逸黑袍、神情跋扈且特別重要的老人留下深刻印象。你猜錯了，他們不是法力無上的巫師，但你這樣想也沒差多遠。他們是最高法院大法官。喔喔，還有那個演過《王者之劍》（Conan the Barbarian）的大咖也參了一腳，所以說那段過程其實滿酷的。

反「反暴力遊戲」事件

2005 年，加州眾議員余胤良（Leland Yee）撰寫並提出「加州 AB1179 法案」（California Law AB 1179），販售暴力電子遊戲給 18 歲以下人士將構成非法行為。在投身政治之前，余胤良是兒童心理學家（提醒一下，他和前面提過的余建倫不是同個人）。他就跟該領域的許多人一樣，對於自己在當代電子遊戲中看到的暴力感到憂心，並深信那些證明虛擬和真實世界的暴力所有關連的研究。然而，余胤良法案裡的用語就走得更前頭，宣稱這類遊戲對玩家造成傷害，包括對兒童腦部產生實際損害。史瓦辛格州長（Governor Schwarzenegger）（就是演《魔鬼終結者》的那個人，其

他太多片就不提了）在同年不久後簽署通過了該法案，企業若是販售暴力遊戲給未成年人，每次違規將處以 1,000 美元罰款。我們也可以想像該法案允許史瓦辛格本人衝進零售商店把違法的店員折成兩段，因而讓世上減少了一分暴戾之氣。

或者說，如果法律有效的話，世上暴戾之氣是該減少才對。余胤良的法案就跟其他州先前嘗試過的類似立法一樣，法理依據很快就遭到挑戰。娛樂軟體協會和電子軟體經銷商協會控告加州政府，來阻止該法施行。下級法院的裁決始終不利於加州政府，表示科學證據的分量不足以構成限制「電子遊戲銷售」這種言論自由的正當理由。史瓦辛格固執地一路走法院，把該案上訴到美國最高法院同意研究這件事為止。於是，2010 年底，最高法院的 9 位大法官仔細思考著，美國憲法的制訂者如果當初坐下來打了幾場《真人快打》的話會有多困惑。這不是我在開玩笑。根據法院文字紀錄，阿利托大法官（Justice Alito）一度打趣地說，在他們面前的真正問題是「詹姆士‧麥迪遜[1]（James Madison）對電子遊戲有什麼看法。」

最高法院最終判決該法條違憲，不得生效。這個案例主要是

---

1. 制訂美國憲法的重要人物，被譽為「美國憲法之父」。

基於言論自由而決定的,其中多數大法官認定,遊戲——包括暴力遊戲在內——是一種言論,而政府沒有充足的理由去阻礙它的銷售。但得要知道的一個重點是,如果最高法院被說服,認為的確十分迫切需要保護孩童免於遊玩暴力遊戲的危險,那他們也有可能作出不同的判決。舉例來說,他們以前就對色情作品作過那種事。最高法院仔細審查該項研究並發現研究沒有說服力的這件事,其實很能反映實情。由安東寧・史卡利亞大法官(Justice Antonin Scalia)所寫的主要意見書表示:

> 該州的證據說服力不足。加州主要仰賴安德森博士以及其他少數研究心理學家的研究,其研究聲稱證明,接觸暴力電子遊戲和對兒童造成有害效應之間有著關聯。斟酌這些研究的法院全都駁回了這些研究,而且理由充分:它們並沒有證明暴力電子遊戲造成未成年人行事好鬥。

史卡利亞接著引用娛樂商業協會(Entertainment Merchants Association)的話來清楚說明:「幾乎所有的研究都是基於關聯性,而不是因果證據,而大部分的研究在方法論上都有著明顯且貨真價實的缺陷。」

最高法院的多數意見所指的缺陷是什麼？懷疑者和批評者在評論這個最高法院案件時，都反覆指出了其中幾個缺陷，但在那之前，它們已經存在了許多年。

不論那些喊著「沒錯，有關聯」的群眾多少次主張爭辯應該已經結束了，這種懷疑者還是堅守這些批評點，所以我們就來看看其中一些批評吧。

最受批評的一點，和實驗室研究使用的好鬥與暴力行為度量衡有關。迫使某人聽不悅耳的噪音、在他的食物上倒辣醬，或者讓他更難刮中彩券，實在不夠格作為「往某人的屎臉上揍一拳」的代替品，甚至連代替「對某人大吼大叫想造成他痛苦恐懼」的程度都不到。尤其當一名權威人士站在那邊跟你說，你用多大的白噪音或多少辣醬都完全沒關係的時候，這種代替品更是無法比擬實際情況。真實世界中的暴力有著後果，而且是多種因素的結果。使用噪音轟炸的實驗不常在實驗室外測試暴力遊戲對真正暴力的效果。有很多因素都可能造成真實世界中的暴力或將其抑制下來，而美國最高法院認為，被引用來反對電子遊戲暴力的實驗室研究，缺乏心理學家所謂的「外在效度」。也就是說，它們的結果無法適切推及真實世界的情況。

人們還用了其他度量衡，來測量電子遊戲透過促發記憶結構及劇本所產生的效果，但它們同樣無法精準明確地勾勒出清楚輪

廓。的確,有些研究證明,讓某人玩一款暴力遊戲,可以讓他們更可能在看到「SHO_T」的時候想到「SHOOT」(射擊)。或者在看混成一堆的字母時,會更快挑出暴力相關的詞。或者替開場模稜兩可的不完整故事想到暴力的結尾。一般攻擊模型的那個部分,似乎獲得了一些證據支持。但那整體來說跟心理促發沒那麼不一樣。聯想結構的促發,是人們已經相當了解的一種心理現象,那會誘騙人去思考某些想法,而讓那些想法在短期內更突出而有影響力。讓某人去完成內含「老年人」(elderly)、「賓果」(bingo)和「皺紋」(wrinkle)的拼字遊戲,可以讓他們走出研究實驗室時步伐更慢。但這靠的是人的本質,並看他們在兩個耳朵中間那塊建立起什麼樣的認知結構。有一項實驗證明,有些人可以藉著看見一把獵槍而促發有關好鬥的想法,但如果受試者是那種對個別類型槍隻有不同聯想的狂熱獵人,效應就消失了。雖然說從鹿的觀點來看,槍對牠而言的差異性我猜並不算大。無論是哪種情況,所謂的促發往往都很脆弱,而且難以持久。單獨來看,它並不像是個能把「暴力遊戲會對心理健康、人格和社會帶來長期效應」的論點牢牢掛上去的堅固鉤子。

　　就算順著一般攻擊模型的預測,說遊戲的這些長期效應該是反覆使用好鬥劇本所造成的好了,那仍然是個非常難驗證的東西。的確,以暴力遊戲為主題的研究,很少進行科學家所謂的

「縱向研究」（longitudinal study），隨著時間過去繼續追蹤人群，並去觀察暴力遊戲的長期效應。有縱向研究的時候，就會發現不統一或者不夠充分的結果。克萊格・安德森專門對縱向研究進行了一次統合分析，發現暴力遊戲和真實生活的好鬥彼此隨時間下來會有一種中等的關係。但如果把暴力行為的其他可能成因（好比說實驗前就先有的攻擊性，甚至只是因為實驗對象身為男性）算進去的話，效應就消失了。又一次地，真實生活中的暴力是盤根錯節的一棵樹，而許多批評者主張，接觸暴力遊戲和其他風險（好比說生活貧困、來自失能家庭、接觸到武器，或者患有精神疾病）相比算是個多大的風險因素，我們其實缺乏了解。

過去有些研究也主張，那些證明遊戲和暴力有關聯的統合分析，比較可能會納入支持兩者有關的實驗，不支持兩者有關的實驗要含在分析裡的可能性就比較低。這不一定是有意為之，反而可能是出於學界的一個公開秘密，也就是研究如果發生了有趣的結果而不是一無所得，就比較有望發表。如果一項研究沒發表，它要被一個統合分析給發現並納入的可能性就低了太多。這個現象稱作「發表偏誤」（publication bias）或者「檔案抽屜難題」（file drawer problem），指的是研究若沒有產出人們預期的結果，就如同有可能被扔在檔案抽屜裡遭到遺忘。不論這種偏誤的理由為何，如果一個統合分析的源頭輸入就只有發現有關的研究，它吐

出的結果當然也會說有關。

對既有的暴力電子遊戲研究所提出的另一項批評，跟研究中使用的遊戲有關。舉例來說，2004年的一項研究發現，玩一款暴力遊戲的人跟玩非暴力遊戲的人相比，有著比較好鬥的念頭和情緒。但在那款非暴力遊戲——《滑翔高手4》（Glider Pro 4）裡面，受試者只要用兩個鍵盤按鈕來導引一架紙飛機穿越一個簡單的2D環境。暴力遊戲《馬拉松2》則是標準的第一人稱射擊遊戲，受試者使用滑鼠和20個鍵盤按鈕，穿梭在一個複雜的、3D的環境裡。一款遊戲有著比另一款遊戲複雜太多的控制，而那就代表結果有另一種解釋。

安德魯・普茲比爾斯基和同事探討了這個問題；他們在一系列實驗中，讓玩家玩益智遊戲《俄羅斯方塊》時感到受挫而無力。有些受試者得要用不合直覺且難以精通的控制器來玩，而其他人要玩的遊戲甚至是比那更困難的版本，因為（舉例來說）遊戲會在玩家當下真的很需要1×4格的長條才能消掉一排時，給他一個2×2格的方塊。在這7場實驗裡，研究者全程都有在替控制熟練度、勝任感，以及好鬥念頭進行計量。研究結果簡短來說就是，電子遊戲光是扼殺玩家的勝任感，就可以讓玩家感覺好鬥並浮現暴力念頭，而不論是難搞的控制器或者遊戲難度，都能促成這一點。這一點甚至連暴力影像不存在時也成立。其影響在

於,研究者為了將實驗設計簡化、標準化而下的工夫,反而使他們不足以避免讓前述這種針對遊戲後好鬥心態的不同解釋出現。

所以說誰是對的?玩電子遊戲是不是真實生活暴力行為的一個顯著風險因子?儘管你要是身為玩家聽了可能會不高興,但我不認為我們有確切答案。研究明顯證明,接觸暴力遊戲(或者任何形式的媒介)會透過促發而讓人更容易起用暴力念頭。所以,如果你說你跟自己兄弟玩《快打旋風》有時會玩到變真人快打,我會信以為真。儘管促發的效應強度有時候會被誇大,但那已經是確立的心理現象。出於上述的各種理由,人們並沒有像對促發那樣,充分了解或者研究過電子遊戲暴力的長期或者中程效應。回答該問題所需要的那類研究非常難進行,嘗試過的人也不多。我可以肯定地說,任何一個開口講出「暴力遊戲是殺人模擬器」這類話的人,都可以不要理他沒關係;但如此極端的主張先不論,從資料來看,就是看法不一,或者說答案就是未知。

但某方面來說,那其實並不重要。暴力遊戲會廣泛流行,就只是因為人們認為那是一種言論自由,而且許多人——就跟你我一樣的心智正常普通人——至少喜歡其中幾款。所以,或許有個同樣重要的問題是,「為什麼會這樣?」為什麼暴力遊戲賣得那麼好,特別是《決勝時刻》、《最後一戰》以及《戰爭機器》(Gears of War)這類射擊遊戲?這是接下來值得在本章花些篇幅探討的

問題。

心理需求與暴力：我們為什麼會喜歡遊戲裡頭的那些狂轟濫炸

在談論任務和目標的那一章裡，我引入了自我決定理論，但有些研究者認為，它也很能說明暴力射擊遊戲為何那麼受歡迎。在此回顧一下，自我決定理論說，人能否有動機去玩某款遊戲，要看該遊戲在多大程度上滿足勝任、自主以及關聯這3個基本心理需求。勝任處理的是控制感、熟練感，以及一種像是「你正讓事情如你所要的那樣發生」的感覺。遊戲若有一條設計精良的難度曲線，會讓我們感受到一種始終在增加的勝任感，而多人遊戲如果有平衡的玩家配對，也會有這種效果。高自主性的遊戲讓你有機會做出許多有意義的抉擇，來決定你要追求什麼目標，以及如何追求那些目標。最後，相關性和一種「你對其他玩家來說有重要性」以及「你和他們有著有意義的社會互動」的感覺有關。

這些需求絕非射擊遊戲所獨有，但可以主張說，虛擬槍戰天生具備的許多特質，都會創造出一些公式套路來滿足這些需求。像是《決勝時刻》系列那類暴力射擊遊戲，為技術熟練和優

秀表現提供了立即而明顯的回饋。你會看見對手損傷，而贏得一場特別艱難的戰役，或者成為積分排行榜的榜首，都簡單明白又強力地顯示出你勝任這類遊戲的能力。身為研究者但也在 Immerersyve, Inc. 工作，在這類問題上為遊戲開發者提供諮詢服務的史考特・里格比跟我說，「我常常都會在簡報裡，放進一張超讚的爆頭截圖畫面投影片，每次都會讓看簡報的人面露微笑。會笑並非因為所有人都是虐待狂──會笑是因為，你藉由自己過人的技巧而對成果感到滿意的時刻，所有玩家都能聯想到這個情境。噴出的血或許並不具有著價值，但那真的就只是一種為遊戲表現的技高一籌，給予豐厚資訊回饋的傳統方式。」換句話說，玩家對血腥的愛絲毫沒能勝過賽車手對方格旗的狂戀。

那自主性呢？戰鬥導向的遊戲也大量提供那種要素。里格比留意到，當你觀察最暢銷的第一人稱射擊遊戲和其他射擊遊戲有什麼差別時，會發現暢銷大作往往一次滿足了超過一種以上的自我決定理論基本需求。厲害的射擊遊戲，好比說《決勝時刻》系列的那些遊戲，不只會滿足勝任感的需求，也會扎扎實實滿足自主需求。就想想《生化奇兵》系列哪款遊戲裡能選擇的所有武器和能力、《絕地要塞2》能選擇的9種不同職業，或者你在《最後一戰》的某地圖上能讓你遇敵的眾多途徑。

而且，多人射擊遊戲當然是以相關性為核心來建構的，其中

最受歡迎的模組會把玩家分邊組隊，來強化團隊合作感、強化對共同敵人的抵抗，並強化一種自身行動會影響隊友成功與否的感覺。「好比說身為多人遊戲裡的狙擊神手，並被認可為隊上的能人，是有社會地位的，」身為談論電子遊戲暴力的著作《俠盜童年手》（Grand Theft Childhood）的作者雪莉兒·歐森（Cheryl Olson）這樣表示。而那甚至還可以發生在精心製作的單人遊戲中。

所以，從上面這一切來看，「暴力射擊遊戲」裡的「暴力」這一塊有多重要呢？有沒有可能重要的不是暴力本身，而是勝任、自主以及關聯的滿足感才重要？當第一人稱射擊遊戲《生化奇兵：無限之城》於 2013 年推出時，評論者和粉絲常常把它拿來當成「電子遊戲如何變得更大幅仰賴複雜敘事、社會評論和哲學」的範例。然而在《生化奇兵：無限之城》裡，玩家大部分的時間都在射敵人、捅敵人、殺掉敵人，或者把東西炸掉。儘管有其他那一切崇高的抱負，它還是暴力射擊遊戲。該遊戲的創意總監肯·勒文（Ken Levine）在接受美國公共廣播電台（National Public Radio）節目《萬事皆曉》（All Things Considered）訪問時說，常有人問他，如果沒有這一切的暴力成分，他還有沒有辦法讓《生化奇兵：無限之城》跟現在一樣成功。勒文說，這問題很有趣，但他不認為自己有辦法做出那樣的遊戲。

或者說，他其實做得到？安德魯·普茲比爾斯基、理查·

萊恩以及史考特‧里格比配製了一系列實驗，勒文或許會有興趣聽聽看。這些研究者想把一款遊戲的暴力和它滿足我們勝任慾和自主慾的能力脫勾。在一次研究中，他們調整了《戰慄時空2》（Half-Life 2），而讓其中一些參與者玩到一款滿是軍火和死亡的暴力血腥遊戲。但其他人玩的是非暴力版本，有著同樣的機制和地圖，但被修成一個鬼抓人遊戲，對手被遊戲內的一種工具標記到的時候，會被溫柔地傳送到一個懲罰區。結果呢？兩種版本一樣都滿足了「勝任」與「自主」這兩項能預測人們對於遊戲的滿足感以及多想再玩下去的基本心理需求。研究者作出的結論是，讓遊戲玩起來愉快的不是暴力本身，而是遊戲在多大程度上能滿足玩家在勝任和自主這兩方面的慾望。勞倫斯‧庫特納（Lawrence Kutner）和雪莉兒‧歐森為了《俠盜童年手》這本書而對青少年進行的訪談，得出了一個類似的觀察結果，就是暴力電子遊戲是還不賴的，只是孩子們真正喜愛的是挑戰、動作以及隨之而來的選項。暴力就只是出現在現場而已。

這一切都主張，射擊遊戲並不光是因為能讓你殺很大才如此受歡迎。它們會受歡迎，也是因為它們產生自往往能符合基本心理需求的明確設計選擇。這些需求包括了，讓我們涉足各種不可以發生不然就是不可能發生的狀況，好逐步剝除你的壓力、焦慮或挫折，好讓我們抓一抓那種和「選擇做什麼」以及「能夠把它

做好」相關的心理層面之癢。

　　然而，似乎有個但書是，事情並不一定非得如此。「戰爭和戰鬥主題本身始終有『傳達個人戰勝挑戰』的這種價值，」這是當我問里格比軍事射擊遊戲為什麼那麼受歡迎時，他的回答。「所以我們相信，戰鬥以後也一直會是開發者和玩家最愛的一個主題。不過，我們的希望是，開發者因為了解了背後的動機心理學，而不會去認為自己只能被綁死在血腥暴力這唯一一個選項上。」

　　或者說，你也知道嘛，你也可以就去單純享受一款射擊傑作，那也無妨。這都隨你決定，但我認為，你不管想怎麼做都不會有事的。

本章攻略要點

- 研究暴力電子遊戲得出的證據，並沒有像光譜兩端的極端者想讓你相信的那樣清晰又明確。
- 「社會學習理論」描述了我們要怎麼光看其他人爆打小丑玩偶，就學習到新的行為劇本，並把動作／獎勵的配對內化。
- 一般攻擊模型主張，除了個人和環境因素外，暴力行為和念頭之間大量的聯想，也可以激發我們的好鬥。這可以促發那些清楚說明了「如何解讀某種情況並作出反應」的暴力劇本。
- 一般攻擊模型也透過同樣的機制，而預示了利社會行為的出現。
- 對那些結論為「是的，有關聯」的研究提出批評的人主張，大部分研究中使用的「暴力」行為評斷標準不僅差強人意，而且離真實世界的實際暴力相當遙遠。
- 「檔案抽屜難題」（又稱「發表偏誤」）指的是，當人們指望研究發現有關聯但研究結論沒有的話，那些研究就不太可能被發表或被納入統合分析中。這又是一個對「是的，有關聯」陣營的反對批評。
- 電子遊戲暴力研究的結果，往往也有些不在控制範圍內的別

種解釋。這些讓人想喊出「該死的」。一個例子就是，遊戲控制器的複雜程度有可能會造成挫折感和暴力念頭。

- 暴力射擊遊戲之所以吸引人，有一部分是因為它們常常很能滿足自我決定理論中勝任、自主和關聯這 3 項需求。有些研究主張，這跟暴力內容並不相干。

CHAPTER 15

遊戲會讓你變得更聰明嗎？

「西洋棋不過是性質十分低劣的娛樂，掠奪了人們本來可投注於更崇高成就的寶貴時間。」

──出自 1859 年某期《科學人》的一篇文章

儘管上述這位不具名人士 150 年前在《科學人》雜誌裡這麼寫道，但如果你隨便抓個路人問說，真正聰明的人都玩什麼遊戲，大部分人會說西洋棋。你們學校裡多半會有那種西洋棋社，裡面還有身為佼佼者的聰明人和阿宅，而我們也都看過好萊塢用這種遊戲當作一種人設象徵，讓觀眾知道銀幕上這角色是個深思熟慮的人。若要表達「嘿，這人很聰明喔」，沒有哪個方法比一個鏡頭的背景出現棋盤更簡明。而如果電影人真的想要玩到底的話，他們會去拍角色下那種每一步都有時間壓力的快棋。或者，他們會拍他一次下好幾盤棋，或許是在公園的長凳上跟好幾名老手對弈。或者，同時下好幾盤快棋！

平心而論，這點西洋棋實至名歸。它的整套規則比較簡單，但跟高手甚至是有難度的電腦程式對弈過的人都知道，想贏一場棋需要非常複雜的心理技巧，也需要事先思考如何應對接下來可能出現的不知多少步。作家威廉・龐德斯通（William Poundstone）在他寫數學天才約翰・馮・紐曼（John von Neumann）的書中，解釋了一個人（至少在理論上）如何能創造一張列出所有西洋棋可能策略的表，展示出「玩家 A 的每一組可能棋步和反擊步」與「玩家 B 的每一組可能棋步和反擊步」所構成的各種配對。表上的每一格都會描述該棋步與反擊步配對的一個結果：白棋在 64 步獲勝、104 步平手、黑棋在 88 步獲勝，如此下去。但這樣完整

描述所有可能出現的賽局就理論上來說有點不太可能，還不論這樣的一張表若以 10 號小型字體來印刷，會大到跨越數個星系。要是你的用紙設定還外加 1.5 吋邊界這種老招的話，那張紙還會再大一點點。

然而，西洋棋的複雜度遠不及《星海爭霸》。

像《星海爭霸》系列這種即時戰略遊戲有對戰模式，玩家會從鳥瞰視角來經營軍隊和經濟發展，好征服對手。遊戲在有礦石和天然氣等天然資源的地圖上進行。玩家收集那些資源，用來興建一個滿是建築物的基地，並加以升級。那些建築會生產各式各樣的軍事單位，接著那些單位會被派出去偵查敵人，並與其交戰。有些單位對別種單位特別占優勢或劣勢——就想像是一種複雜精細版的剪刀石頭布，但有著更精良的圖像，且參戰的單位更多。而且要多上太多，因為《星海爭霸》系列都有 3 個種族可以給玩家選，每個種族能生產的單位和建築各有一大堆。記住所有單位且能回想起它們的相互關係，這對長期記憶和工作記憶來說可都不是小事。此外，決定軍隊如何組成，需要邏輯推理以及解決問題的能力：玩家必須依據他的對手在做什麼，來選擇要生產哪種建築和單位。因此，有效的偵查和情報蒐集，就跟戰技以及資源管理一樣重要。

除了這一切之外，《星海爭霸》以及類似遊戲中的戰鬥常常

是多線進行，玩家得要有同時多工以及拆分專注力的能力。大部分的比賽都會擴張到第二座主堡甚至第三座主堡，好取得勝利所必需但遍及地圖各處的資源。而且，跟棋盤不一樣的是，《星海爭霸》的地圖——如果你要稱它為遊戲棋盤也行——大到沒辦法一眼就看遍全局來與對方全面交手。任一時刻的玩家，對整體情況都所知有限。玩家要贏，就得在地圖上四處點擊來下指令，啟動各單位的特殊技能、排序生兵，並讓資源採集不停頓。《星海爭霸》的高手可以各處切換專注點，並用每分鐘足以做出至少400項不同操作的極快速度，來點擊滑鼠按鈕。那幾乎等於每秒就有7項操作，有些頂尖玩家甚至還能更快。大部分的休閒玩家就算手順時，恐怕也只能達到這些高手的25%。

這整個複雜到難以置信。就算你有好幾個星系那麼大的空位來做一份策略和反策略表也還是不夠，因為一切都是即時發生的，而且跟西洋棋不一樣的是，《星海爭霸》玩家任一時刻對於對手在做什麼都只有片面資訊。然而，人們顯然一天到晚都在玩這款遊戲。它在競技遊戲圈十分受歡迎，尤其是在韓國，那裡有很多戰隊一起住在裝滿電腦和上下舖的宿舍房間裡集體訓練。他們的工作真的就是整天打電動，並觀看過往比賽的錄影，好讓他們有本事在那種經驗毅力足以精通遊戲者才爬得到頂端的職業賽事中競爭。

所以《星海爭霸》的玩家想必比其他人聰明，對吧？或者換個說法，比較聰明的人往往會成為比較強的《星海爭霸》玩家，對吧？研究者真的嘗試回答過這些問題。2013年，韓國的神經科學家給23名《星海爭霸》職業選手的腦做磁振造影，來研究他們的腦部構造。腦是一個有可塑性的器官，使用特定部位時，會以微小但可偵測的實體成長作為回應。韓國研究者發現，頂尖玩家腦中特定區域的厚度會和當職業玩家的年資有相關性。受試者玩《星海爭霸》越久且勝率越高，他腦中已知跟注意力轉換、抑制衝動以及如抉擇等執行功能有關的區域都會比較厚。作者們主張，玩遊戲真的會讓他們的腦變大。這跟倫敦計程車司機的情況類似，他們必須記住幾千條穿越倫敦街頭的不同路徑，而準備好接受俗稱「知識大全」（The Knowledge）的艱鉅連環攻擊測驗。研究證明，倫敦計程車司機腦中與環境空間表示有關的區域比倫敦一般民眾來得大。

另一組來自聖地牙哥加利福尼亞大學（University of California, San Diego）的研究者，分析了2015場《星海爭霸》錄影，並思考了「操作速度的度量衡」（前面提到的「每分鐘操作數」[1]）與

---

1. 台灣習慣稱作「手速」。

「地圖上各次操作彼此間的距離平均下來有多遠」之間的關係。研究者主張，後面這項統計數據，可以用來測量玩家有多少能力能完成「在繁忙中分攤並分配工作」這種需要認知能力的任務。如果玩家在一個操作中讓一群刺蛇（Hydralisks）潛伏在敵方基地附近地下，然後在下一個操作中升級基地裡的孵化池（Spawning Pool），然後叫王蟲（Overlord）去偵測地圖另一頭可能可以擴張的地區，他就是在展現作者口中優越的「操作之空間變異」（spatial variance of action）。這是頭腦高效且強大的標誌，而研究者也確實發現，這種認知能力的展現，能夠預示玩家在任一場遊戲中會不會贏。當然，相關性並不意味著因果關係。注意力分配技巧天生優秀的人，有可能因為發現自己很會玩《星海爭霸》而受到該遊戲吸引。或者說，比較聰明的人有可能天生就會被《星海爭霸》或西洋棋這類需要精神力的複雜遊戲所吸引。我在稍微後面一點的地方會來處理這一塊。

所以，從這一切來看，你該不該覺得玩《星海爭霸》將使你更聰明？是只有即時戰略遊戲會這樣嗎？那《文明帝國》那種模擬遊戲呢？《寶石方塊》（Bejeweled）或《幻幻球》（Peggle）那一類益智遊戲呢？對啦，別忘了還有《決勝時刻》系列遊戲那一類射擊遊戲呢？那些遊戲會讓你更聰明嗎？答案非常確定就是「這個嘛，或許吧。看情況。」有些研究者（以及不少行銷專家）

肯定認為，就連簡單遊戲也能讓你更聰明。或者，它們最少能幫忙訓練特定的認知能力，好比說記憶、專注力，以及解決問題的能力。這些「腦力訓練」遊戲可以在網路上、手機上，甚至是在任天堂 3DS 這種遊戲專用平台上找到。但它們有效嗎？我們來一探究竟。

腦力訓練：本日腦力集訓營的課程要來鍛鍊你的腿

　　我遊玩腦力訓練遊戲的經歷，始於 2006 年玩任天堂 DS《腦鍛鍊》（Brain Age）裡面的小遊戲「斯特魯普測試」（Stroop Test）。斯特魯普測試測量的，是當某個描述顏色的文字（好比說「藍」這個字）在字義和字體顏色上不一樣時，你的腦有多強的調和能力。《腦鍛鍊》的小遊戲版，則是要你用最快速度對著任天堂 DS 的麥克風大聲讀出詞，並避免出錯。當「綠」用黃色字體寫出來時，腦子要不打結其實比乍聽之下還難上許多，然而，任天堂 DS 的麥克風聽不太懂我發出的聲音，又讓遊戲變得更難。這曾使我家人納悶說，我幹麼坐在一棵耶誕樹前面對著一台小機器大喊著「藍色。藍色！藍色啊，混蛋！」。這款遊戲會

用我在斯特魯普測試以及另外幾個小遊戲中的表現，來計算我的「腦年齡」，也就是我的腦運作起來像是幾歲。我的腦年齡通常把我算成跟你們一般來說的 110 歲不相上下，因為我唸「藍」的發音，對任天堂那些人來說顯然是某種不能理解的胡說八道。但我這邊想說的是，每天玩遊戲後，我可以改善我的腦年齡並磨練我的智慧，直到我擁有了 20 歲的心智。

自從那之後，《腦鍛鍊》就陸續推出眾多續作，另外還衍生大量設計來鍛鍊腦並讓腦部運作更良好的網路服務和應用軟體服務。它們有著各種混搭的名稱，既能讓人想起腦力也能想起體適能：《明亮性》（Lumosity）、《叢林記憶》（Jungle Memory）、《認適能》（Cognifit）、《認知醫學》（Cogmed）。舉例來說，你可以在任一款服務的網站上訂閱它，然後告訴它說你想要改善哪一種認知能力。你可能會想要改善工作記憶，學習更加集中注意力，或者增加你處理資訊的速度。接著這個網站會指派一個訓練規約給你，要求你定期登入並玩好幾個小遊戲。這些遊戲跟《英雄聯盟》或《俠盜獵車手》那類不一樣。它們通常比較像記憶、配對和數學的小遊戲，你可能會覺得更適合小孩玩。在某款遊戲裡你可能會按按鈕，來認定眼前這個形狀跟幾秒前閃過螢幕的形狀一不一樣。或者在另一款遊戲裡，你必須鐵軌快速翻來轉去，好把一隊小火車各自導引到它們以色彩作區別的車站裡。

遊戲乍聽之下可能簡陋而愚蠢，但這些服務一般來說都會使用「神經科學」和「大腦可塑性」和「閉嘴啦，我們知道自己這邊在講什麼」這類片語，試著確保你了解到這之中有科學。其整體論點就跟先前談韓國《星海爭霸》頂尖玩家以及倫敦計程車司機時的論點類似，說人腦有可塑性，而且其中一些部分可以透過重複使用來改進。舉例來說，玩了越多記憶遊戲，你就越能記住電話號碼或購物清單。練習分派專注力以及重新分派專注力，你開車就會更安全，也能在《星海爭霸》中達成更多基地擴張。對我們之中認知能力遲鈍並隨年齡下滑的較資深公民來說，這類技能格外重要。所以，在這些腦力訓練遊戲公司寫行銷資料的人顯然會說這種腦力訓練有效，但科學又會怎麼說呢？

　　這個嘛，科學說了很多，因為眾多研究也同樣還沒替這種較新的主題勾勒出清楚面貌。但可以肯定地說，許多頂尖神經科學家就算採最不保守的說法，也還是「對於效果表示懷疑」。2014年底，史丹佛長壽中心（Stanford Center on Longevity）和馬克斯・普朗克人類發展研究所（Max Planck Institute for Human Development）集結了一群這方面的專家，來起草一份關於腦力訓練遊戲效用的共同意見聲明。這份在史丹佛長壽中心網站上被銀髮紳士茫然盯著筆記型電腦的照片所包圍的聲明，反對腦力訓練遊戲能遏制精神衰退以及阿茲海默症的這類主張。「沒有什麼證據證明，」聲明

表示,「玩腦力遊戲會增進潛在的廣泛認知能力,或者能夠讓一個人在日常生活中的複雜領域內更暢行自如。」它也警告讀者,不要把「在一項高度專精的技能上進步」跟「橫跨多種技能或多種廣泛概念的普遍進步」搞混。這些專家一致同意,在特定一組腦力訓練遊戲上的進步,跟變聰明是兩回事。總共有超過 70 位學者及其他專家公開為這份聲明背書。這種懷疑跟其他眾多具體研究所發現的結果有類似之處。舉例來說,2013 年的一項統合分析結合了許多不同來源的資料,並發現工作記憶訓練遊戲僅能有效造成該遊戲方面短期進步,在那之外效果並不好。

然而,其他研究就比較樂觀。加利福尼亞大學舊金山分校(University of California in San Francisco)的一群研究者作過一項研究,訓練健康、精神良好的 60 至 85 歲人士遊玩一款電子遊戲。這款《神經賽車手》(NeuroRacer)是由其中一些作者專程設計,要來協助改善工作記憶以及「過濾掉視覺上分心之物並專注於重要事物」的能力。它請玩家把一台沿路行駛的小車好好維持在車道上。玩家要是遇到號誌和提示符號,就必須按下特定的控制器按鈕來在同一時間回應。如果是我來設計這款遊戲,我會給玩家的工作是,讓一台運轉中的死亡機器保持在後末日的高速公路中央,並使用不同的按鈕來定期地對路上晃蕩的土匪發射飛彈。但我猜研究者想讓他們的版本維持簡單就好。和控制組相比,在 1

個月內玩《神經賽車手》玩了 12 小時的那些人，在後來針對多工能力、持續專注力，以及工作記憶（也就是，在短期記憶中保留資訊）的測量中，都得到了比較高的分數。這些進步 6 個月後依舊存在。

其他探討腦力訓練遊戲對年長者效果的研究，讓受試者使用一種叫作「假想科學腦適能計畫」（Posit Science Brain Fitness Program）的專門工具。受試者不只在屬於該計畫的特定工作中表現變好（這是本來預期就要發生的事），這些進展據稱也推及更廣泛的脈絡中。舉例來說，受試者的聽覺處理速度增加了 131%，且工作記憶也出現了進步，讓他們與年輕 10 歲的人不相上下。當實驗執行者要求受試者自我陳述生活品質時，他們聲稱更能記住事情，只不過說，對於可能偏誤的自我陳述最好稍微存疑。

所以我認為，科學還未提供確定的答案，來回答哪種腦力訓練遊戲才有效，要是確實有哪款有效的話。不過，所有相關文獻有一個共同主題，那就是，沒有證據能證實遊戲讓玩家「更聰明」或者「智力更高」這種一概而論的主張。也確實沒有證據證明它們能防止或治療疾病和精神狀況，如阿茲海默症或年齡增長造成的失智。如果這些遊戲和其周邊的訓練計畫有什麼用的話，或許那反而無關乎更廣泛的概念，而是和開發非常專門的技能更

有關──好比說一邊過濾掉視覺上的雜物、一邊專注於視線中的特定物體，或者記得呈現在眼前的形狀的序列之類的事。

當你退開一步，開始在這種專門層次來思考認知技能時，「電子遊戲能不能開發某些認知技能」的答案就清晰多了。事實上，有大量且越來越多的研究證明，電子遊戲可以幫助人改善和知覺、專注力以及視覺敏銳度有關的各式各樣技能。不過，我雖然針對《星海爭霸》這類即時戰略遊戲談了那麼多，這項研究關注的其實是動作遊戲。具體來說，它專注於第一人稱射擊遊戲，好比說《決勝時刻》、《最後一戰》和《戰地風雲》系列遊戲。這些常被罵到臭頭的遊戲，有可能比我們曉得的還對我們有益。

動作遊戲和第一人稱射擊遊戲的優點

你知道有哪個國家我們到現在都還沒提過嗎？法國。我要來談談法國。我特別要提的是，達芙妮・芭菲莉亞（Daphne Bavelier）這位目前在羅徹斯特大學（University of Rochester）認知神經科學系的傑出研究者，就是在那邊出生的。芭菲莉亞年輕時在某一刻決定要到海外過一段日子，所以她來到美國研究了一學期。幾十年後，她依然在那邊，所以我猜這個故事到頭來講的主

要還是美國而不是法國。抱歉啊。不管怎樣，短期旅程變成了長期停留，而芭菲莉亞也成為了相當傑出的學者。她留在美國並於麻省理工學院取得腦與認知科學博士學位，之後來到了羅徹斯特大學，撰寫了超過 20 篇關於第一人稱射擊遊戲以及其他動作遊戲的出版品。但她並沒有專注於這些遊戲中固有的暴力，她和同事反而觀察遊玩動作遊戲如何能增進我們的認知能力。

根據芭菲莉亞接受 MedGadget.com 的訪問所言，她在羅徹斯特大學的生涯是從研究聾人的視覺注意力和視野開始。一名叫做蕭恩・格林（Shawn Green）的大學實驗室技術人員幫她設計了一項工作，用於研究聾人的匆匆一瞥時能從周邊視覺汲取多少資訊。但當格林要測試用於該工作的軟體，好確保一切都有在運作的時候，他出於方便而抓了一群反正整天都在電腦實驗室晃的人來當樣本：校內電子遊戲社的社員。當每個人都以滿分圓滿完成工作時，格林驚訝不已。唉呀。通常那明顯代表有什麼出錯了。但芭菲莉亞與格林並沒有發脾氣、丟掉數據，並換不同的樣本從頭開始，他們反而照原樣接受了這個意外：這個重大線索，暗示了玩電子遊戲的人們在某些認知工作上，表現有可能比大部分人都來得好。因此就誕生了一項研究計畫，直到今日都還持續對「動作遊戲是不動腦的活動，它把你的視力搞壞、讓你變笨，還減少你維持專注的時間」這種傳統看法提出反抗。事實上，芭菲

莉亞和研究團隊發現，這一切刻板印象的對立面觀點才是真的。

想想你最近玩的那款第一人稱射擊遊戲所需要的視覺和心理技巧。你得要在腦中容納一個 3D 環境的重現，並用一個 2D 的電腦螢幕來找到穿過去的路。你得要搜索這個環境來發現威脅，並辨別（比方說）在漫長走道尾端的那個東西是一堆殘骸還是另一名玩家。接著，當你發現了另一名玩家時，你可能得要觀察他，並利用詳細的細節來辨識他是哪種職業，判斷他有沒有看見你、他在做什麼，以及他是不是你隊友。槍響、腳步聲、開門聲以及發動特殊能力的音效等聽覺線索。這一切狀況都會頻繁地、迅速地發生，而且是發生在你正分神於螢幕上好幾個不同區塊的時候。玩一大堆動作遊戲，會不會像鍛鍊肌肉那樣鍛鍊你頭腦的某些部分，然後讓你在這些認知工作上表現更好？

芭菲莉亞、格林以及同事們是這麼認為的。他們所作的研究大部分都持續處理動作遊戲以及它們對玩家腦部的效應。舉例來說，他們就發現動作遊戲玩家的視力比其他人好。他們可以比其他人更能衡量一個畫面中的細節處。舉例來說，「緊盯測試」就要受試者瞇起眼去看一個巨大白色空間上的一個小字母，並辨認那是什麼字。眼力很差的人就要比較費力，代表說他們讀書頁或者藥瓶上的印刷小字會有困難。格林和芭菲莉亞證明了，玩動作遊戲的人和那些不玩動作遊戲的人相比，在辨識這類小字的細節

時需要的協助較少。他們發現，甚至當對象只有用周邊視力時結果也還是一樣，並發現動作遊戲玩家從周邊視力來處理情報的能力比別人好。

動作遊戲玩家也比較不可能因為心神資源耗盡，而錯過那些從視覺路徑上經過的東西。這個能力通常會跟所謂的「注意力瞬失範例」（attentional blink paradigm）一起評估。實驗者要求受試者觀看一連串黑色字母，要是看到一個白色字母出現就打訊號。在他們看到白字母之後，字串將繼續出現，而他們如果看到字母X就打第二次訊號。保持警戒地看著一連串黑字並從中認出白字母，會消耗掉需要時間再生的精神專注資源，所以，當X字母緊跟在白色字母後出現的話，人們就會更容易錯失反應。但動作遊戲的玩家就比較少會這樣，他們似乎發展出超出需求量的心理資源。

其他研究發現，專注力是一種動作遊戲玩家普遍來說比較能有效施行的精神工具。那些玩很多動作遊戲的人，比非玩家或者玩其他類型遊戲的玩家更能把專注力切分，讓他們能夠追蹤更多需要注意的對象。在這種能力的一項典型測試中，實驗執行者讓一名受試者在電腦螢幕前坐下，並給他看一大堆動來動去的圓圈。有些圓圈是藍色的，但大部分是黃色，全都隨機地晃來晃去。實驗者會提醒受試者說，所有的藍圈圈都會變黃，並變得跟

所有其他的圈圈難以分辨，但儘管如此受試者還是得追蹤下去。到了實驗的最後，實驗執行者會隨機凸顯 1 個圓圈，然後受試者得要說它一開始是藍的還是黃的。如果一開始只有 1~2 個藍圈圈的話就滿簡單的。一般人平均能追蹤住 4 個圓圈，再多的話專注系統就會崩盤而大量錯判。但那些玩過許多動作遊戲的人呢？平均來說他們可以追蹤到 6 個圓圈。他們說不定也有本事將每個圈圈都射爆頭。

　　格林、芭菲莉亞和這些實驗的其他研究者主張，這個能力跟一個更高階的視覺工作記憶有關，代表說，動作遊戲玩家會發展在短期記憶中留住更多視覺情報的能力。由不同研究團體所進行的一項研究直接檢驗了這個問題，他們在 30 天裡訓練受試者玩 30 個小時的《決勝時刻：黑色行動》（Call of Duty: Black Ops）和《決勝時刻：現代戰爭》。這些全新打造的動作遊戲玩家接著完成了一項工作，他們會看見灰色背景前有一組彩色塊狀物，然後看到這畫面消失，然後新的一組塊狀物又出現。那組彩色塊狀物也可能跟前面那組是同一套；受試者的工作就是要把第一套塊狀物留在工作視覺記憶裡，然後陳述說，第二套是否跟第一套一樣。跟那些玩了 30 小時非動作遊戲（《模擬市民》）的人相比，那些玩第一人稱射擊遊戲的人給的答案比較準確，反映了他們的視覺工作記憶比較有效率。

而且動作遊戲玩家還不只是比較能吸收情報而已。有些研究者主張，一旦情報在他們腦中，他們還能比較快且比較精準地利用這些情報。在一項研究中，格林、芭菲莉亞和他們的同事亞歷山卓‧普熱（Alexandre Pouget）讓一些受試者玩 50 小時的動作遊戲，但可以想像應該不是一直玩。他們接著給他們看一個滿是點點的螢幕，這些點點乍看之下似乎毫無章法地移動，但隨著時間過去，它們往某一個方向移動的量會比其他方向多。所以，時間夠長的話，就能看見那些點點最終會移到螢幕的左側不然就右側。受試者的任務就是陳述點點最終會到那一側，而且依據的觀察要盡可能少，並盡快給予陳述。和非玩家相比，那些只玩了 50 小時動作遊戲的人得出結論的速度快了 25%，且準確度沒有下降。使用耳機以及會從左右平衡開始往左耳或右耳「移動」的反覆聲響，也可以複製這樣的好成績。作者們主張，動作遊戲玩家發展出一種對周遭世界的強化敏銳度，且更有效地利用了感官證據來產生對狀況的判斷。

最後，有些研究證明，動作遊戲的玩家在「想像物體和環境在 3D 空間中旋轉會長什麼樣子」方面表現較佳。一般來說人們會用「空間認知」這個頗厲害的名稱，而相當多資料顯示男孩子普遍來說比女孩子更擅長這技能。多倫多大學（University of Toronto）的一群研究者想知道，讓女孩和成年女性玩更多動作遊

戲，能否消除這個差距。為了找出答案，他們讓一組有男有女的受試者在兩周內玩 10 小時的第一人稱射擊遊戲《榮譽勳章：太平洋戰役》（Medal of Honor: Pacific Assault）。在訓練前及訓練後，受試者會接受測試，測量他們「認出一些複雜的 3D 形狀（就想像一下抓狂的俄羅斯方塊）在空間中旋轉後看起來會是什麼樣子」的能力。和不玩遊戲的控制組相比，這些受試者在 3D 旋轉測驗中的表現更好。此外，玩家樣本中的女性比男性獲益更多。這跟其他證明男女大學生的空間認知能力與接觸電腦及電子遊戲有關連的研究，有著一致的結果。身為空間認知較優團體的男人，在需要該項技巧的那類遊戲上往往有更多經驗。

　　請記住一點，在這些研究中，研究者都不是只把碰巧玩很多動作遊戲的人拿來跟那些並非如此的人作比對而已。要是這麼作，會讓研究者面臨到所謂的「選擇偏誤」。也就是說，有可能是視力更好的人或者比較有集中注意力技巧的人到頭來發現更多動作遊戲並因此玩了更多。有可能是因為那些特質，讓他們玩起來比那些因為把鼻子貼上去而無法注意到有一堵牆的半盲笨蛋更厲害。這就像是說，打職業等級的籃球不會讓你身高更高；較高的人就只是往往比較矮的人打得更好而已。這些實驗避免了這種狀況，隨機指派人們到各個實驗組，只讓他們在幾天內玩 40 至 50 小時的動作遊戲，然後再去尋找心理能力上可以測量的

變化。

　　芭菲莉亞、格林以及在本計畫中執行研究的其他人主張，玩動作遊戲（且只有動作遊戲才）會在腦中創造出讓人學會這些新技能的改變。此外他們還主張，這些技能可以推及生活其他重要領域。舉例來說，能夠把某個和灰色背景沒有明顯反差的物體揪出來，代表你更能在濃霧中安全駕駛。能夠讀小文字代表能夠更正確讀藥罐。能夠切分注意力又能一直重新分配專注點，代表你沿著人行道騎自行車時，可以在擠滿人的環境中抓出危險因素。

　　其實有些研究者認為，區分電子遊戲技能和特定認知技能是無關緊要的事。「我會主張說，認知技能不是電子遊戲技能的參考值，搞不好它們就是玩電子遊戲的技能，」當我問西維吉尼亞大學（West Virginia University）傳播學系的尼可拉斯・鮑曼（Nicholas Bowman），認知技能和電子遊戲技能之間的關係為何時，他便如此說道。「電子遊戲就是需要認知技能的認知挑戰。」鮑曼和同事也自行進行了一些研究，研究看人玩遊戲的觀眾對於對戰射擊遊戲《雷神之鎚 III 競技場》（Quake III Arena）有什麼效應，但他想知道技術比較好的玩家受到影響的情況是否跟新手一樣。為了得到答案，研究者施行了多種不同的測量，包括瞄準能力、手眼協調度、2D 心理轉動能力，以及 3D 心理轉動能力（基本上就跟前面描述過的空間認知能力一樣）。他們發現，跟遊戲給

的實際分數相比,這些測試分數是更有效的一種電子遊戲技能概念化,而且這些分數(就如你會預期的那樣)還和其他東西有關——心理學家把這種想法稱作「建構效度」(construct validity)。鮑曼說,在3D空間裡暢行,並不是你空間認知能力的證明。它是直接測量了你有多少空間認知能力。

雖然我沒找到針對這問題的研究,但我認為你對別種心理技能和別種電子遊戲也可以提出一樣的論點。在《拼字遊戲》和《填字朋友》這類填字遊戲中表現優秀,並不只是種跟你的文字智慧有相關性的情況而已;那是直接展現了你的文字智慧。而在《文明帝國》系列遊戲中決定走哪一條技術升級路徑,或者在《模擬城市》中決定於何處鋪下城市基礎設施的時候,邏輯推理明顯起了作用。或許未來有一天,會有實驗來檢測這些想法。為了再打一場電子遊戲而放棄學位論文的心理學研究生啊,這邊筆記一下:可以結合你那兩種熱情又能準時畢業的絕招就在於此。

所以,本章標題所產生的諸多疑問,其最終裁定為何?遊戲會讓你變聰明嗎?玩家比非玩家更有智慧嗎?這個嘛,就以你或者你周遭的人所使用的「智慧」這個詞來說,不會。就心理學家在他們技術層面上所使用的「智慧」這個詞來說,當然也不會。不同專家對智慧或一般心理能力的定義各有不同,但它們一般指的是一個比上面那普世太多的概念,關係到語言能力、數學技

巧、邏輯推理、學習，以及問題解決。還沒有過哪項研究能證明，玩任一種電子遊戲能讓你在那麼廣泛包羅萬象的各方面都更有腦子。但那也不會在你 70 歲時讓你有一顆 20 歲的腦。

目前還沒有研究探討過遊戲對於這種概念下的智慧有什麼效果，但專心致志的玩家整體來說的確有在某些心理能力上取得較高分數：視覺敏銳度、處理速度、手眼協調度、多工能力、控制並集中專注力，另外從整體來說對周遭世界的感知更敏銳。不只對各種遊戲，對各方面的工作和學習來說，這些都是預見成功的重要心理技能。

這總有點意義了吧，聰明人。

本章攻略要點

- 許多電子遊戲比人們所察覺的還更需要自身的認知技能和認知資源。
- 有些證據證明，玩某些遊戲會增進玩家腦部某些部位的大小。
- 大部分的腦力訓練軟體和遊戲的行銷說法都誇大了，而專家普遍對此懷疑。沒有證據證明他們能逆轉腦部老化，或是治療阿茲海默症或智能衰退等疾病症狀。
- 然而，有些研究證明，量身打造的遊戲可以強化特定技能，好比說工作記憶和專注力重新分配。
- 另有一批研究證明，我們可以因為玩第一人稱射擊遊戲之類的動作遊戲而獲益。這些益處和視覺技能十分相關，包括視覺敏銳度、周邊視覺的使用、視覺專注力的有效分配，快速準確使用視覺（以及聽覺）情報來得出結論，以及在雜亂中快速發現事物。
- 電子遊戲在認知方面的益處，往往比「更聰明」或「智慧」這種廣義名詞所指的還更為特定而精細。

結語
心理學和電子遊戲未來將何去何從？

希望我已經讓你相信心理學之於電子遊戲的重要性，因為我就快沒東西寫了。但假設你不光是坐在游泳池畔假裝讀本書想引起誰注意的話，你應該已經讀到，應用已確立或者新興的心理學原理，可以幫助你了解玩家為何會那麼作，遊戲設計者為何會作那些決定，遊戲行銷者如何讓你購買商品，以及遊戲對遊玩的人會發生什麼效應。

本書的第一部聚焦於玩家和玩家的好壞行為。壞的一面，我們探討了匿名和去個人化是如何結合起來創造惡劣的玩家行為，以及在什麼樣的情況下玩家會作弊到底。另外我們還觀察了，推動著乍看無辜的迷弟主義的那些因素，也能為電玩界令人擔憂的騷擾女性及新手玩家行徑添柴生火。但也不是一面倒的壞。你也會學到，只要做了一點正確的調整之後，人類相同的心理怪癖也能讓人樂於助人而不作害，讓人誠實而不陰險，讓人熱情友善而不敵視。你也會學到懷舊的好處，以及人為何無需對此過度不信任，即便你確實會透過玫瑰色的顯示器去觀看那些美好的老遊戲。這一切──惡劣行徑、迷弟主義、作弊、懷舊──都是遊戲

的多種機制和多個社會系統在不同玩家的心中匯集下的產物,而魔鬼藏在細節裡。有時候細節並不在你的掌控之中,其他玩家要如何將這些細節納入他們對於「可以接受或想要什麼樣的行為」的想法,也一樣不是你能控制的。但遊戲、玩家和心理學的交集處並不是完全無從預測的。下次當你出現一個好經驗或壞經驗時,記住上面那一點,並用它來替自己和遊戲同好打造更好的體驗。

第二部探索遊戲設計普遍原理背後的心理因素,企圖了解設計者為何要仰賴它們來激勵玩家。人會為了追逐高分並證明自己比對手強而玩遊戲。你眼中關於自身表現的資訊,可以經過修飾、切片、切塊,好迫使你再多試一次,看能不能超過目前的最高分,或者比你朋友更厲害一點點。但遊戲打從投幣大台機台的排行榜至今,已經有大幅進展。當代許多遊戲把特定類型的獎勵、讓我們感到自己正在達成什麼重要的目標,以及讓我們看著分數隨時間慢慢增加都當成了誘餌,好慫恿我們繼續玩下去。研究目標設定、成就與動機的心理學被拿來解釋為什麼這一套如此有效,以及我們為何會做一些老實說根本沒那麼好玩的事。其他遊戲讓我們玩個不停的方式,是偶爾用越來越棒的寶物來獎勵我們,所以我們也會運用關於獎勵和獎勵排程的古早經驗,來了解為什麼打寶類型的遊戲那麼引人入勝(以及它們為何有時會不吸

引人）。最後，有時你停留在某個遊戲世界是因為它感覺起來太真實，探索起來又太美妙，所以我們了解到，遊戲設計者跟硬體設計者可以用哪些新舊工具，來打造各種我們純粹為了好玩而想在裡頭投注心力的身歷其境世界。

第三部我們探討了讓你跟你的錢錢分道揚鑣的生意，以及心理學如何能夠提前警告你，並讓你事先有所防備——提防到某種程度。來自行為經濟學和消費者心理學的知識，被應用到數位發行、免費遊玩遊戲、應用程式內購買、訂閱制，以及遊戲讓玩家對彼此推銷販售的種種方法上。這些都是心理學家研究了幾十年的老把戲，但它們還是可以應用於行銷販售遊戲的各種新方法上。如今你應該已經知道有那些把戲了，我希望當你下次出門在外撞見時能認得出它們，這樣才能憑你自己的意志消費。花錢買東西可以很爽。我等下應該就會去買個東西然後爽到不行。但了解自己為何要消費，而不受引誘做出無意識的購買，也是相當爽的一件事。

最後，第四部探討了電子遊戲影響我們的方式。它們會讓我們變暴力嗎？應該不會。但我們看待我們虛擬化身的方式——還有更重要的，別人看待那些虛擬化身的方式——可以讓我們更有信心、更樂於助人，或者更友善。而遊戲往往有其他益處，好比說教會我們新技巧、磨練既有技能，並讓我們在認知上更靈活。

再玩個一關就好了

遊戲實在很棒。但它們並非始終都像某些人想要你相信的那麼完美。一如往常地，真相往往不在非黑即白的任一端。同樣地，那都得端看遊戲的細節，以及是那些細節使我們進入（或者讓我們想起）的社會情境有什麼錯綜複雜之處。

　　所以心理學對遊戲來說是很重要的，就是出於這個理由，因此我希望遊戲產業能更常應用心理學的方法、理論和模型。心理學該要成為各學校和各大學裡每種課程的一部分，以教人們如何製作遊戲為目標，而電子遊戲應該要在每一堂心理學課堂上當作說明課程的背景脈絡。我會心不甘情不願地承認，在電子遊戲的製作中，和心理學相比，程式編寫、美術、動畫、音樂和音效設計等主題可能更為重要。但了解行為的心理根源，仍然是遊戲設計的一項重要部分。你若想打造一個會讓玩家心靈如你所願地與其互動的遊戲系統，就必須知道動機、獎勵、社會動力、認知、習慣養成、情緒、專注力、抉擇、感受以及更多事物的基礎。無論哪個遊戲設計者，應該都知道自己是因為哪個特定原因而認為一款遊戲好玩，然而，就如科學圈那些人講的那樣，只有單一的樣本是差勁的統計資料。你得要了解一般大眾。所以，以下是我給遊戲設計者的建議：多讀點心理學的書、邀請心理學家參與你們的會議、聽社會科學家的演講、雇用心理學家當顧問、有空就讀學術論文。或許把下一款遊戲的主角作成真的很帥的心理學

家。對了，我想要有對大胸肌。

我也希望有更多心理學家投身遊戲產業，因為他們就是有那麼好的機會能夠改善遊戲和遊戲社群。心理學家可以幫助遊戲設計者和社群管理者了解我在本書描述的所有事情，經過嚴謹學術訓練而具備心理學專業學位的人們，也知道如何在這個脈絡下進行科學研究。他們知道如何仔細搜索科學文獻，來看看別人發現了什麼，以及如何將其運用於手上那款遊戲的設計難題和目標。他們了解實驗設計、統計資料、機率、同儕審查、結果類推性，以及其他科學概念。更重要的是，他們會將這些東西看得比那些可能被認知偏誤所汙染的直覺、奇聞軼事、約定俗成及個人經驗更重要。這些方面的訓練是很重要的。

說到個人經驗，雖然我是根據一對一訪談以及閱讀網路上文章，而大略知道確實有些心理學家在遊戲產業內工作，但他們的工作往往侷限於測試使用者體驗以及資料挖掘，因為他們是「搞數字的那個」或者「弄統計的那個」。擁有這些技能並加以使用顯然是件很棒的事，但我的建議是，心理學家應該要更加涉入遊戲設計、原型設計、社群管理和遊戲測試等實際問題。遊戲設計應該打從一開始就具備心理學上的知識，而有訓練的心理學家所知道的科學方法，應該要用於打造原型、測試和微調，來讓成品更好。有些公司，好比說拳頭遊戲、維爾福、育碧、Epic Games

等等，早就已經在做這件事，並獲得了回報。我只希望它們能多把研究和科學社群分享。拜託了各位，踴躍發表一下啦！

說到發表的話，看見各大學和其他教育機構有那麼多學者以電子遊戲為研究焦點，是令人欣慰的事。從小打電動打到大的人們正在這些職位上安頓下來。他們正把心思轉移到心理學以及電子遊戲的諸多疑問上；有鑑於玩遊戲如此熱門，那些問題便不只令他們感興趣，對社會來說也變得越來越重要。不僅如此，學術界也正要求這些學者進行的研究得達到高標準，並發表在有聲望的期刊上。這種事如果發生在《人類行為中的電腦》（Computers in Human Behavior）等面向電子遊戲研究的期刊上固然很棒，但更棒的是看到電子遊戲研究發表在備受推崇的、頂尖的、更多人閱讀的期刊上，好比說《應用心理學期刊》、《心理學公報》，或者《人格與社會心理學期刊》。電子遊戲心理學的優質研究正在出現，也會持續出現。這只是再一次提示了這項嗜好在文化的每一處都變得有多重要而普及。

我期待看到學術研究遠離目前熱議的遊戲中暴力、教育用遊戲以及遊戲成癮等主題。這些當然是重要的主題，但在申請資助或讓論文發表的時候，已經有夠多願意幫上一把的人心裡想到的題目會是這些了。我是能理解啦。但其他需要回答的問題還有太多。虛擬化身的客製化選項是怎麼影響人與遊戲的往來？心理

促發能不能用來在多人遊戲裡讓人們更和善有禮並願意合作？鼓勵專注思考及涉入的遊戲系統，能否有助於創造一種空間臨場感？不同類型的遊戲還能改善其他哪些認知技能？玩家的交流是靠著什麼機制，促使玩家在社群網路中玩得更多以及產生更多花費？遊戲難度以及行銷話術的時機如何影響應用程式內購買行為？我在本書中常常從電子遊戲外的研究提取結果，並論證它們為什麼應該要應用於玩遊戲的人們身上。線上的匿名和去個人化是一個例子，而透過預付遊戲貨幣來切割支付的痛苦又是另一個例子。我認為我會這麼寫是我自己立場堅定，但現在的研究生和助理教授得要仔細想想，這種研究有多大程度能類推到電子遊戲上，然後要去做實驗來驗證事情的真相。就這方面來說，在業界工作的心理學家也該如此。

　　所以，能做的事還很多，未來也精采可期。我對此十分期待。為了幫這個美麗新世界留下記錄，我架設了一個讓你能進一步了解這個主題的網站── www.psychologyofgames.com ──也是作為本書持續進行的補充。你現在讀完本書之後，就該馬上去看看這個網站。因為心理學還有太多需要認識的地方，也還有太多讓遊戲更棒也讓人玩起來更開心的運用方法。咱們現在就開始吧。

再玩個一關就好了
關不掉遊戲不是你的錯，
那些潛藏在電玩之中的心理學效應

作者｜傑米・麥迪根
譯者｜唐澄暐
責任編輯｜蔡亞霖
封面設計｜Dinner Illustration
內文編排｜黃雅芬

發行人｜王榮文
出版發行｜遠流出版事業股份有限公司
地址｜台北市中山北路一段 11 號 13 樓
劃撥帳號｜0189456-1
電話｜(02) 2571-0297
傳真｜(02) 2571-0197

著作權顧問｜蕭雄淋律師
2024 年 10 月 1 日 初版一刷
定價｜新台幣 600 元
缺頁或破損的書，請寄回更換
有著作權・侵害必究 Printed in Taiwan
ISBN｜978-626-361-874-9
遠流博識網 http://www.ylib.com E-mail｜ylib@ylib.com

GETTING GAMERS
by Jamie Madigan
Copyright © 2016 by Harold James Madigan
Published by arrangement with Taryn Fagerness Agency
through Bardon-Chinese Media Agency
Complex Chinese translation copyright © 2024
Yuan-Liou Publishing Co., Ltd.
ALL RIGHTS RESERVED

再玩個一關就好了：關不掉遊戲不是你的錯, 那些潛藏在電玩之中的心理學效應 / 傑米・麥迪根 (Jamie Madigan) 著；唐澄暐譯. -- 初版. -- 臺北市：遠流出版事業股份有限公司, 2024.10
　　面；　公分
譯自：Getting gamers : the psychology of video games and their impact on the people who play them.
ISBN 978-626-361-874-9 (平裝)

1.CST: 電動玩具 2.CST: 電腦遊戲 3.CST: 應用心理學

177　　　　113012488